新装版

◆

幸せが ずっと続く 12の行動習慣

「人はどうしたら幸せになるか」を
科学的に研究してわかったこと

ソニア・リュボミアスキー
金井真弓 訳　渡辺誠 監修

◆

日本実業出版社

THE HOW OF HAPPINESS
by Sonja Lyubomirsky

Japanese translation rights arranged
with InkWell Management, LLC, New York
through Tuttle-Mori Agency, Inc., Tokyo

まえがき

人は誰でも「幸せになりたい」と願っています。

たとえ、その願いをはっきりと口にださなくても、別の表現を用いるとしても。「仕事で成功したい」「精神的に満たされたい」「誰かとの絆を感じたい」「人生の目的を見つけたい」「愛情やセックスの面で満足したい」など、かたちはさまざまでも、みんなが夢を抱いています。結局、そうした夢がかなえば、もっと幸せになれると信じているからです。

でも、ほんとうのところ、どれくらい幸せになれるかをわかっている人も、どう取り組んだらいいのかを知っている人もほとんどいません。

「どうすればもっと幸せになれるのだろう?」

「そもそも自分は幸せになれるのだろうか?」

心の奥深くにあるそうした疑問を考えれば——この本があなたにそんな刺激を与えるといいのですが——もっと幸せになれることがわかるでしょう。幸せになる秘訣は自分自身の力のなかにあるということも。あなたのためにも、まわりの人々のためにも、幸せになるのは何よりも重要で大切なことです。

では、「幸せ」とはどんな状態を意味し、どんな謎を秘めたものなのでしょう？　人はいまよりも幸せになれるのでしょうか？　新たに手にした幸せは永遠に続くのでしょうか？　研究専門の心理学者として、私はこうした基本的な疑問にキャリアのすべてを捧げてきました。心理学を学ぶ22歳の大学院生として調査を始めたとき、「幸せ」に関する研究を選んだのですが、あまりいい評価を受けませんでした。とらえどころがないとか、非科学的だ、検証しにくい、あいまいだといわれるテーマだったのです。けれども、最近は社会科学の分野での新しいテーマとして、「幸福」の人気が急上昇しています。

今日では、「幸福」が一時的な流行となっているのでしょうか？　まさにそんなふうに見えます。新聞や雑誌の記事、テレビのドキュメンタリー番組、本、格言、ブログ、ポッドキャストをはじめ、「幸福」を取り上げたものがあふれていますが、そうしたものの大半には、実験で得られるデータがほとんどありません。

私のような研究者なら、いまのように「幸福」を熱狂的に追い求める状態から距離をおきたくなるのも当然でしょう。それでも、世界中に広まっている「幸福」に関する議論への参加は大切ですし、幸せがずっと続くものだということを、厳密で科学的な基準に従って述べたいと思います。

なぜでしょうか？「幸せ」を科学的に研究するのは重要なことだと、強く考えているからです。広大な大陸を横切ってさまざまな文化に接してみると、世界の大半の人々は**「幸せになることが人生で最も大切な目的」**だと、はっきりいっています。また、「幸せ」は本人だけでなく、家族や職場、地域、国、社会にも数えきれないほどの恩恵を与えてくれるのです。

幸せになろうとする人は、気分がさらによくなるばかりか、エネルギーが上昇し、よりクリエイティブになり、免疫系が活発になり、人間関係が向上し、仕事の生産性が高まり、長生きさえできることが研究からわかっています。「幸せ」とは、アリストテレスの有名な言葉を用いるなら、「生きるための意義、人間の存在の究極の目的」なのです。

「幸せ」に関する研究には、単なる一過性の流行以上の価値があります。幸せになろうと努力することは、真剣で、道理にかなった、価値のある目的です。私はこの分野の研究に30年近く携わってきました。初めはスタンフォード大学の博士課程の学生として、その後はカリフォルニア大学リバーサイド校の教授として。「幸せ」に関するインタビューを何年も行なううちに、「幸せ」についての研究が「ポジティブ心理学」と呼ばれる動きの一部として成長するのをみてきました。

「ポジティブ心理学」とは、「人生を生きる価値のあるものにしているのは何か?」を研究する心理学です。「ポジティブ心理学」という名称は、ポジティブな心の状態を育てる――最も実りのある、できるだけ幸福な人生を送ること――ために、人を力づけることが必要だという考え方から生まれました。ポジティブな心の状態を育てるのは、従来の心理学が専念していた、弱さを治すことや病的な状態を治癒することと同じくらい重要です。

今日の心理学者の目標は壮大で、野心的です。この30年間、心理学では落ち込みへの対処法――つまり、最悪の気分から普通の気分へと感情を向上させる方法――の知識を高めるだけでなく、普通の気分から最高の気分へ気持ちを高揚させる方法についての研究もされてきました。私たちは新しい時代にいるのです。幸福感を得て持続させる方法、人生をより充実した生産的で楽しいものにする方法に関する、できたてほやほやの刊行物を毎月のように目にします。

ただ、残念ながら、このような発見は公式なものにせよ、非公式なものにせよ、科学者の間だけにしか広まらないのが普通です。または、大学が発行する技術的で学術的な刊行物にしか掲載されず、専門家以外の人の手が届かないところにあります。本書では、**「いまよりももっと幸せになる方法」**についての発見をまとめて紹介します。そうした発見を、**「人が幸せになり、いつまでも幸せでいるために使えるスキル」**としてお伝えしていきます。

ここで少しだけ宣伝をさせてください。第1に、本書の最も大事な点は、これが**科学的に証明された結果**だということです。私やほかの社会心理学者たちが開発してきた、幸福感が高まる方法は本書の鍵となる重要な脇役です（もちろん、主役はあなたです）。私の話は研究専門の科学者のものであって、臨床医やライフコーチや自己啓発の指導者のものではありません。私の知る限り、本書は、人生で幸せになるための方法を説いた本として、初めて実際に研究を行なった人間が著したものです。長年、このような本を執筆しろと友人や同僚から促されてきました。でも、いまになってようやく、こうした分野における科学的な進歩が説明できるほど確かで綿密なものとなり、具体的な意見を述べてもいいと考えられるようになったのです。ですから、本書は巷に数多くある自己啓発書とは異なります。そういった本には、学者が明らかにしてきたことが抜粋程度にしか載っていません。私が提案している方法は、科学的な研究に裏づけられたものばかりです。もし、あるテーマにおける証拠が入り混じったり、不足だったりした場合、私はその事実しか述べていません。

科学的な裏づけがあるかどうかを、なぜ読者の方が気にするべきなのでしょうか？実証的な研究は、エピソードや臨床的な見解よりもさまざまな長所を備えているからです。科学的な方法を適用すれば、原因や影響のもつれを解きほぐし、偏見や先入観をもたずに、現象を整然と研究することができます。

ですから、毎日の瞑想によってもっと幸せになれるとか、天然ハーブが頭痛をやわらげるといったことが雑誌の記事に載っていたら、そうした主張が正しいかどうかを決める唯一の方法は、科学的な実証をしているかどうかを見ることでしょう。

医学では、二重盲検法（多数の患者に調べたい薬と偽薬を投与し、誰にどちらを与えたかは患者にも医師にもわからないようにしておき、結果を統計学的に判定する方法）を実施します。心理学の検証も同様です。その方法では、無作為に選ばれた参加者に瞑想（または天然ハーブの使用）を条件づけ、残りの参加者を「対照グループ」とします。科学は完全でないとはいえ、そこから得られる結果はかなり確信をもてるものでしょう。単なる個人が、自分の限られた経験や推測をもとにアドバイスしたもののよりもずっと。

かつて、ある新聞の読者が「科学」というテーマについて、次のように説得力にあふれた手紙を編集者に送ってきたことがありました。

世の中には、たとえば「神は存在するのか？」といったように、信仰に対する疑問があります。「史上最高の野球選手は誰か？」といった、意見に関する疑問もあります。また、「妊娠中絶を合法とすべきか？」のように、物議を醸す疑問もあるでしょう。そして、科学的な方法を適用することにより、確信をもって答えられる疑問というもの――「実証的問題」と呼ばれるもの――もあります。つまり、**証拠によって大部分が解決できる疑問もあるのです。**

幸せがずっと続く方法や、そのための取り組み方を学べるのかどうかといったことは、そうした実証的問題になるでしょう。

私は友人であり、研究における協力者でもあるケン・シェルダンと、100万ドル以上の助成金を米国国立精神衛生研究所から受けて、より幸福になることの可能性を研究しています。ケンと私はこの助成金を用いて、優れた大学院生のチームとともに、いわゆる「幸福介入」（幸福度が高まるための意図的な働きかけの実験）を実施してきました。実験に基づくそうした介入から得られた研究結果は、本書を読めばすぐわかるように、幸福感が高まるのはほんとうに可能だということです。あなたが幸せな人生を送ろうと決意し、それには努力や責任や、ある程度の鍛錬が必要だと理解できるなら、実現できるでしょう。

私は本書で、研究に協力してくれた何千人もの人々を相手にした研究結果を裏づけとして、幸福を決定づける要因に関する理論を述べています。それはある種の統合理論で、**「人は何によって幸せになるのか？」といったことについて、現在の科学**

者が知っているすべてをまとめたものです。「幸せ」をテーマにしたほかの情報源から、あなたが少しずつ拾い上げてきたさまざまな知識が、統合された1つの全体像として、意味のあるものにまとまっているといえるでしょう。そして、人がより幸せになれるという私の考えにとって重要なのは、**「40%の解決法」**という概念です。

なぜ、40%なのでしょうか？　それは、「幸せ」というもののなかで、人が行動や考え方を通じて自分で変えられる部分は40%だからです。40%という数字は、長続きする、より幸福な状態が誰にでも可能なことを示しています。小さな数字ではありませんが、大きな数字ともいえず、理にかなった実際的なものでしょう。本書を読めば、この40%という数字を自分の環境に当てはめる方法がわかるはずです。

本書の読み方についてお話ししましょう。

PART1では、ここで述べた、**幸せになるためのプログラムの基本**を紹介します。「40%の解決法」の背後にある理論についてです。原則や経験による証拠がいくつも載っています。

PART2では、**幸福度が高まる12の具体的な行動習慣**を紹介し、その詳しい分析と、明確な説明を載せています。あなたの幸福度を測った結果に合わせて、個性やリソース（資源）、目標達成のために必要だったり、ふさわしかったりする詳細な行動を説明している章を読みましょう。

それで終わりではありません。本書の最後のほうには、重要なPART3があります。**幸せがずっと続くためのベースとなる、重要な5つのコツ**をあげています。それを読めば、幸せになるための戦略を「効果的に」用いる方法や、その理由がわかるでしょう。

この「まえがき」を終える前に、『幸せがずっと続く12の行動習慣』を執筆していた間に思ったことを話さずにはいられません。それは、「いいことを数えあげる」とか「現在に生きる」「誰にでも親切にする」「物事の明るい面を見る」「にっこり笑おう！」といった、幸福になるための助言がなかなか受け入れにくいという点です。

もちろん、健康や家族や友人や家庭や仕事に心の底から感謝の念を抱くことができれば、たとえそうしたものが不完全でも、私たちはもっと幸せになれます。しかし、「ハニー、いいことを数えあげたら、君はもっと満足できるよ」などとストレートに口にすれば、なぜかバカげて陳腐な言葉のように聞こえてしまうのです。また、自分がどうなりたいかとか、愛する者への接し方といった、とても個人的で露骨なことを普遍的な格言に言い換えると、内容の乏しい陳腐でありふれたものになるからかもしれません。

最後になりますが、大事なことを述べます。幸福度が高まるための方法というと、嘘くさいほど陽気で恍惚《こうこつ》となった状態を連想する人もいます。私が高校生のころ、前向きな言葉で自分の部屋を飾っている友人がいました（15歳だった私はあ然としたものでしたが）。彼女はかわいい子猫やまぶしい夕陽といった写真の下に、「あたしは人生を愛してる」とか「決してあきらめないで」といった標語を貼っていたのです。もちろん、かつてはあまりにもありふれた陳腐な言葉に思えたのですが、そうした言葉をいま見てみると、私の著書に加えてもいいほどパワフルなものだと感じます。

ここで肝心なのは、私が伝える「幸せに関する格言」を壁に貼ったり、本書の正確な言い回しを無条件に受け入れたりしなくていいということです。とりわけ、「幸せ」にはさまざまな顔があることを理解してください。おなじみのスマイルマークや、感動的なポスターだけが幸せを表わすものではないのです。

「幸福」の顔は、強い好奇心をもち、学ぶことに熱心な人のものかもしれません。これからの5年間の計画に没頭している人の顔かもしれません。重要なものとそうでないものとを見分けられる人の顔をしている場合もあります。毎晩、子どもに本を読み聞かせることを楽しみにしている人の顔かもしれません。幸せな顔のなかには、陽気な外見の人も、見かけが平静そのものの人もいます。ただ忙しいだけの人もいるでしょう。つまり、**私たちの誰もが、それぞれのやり方で幸せになれる可能性をもっているのです。**そして、この本を読むあなたに理解してほしいのは、日常生活で幸福度が高まる基本的な行動は、あなたがかつて思ったほど手ごわいものではないということです。

ロシアと米国の両方で育った私は、これまでの人生でとても不幸な人々を見てきました。その一方で成長して変化を遂げ、成熟するにつれて真の意味でより幸福になって、いまもそのまま幸せな友人を何人か見ています。どうすればこんな快挙が成し遂げられるかを考え、文献を読み、調査を行なってきた数年間の結果をまとめたのが本書ともいえます。

　あなたが幸せになりたくてたまらないにせよ、幸せな人を知っているにせよ、または現在、幸せがずっと続く要因や可能性を科学者がどう理解しているかについて知的な興味があるにせよ、本書を読んだあなたが豊かな状態になることを心より願っています。

新装版　幸せがずっと続く12の行動習慣　目次

PART 1

幸せがずっと続くための「意図的な行動」

PART 2

ブックデザイン　杉山健太郎
編集協力　浦辺京子
DTP　ダーツ

PART 1

幸せがずっと続くための「意図的な行動」

1

もっと幸せになることは可能なのか？

あなたが、いまよりももっと幸せになるには何が必要だと思いますか？　ちょっと考えてみてください。たとえば、次のようなものでしょうか？

・人間関係がうまくいくこと？
・もっと自由に仕事ができること？
・あなたや家族がもっといい暮らしのできる新しい仕事が見つかること？
・もっと広い寝室？
・妻や夫がもっと思いやりをもってくれること？
・かわいい赤ちゃん？
・もっと若く見えること？

・背中の痛みから解放されること？
・やせること？
・子どもが学校でいい成績をとること？
・自分が人生でほんとうに何をやりたいかを理解していること？
・もっと協力的で愛情深い両親？
・慢性的な病気や障害が治ること？
・もっとお金があること？
・もっと時間があること？

ここにあげた答えはどれも、ここ数年の間に私の友人たちが「こうなったら、いまよりももっと幸せになること」として打ち明けてくれたものです。もしあなたの答えも同じようなものだとしたら、きっと驚くでしょう。なぜなら、この項目のどれ1つとして、あなたを実際にもっと幸福にするものではないからです。

だからといって、幸せがずっと続くための目標が、非現実的だとか甘いとかいうわけではありません。**問題なのは、幸福を見当違いの方法で探してしまうことです。**

科学的な研究によると、人生では実際に大きな違いを生むだろうと信じられているものが、じつは小さな違いしか生みださない、という結果がでています。さらに、個人の「ほんとうの幸せ」の真の源泉は見落とされがち、ということもわかりました。アメリカ、ギリシャ、スロベニア、韓国、アルゼンチン、バーレーンまで、ほとんどどこの国でも、「人生で最もほしいものは何か？」と尋ねられると、人はまず「幸福」と答えます。「幸福」は誰にとっても、かけがえのないほど大切なものでしょう。もっと幸せになる方法を学ぶことは、いま落ち込んでいたり、意気消沈している人にとって、とくに大切なことかもしれません。これから本書で、「もっと幸せになりたい」という願いが単なる夢物語ではない理由をお話ししていきます。

幸せがずっと続くためのプログラム

あなたが本書を手にしたのは、いまの生活や仕事で自分の可能性を活かせていないと思い込んでいるからでしょうか。また、望んでいるほどには幸せでなかったり、充実していなかったりするからでしょうか。

米国の成人を対象としたサンプル調査では、半数をやや上回る程度の人（54％）が

「どちらかといえば精神的に健康である」と答えながらも、「生き生きしてはいない」と感じています。ということは、私たちは心の病を抱えているわけではないけれども、熱意に欠けていて、積極的にまた生産的に人生と向き合っていないのかもしれません。

100%幸福ではない人や、あまりうまくいっていないと思う人から、まあまあの暮らしだけれど、もっと多くの楽しみや、より刺激的な人間関係や仕事を求めている人まで、誰もがもっと幸せになることを求めているのです。

かつては「ほんとうの幸せ」を知っていたかもしれないのに、それを取り戻す力がないと感じている人々もいます。みじめな気持ちになったり、穴に落ちたように感じたり、マンネリという罠にはまったと思ったりすると気力は失われがちです。

こんな気持ちを奮い立たせるには、ぼう大なエネルギーやスタミナが必要だと思われるかもしれません。そんな人に、希望のもてるお知らせがあります。あなたを深い穴から高い地面へ引き上げるためには、ごく小さなことから始めればいいし、それでたちまち効果が現れるケースがよくあるのです。

ある1つのケースをご紹介しましょう。ペンシルベニア大学のマーティン・セリグマン教授は、ひどい落ち込み症状が現われていたグループに、幸福度が高まる方法を1つだけ教えました。

そのグループの人たちはベッドを離れることすら困難だったのですが、ウェブサイトにアクセスして毎日の出来事のなかでよいことを3つ思いだして書き込むことになりました――たとえば、「ロザリンドが『こんにちは』といってくれた」とか、「カウンセラーにすすめられた本の1章を読んだ」とか、「今日、ようやく太陽が顔をだした」といったものです。

すると、15日も経たないうちに彼らの落ち込み度は「ひどく落ち込んでいる」から「どちらかといえば落ち込んでいる」まで変化し、94%の人が安堵感を覚えたのでした。

この結果から、**もっと幸福になるための最初のステップは、幸福になる方法をすぐに実行することであるとわかります。**そのためにも、幸福度を高めたいという願望は単なる希望的観測ではない、ということにまず気づいてください。それはとても重要なゴール（目的）へとつながります。誰もが「幸福」を追求する権利をもっていて、それを手に入れることもできるのです。

「幸福」とは、待っていれば訪れる幸運のことではありません。雨の季節が終わるのを待つのとは違います。高速道路の出口やなくした財布のように、見つけなければならないものでもありません。秘密の道を知っていればいいのにとか、自分にふさわしい仕事や素敵なパートナーが手に入ればいいと願うこととも違うのです。

興味深いことに、幸福とは見つけるべきものだという考えがあまりにも広まっているため、「幸福の追求」といったおなじみのフレーズにも、文字通り幸福とは追求したり発見したりすべきものという意味が含まれます。しかし、私はそうした言いまわしを好みません。

幸福を「創造する」とか「築く」と考えるほうが、もっとその意味を表わしていると考えています。なぜなら、私たち自身のなかに「幸せをつくりだす力」があることが、これまでのさまざまな研究からわかっているからです。

本書を読み進めていくと、幸せがずっと続くためには、必ずしも幸福を求めなくてもよいことがわかるはずです。心理療法のカウンセラーは「子ども時代の記憶を深く探りなさい」「過去のトラウマ体験の精神分析をしなさい」「他人と関わるうえで習慣となっているやり方を詳しく分析しなさい」などというかもしれません。しかし、より高額な支払いや、病気が完治すること、若さや美しさを手に入れることはいっさい必要ないのです。

本書では、すぐに始められる方法を紹介していきます。ひどく気落ちしているときでも、たちまち満足感をかきたてられるでしょう。

幸福度が高まるのを感じ続けたいなら、さらに長期的な計画に取り組むことをおすすめします。幸福を持続するための長期的な取り組みについて、耳寄りな情報があります。

長期的な計画に取り組む際、始めたばかりで新しい行動や習慣がまだ自然なものに感じられないときには、最も力を注がなければいけません。でも時が経つにつれ、それは習慣となり、自己強化され、さほど努力しなくてもよくなっていきます。本書で紹介している、幸福度が高まるための継続的なプログラムを今日から始めてみてください。そして、取り組みながら習慣にしていきましょう。あなたが幸福になるための力をもっているただ1人の人は、あなた自身なのです。

何が自分を幸せにしてくれるのか？

ひょっとしたら、まだあなたは「幸せがずっと続くためのプログラム」を信じていないかもしれません。幸福度が高まること、しかもずっと続く幸せを手に入れることが簡単なら、なぜ、自分はこれまでうまくいかなかったのだろうか。なぜ、幸福を手にしようと何度試みても、失敗してばかりだったのだろうか、と。

おそらくそうなっている一番の理由は、幸せがずっと続くための方法が間違っていたせいでしょう。自分に喜びや達成感を与えてくれるものについて、勘違いをしてきたせいです。

心理学者のもとには、それを証明するための根拠となるデータがたくさん集まってきます。最もよくある間違いは、次のようなものが多くの幸福をもたらしてくれると思い込んでいることです。

たとえば、「仕事で昇進すること」「医師から健康だとお墨付きをもらうこと」「情熱的なデート」「応援しているサッカーチームが勝利を収めること」など。物質的な面でいえば、「お金やほしい物が手に入ること」などです。

では、「お金があってもほんとうは幸せになれない」と信じることは、どうしてこれほど難しいのでしょう？　なぜなら、お金があれば、幸せになれるのは真実だからです。でも、「幸福」について研究している学者たちが力説するように、**「人はお金があれば、長期間にわたって大きな幸せを得られると考えられてきたが、じつはお金があっても、短期間のささやかな幸せを得られるにすぎない」**という点で誤解があったのです。

さらによくないのは、**お金という、行き止まり感のある喜びを必死に追い求めるうち、「ほんとうの幸せ」に通じるもっと効果的なほかの道には目もくれなくなることです。**

これらのことを実際によく表わしている、私がこれまでにインタビューした2人のケースをみてみましょう。大半の人が幸福をつくりだすと思っている「富」や「名声」「美」などが、じつはあまり重要ではないことに気づいた人たちです。

仕事で成功したら、幸せになれる？

ある夏のことです。とても幸福な人々の人生に関するテレビのドキュメンタリー番組『幸せの追求』（2006年CTV放映）を撮影していたとき、私はニールを紹介されました。ニールは、若いころからロックスターになりたいと思っていて、たくさんの困難を乗り越えてその夢を実現しました。

フォークロック・グループのドラマーとして成功したニールは、富を築いたのはもちろん、公開コメディバラエティの『サタデー・ナイト・ライブ』にも出演し、何度かグラミー賞にもノミネートされました。10年間、バンドの仲間とともにツアーでヨーロッパ大陸を回ったこともあったそうです。

しかし、その後、突然彼の世界は崩壊しました。バンドは解散してツアーにでることもなくなり、ニールは大きな屋敷を手放し、妻に去られてしまったのです。

私はこの話を、ニールの新しい質素なランチ様式の家で、午後の間中インタビューをして聞いていました。シングルファーザーであるニールと2人の幼い子どもたちはカナダのマニトバ州ウィニペグの町はずれに住んでいます。そこは家がまばらにしか建っていないプレーリー（大草原）地帯で、最も近い店や学校からでも何マイルも離れているところでした。

私たちが訪ねた7月でさえ風は冷たく、背の高い乾いた草が吹きあおられていました。長い冬の間は、さぞ寒さが厳しく荒涼としているだろうと思いました。子どもたちが遊ぶのはもちろん、ミルクを買いに行くのさえ苦労するに違いありません。

そんな思惑をよそに、ニールに会った瞬間、私は彼がすっかりくつろいでいて、いまの自分に満足し、子どもたちと一緒にいるとほんとうに落ち着いて、自分の音楽を心から楽しんでいるという印象を受けました。裕福なロックスターだったとき、ニールは幸せだったのでしょうか？　その質問に対して彼はこう答えました。

「当時、自分はそれまでずっと追い求めていた金も名声も手にした。いまはそんなものをもっていない。だが、幸福の度合いは同じだよ。なんの違いもないさ」

整形手術に成功したら、幸せになれる？

私はあるテレビのトークショーの収録でデニスに会いました。彼女は自分の経験を語るためにそこへ来ていました。デニスはフロリダ州のセント・ピーターズバーグに住んでいます。以前は学習障害のある生徒を高校で教えていましたが、いまは3人の学齢期の子どもたちと家にいます。3人の子どもの母親としてフルタイムの母親業をこなすのは楽ではありません。

デニスは40歳になったとき、「もう自分は終わってしまった」と感じ始めました。メイクもしなければ、ジムでのトレーニングもやめてしまい、いつも疲れたような外見をしていました。強烈なフロリダの太陽のもとで何年もすごしてきたため、顔にはシワができ、実際の年齢よりもずっと歳をとっていると自分で思い込んでいました。

デニスは、あるとき思いきって「整形手術で変身できる」という、テレビのリアリティ・ショーの『エキストリーム・メイクオーヴァー』に応募しました。なんと審査をくぐり抜け、彼女はその番組に出演できることになったのです。

整形には12時間もかかりました。まずデニスはまぶたのたるみを取り、額のシワ取りを行ない、顔全体のシワも取りました。鼻にあったコブを取り除き、顎《あご》の下の脂肪を吸引し、顔全体にレーザー治療を施したのです。その整形はじつにうまくいって完璧な出来でした。整形後にデニスの顔に30分間メイクを施したメイクアップ・アーティストさえ、彼女が『エキストリーム・メイクオーヴァー』にでていると私が話したら、ぼう然としていました。整形したデニスの顔に普通と違った不自然な点が何も見当たらなかったからです。

整形手術による変身後、デニスは過去の自分に戻ったように感じていました。10歳は若返って見え、見知らぬ人からマスメディアまでさまざまなところから注目されました。当時を振り返って、デニスはこういいました。「そのころの私は自分が若返ったことに夢中になっていたんだと思います」「まるで映画スター気どりで、自信過剰になっていたんです」。そのときの彼女は、夫とも別れて、新しい人生を始めようとも考えていました。

しかし、1年後、デニスはようやく我に返り、結婚生活を捨てることは大きな間違いだと気づきました。整形手術のおかげで彼女は以前よりも幸せになれたでしょうか？　「シワが減ったことは『素晴らしい』といわざるをえません」。デニスは告白しました。しかし、それは長い期間、彼女を幸せにするものではなかったようです。「本物の幸福に比べたら、変身なんてなんの意味もないわ」と。

ニールもデニスもかつてはこう思ったかもしれません。

「もし、自分が金持ちだったら……」

「もし、自分が有名になったら……」

「もし、自分が美しかったら……」

「そうすれば幸せになれるだろう」と。

しかし彼らは、それが間違っていたことに気づきました。そんな彼らが得た洞察と、私たちのさまざまな調査からわかったたくさんの研究結果とを結びつけて、同僚と私は「何が幸福を生む原因になるのか」という1つの理論にまとめあげました。これはあなたが幸せになるために、今日からでも始められる、決定的な意味をもつ理論です。

「ポジティブ心理学」が教えてくれる幸福への鍵

2001年1月、私はメキシコにある「アクマル」という、カンクンから車で2時間ほどの静かで美しいリゾート地へ旅しました。そこは暖かなそよ風が吹く場所で、「パラパ」と呼ばれるヤシ葺き屋根の小屋に6人ほどが集まりました。「ポジティブ心理学」という、当時はまだかたちになり始めたばかりの分野の研究者たちが、お互いの発見を共有し、アイデアを出し合うためです。

このアクマルで交わしたいくつかの会話は、私の仕事のかたちや方向性に大きな変化を与えるきっかけとなりました。その1つに、同僚の教授であるケン・シェルダンとデイヴィッド・シュケイドと交わした会話もあります。

私は旅の前に彼らを含む研究者たちにEメールを送り、「人々が幸福を追求するさまざまな方法を分類した論文を執筆することについて話し合いたい」と伝えていました。けれども、いざ話し合ってみると、このテーマに関する実証的な研究がほとんど存在しないことに私たちはたちまち気づいたのです。

より幸福になるために人々がどんな方法を用いているかを、ほとんどの研究者は知りません。さらに、大半の心理学者は「ずっと続く幸せ（持続的幸福）」という概念そのものに対して悲観的だということがわかりました。

当時、学界が関心を寄せていたのは2つの発見でした。1つ目は、幸福は遺伝するもので、人の一生を通じてほとんど変化しないこと。2つ目は、人生におけるどんなポジティブな変化に対してもいずれ慣れてしまう、驚くべき能力を人は備えていることでした。そのような理論からすれば、人は「ずっと続く幸せ」を手にすることはできない、ということになります。

どんなに幸せを感じようと、それは一時的なもので、長期的に見れば、もともとの状態、いわばそれなりに満足できる状態に戻らざるをえないというわけです。

［ 幸福を決定するものは何か ］

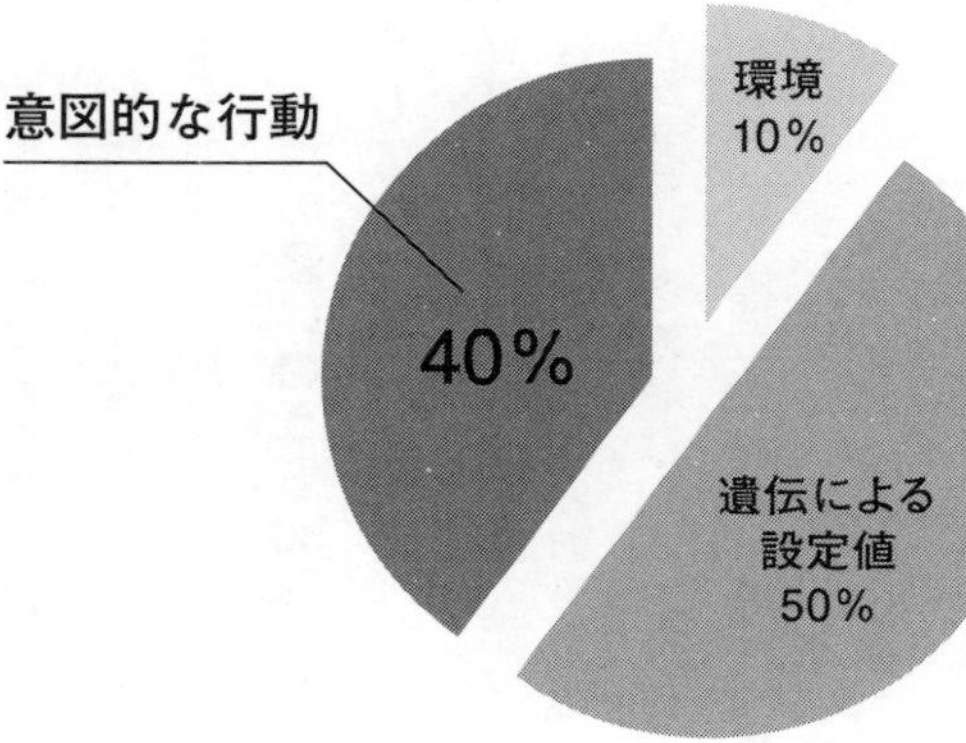

「幸福」を決める3つの要因

同僚の研究者であるケンとデイヴィッド、そして私は「ずっと続く幸せなんてありえない」という結論には懐疑的でした。そこで、私たちはその説がまったく見当違いであることを証明しようと決心しました。数年にわたって私たちは研究を続け、なんとその結果、「ほんとうの幸せ」を発見することができたのです。さらに、幸福を決定づける最も重要な要素も特定できました。それは上の図のようにシンプルな円グラフとして表わすことができます。

この円グラフを十分に理解していただくために、「100人の観客で満員になった映画館」を想像してみてください。この映画館にいる100人それぞれが、あらゆる幸福度を体現しています。つまり、とても幸せな人もいれば、まあまあ幸せな人もいて、ひどく不幸な人もいるわけです。円グラフの右下の部分は、意外にも、**人それぞれの幸福度の違いのうち50%程度が、遺伝で決定づけられた設定値に起因することを示しています。**この発見は、一卵性双生児と二卵性双生児に関する研究から生まれたものです。その研究によって、次のような結論が導かれました。

人はそれぞれ特定の幸福度の設定値をもって生まれてきます。その設定値は生物学上の母親か父親、あるいは両方の親から受け継いだものです。それは幸福の基準になるもの、または幸福になれる可能性であって、たとえ大きな挫折を経験したり、または大成功を収めたりしたあとでも、人はその基準点（設定値）に戻っていきます。

つまり、もしも魔法の杖があって、映画館にいた100人全員を遺伝的な「クローン」（または一卵性双生児）に変えられたとしたら、遺伝による設定値分の50%は同じレベルの幸福度ですが、それ以外の部分で彼らの幸福度には違いがあるということです。

これは体重の設定値と似ています。たとえば、ほっそりとやせている恵まれた状態の人は、何もしなくても楽々と体重を維持できます。その一方で、望ましいレベルに体重を維持するためには途方もない努力をしなければならない人もいます。ほんの少しでも気をゆるめたとたん、体重がもとに戻ってしまうのです。幸福度の設定値にもこれと同様のことがいえます。

では、この研究で明らかになったことは、幸福になるためにどんな意味をもつのでしょうか？　それは、知性やコレステロールにおける遺伝子と同じように、人が生まれつきもっている設定値の大きさ――つまり、高い（7段階中で6）か、低い（7段階中で2）か、中程度（7段階中で4）か――が、人生を通じてどれくらい幸せなのかを決定するということです。

そしておそらく、最も意外に思われるであろう結論をこの円グラフは示しています。**「裕福か、貧乏か」「健康か、病気がちか」「器量がいいか、人並みか」「既婚者か、離婚経験者か」などの生活環境や状況による違いは、幸福度のわずか10%程度しか占めない**、ということを。

魔法によって、例の映画館にいた100人全員を同じ環境（同じ家に住み、同じ配偶者をもち、同じ場所で生まれ、同じ顔をして、同じ痛みを感じる）においてみた、という状況をイメージしてみてください。そのような状況だと、その後に変化があったとしても、彼らの幸福度はせいぜい10％分しか違ってこないのです。

この結論にはしっかりとした科学的な根拠があります。とてもよく知られた研究結果で、「年収１０００万ドル以上のとりわけ裕福なアメリカ人の幸福度は、彼らが雇っている労働者の幸福度と比べて、やや上にすぎなかった」ということが報告されています。

また、既婚者は独身者よりも幸せだと一般的には思われるかもしれません。しかし、個人の幸福度に結婚が与える影響はじつのところかなり小さなものだ、ということもこの結論からわかっています。これは別のデータも物語っています。10か国で調べたところ、既婚者の25％と独身者の21％が、自分は「とても幸福だ」と述べているそうです。このような収入や配偶者の有無など「環境の要因」が、じつは幸福度の決定にはあまり影響しないという発見に、驚く人はかなり多いでしょう。

幸福度に影響を与える要素として、富や美しさ、健康などは影響が小さいものだとは、なかなか信じられないかもしれません。けれども、これにも強力な研究結果があります。その研究結果について、のちほど興味深い説明をいくつかしていきます。まずは**「生活環境は幸福になるための最大の鍵ではない」**ということが真実だと受け入れられれば、幸福を追い求める力はより大きくなるのです。

可能性は40％の「意図的な行動」にある

ここで、またさきほどの円グラフに戻ってみましょう。例の映画館にいた100人全員が一卵性双生児で、誰もがそっくり同じ生活環境にあったとしても、幸福度にはなおも違いがあるでしょうか？　その質問には、次のように答えられます。「遺伝的に決定される性格や生活面でのさまざまな環境を考慮に入れても、幸福度における40％の違いがまだ残る」と。

では、この「40％」をつくりあげているものとは何でしょうか？

遺伝子や、環境のほかに、重要なものが1つ残っています。それは私たちの「行動」です。つまり、**幸福になるための最大の鍵は「私たちの日々の意図的な行動」にあるのです。**遺伝子の性質を変えること（不可能ですが）にあるのではなく、「環境を変えること」（つまり、富や魅力、もっといい同僚を求めること）にあるのでもないのです。それを頭に入れると、あの円グラフが表わしているのは、幸福度が高まるために、私たちが40％ならコントロールできるということです。**その40％とは、日常生活での行動や考え方を通して幸福度が高まる余地やチャンスがたくさんあるという意味でもある**のです。

これはじつに素晴らしい情報です。つまり、とても幸せになっている人々が自然にどんな行動をとり、どんな考え方をしているかを注意深く調べれば、誰もがいまよりずっと幸せになれるのです。

これまで誰も踏み込んでこなかった幸福度が高まるための潜在的な可能性こそ、私が研究の大半を捧げてきたものです。「非常に幸福な人々」と「不幸な人々」を系統的に観察し、比較し、実験を行なってきました。次にあげるのは、私たちが観察したなかで、**「最も幸福な人々の考え方や行動パターン」**です。

- かなりの時間を家族や友人とすごし、その人間関係を大切にして楽しんでいる
- 誰に対しても感謝を表わすことが苦にならない

・同僚や通りすがりの人にまっ先に支援の手を差し伸べる場合が多い
・未来を考えるときは、いつも楽天的である
・人生の喜びを満喫し、現在に生きようとしている
・毎週、または毎日のように身体を動かすことを習慣としている
・生涯にわたる目標や夢（たとえば、世の中の不正行為と闘うこと、自分が強く信じている価値観をわが子に教えること、戸棚をつくることなど）に、全力を傾けている
・最後に、これは重要な点として、最も幸福な人々にも、当然、ストレスや災難はあるし、悲劇さえ起こり得るのです。普通の人と同様に、つらい環境におかれると落ち込み、感情的になるでしょう。しかし、彼らの秘密兵器は「困難に直面したときに対処する考え方や強さ」にあります。

この「最も幸福な人々の考え方や行動パターン」については、「自分は、ふだんできていない……」「できそうもない……」と腰が引けてしまうかもしれません。でも、ここにあげたすべてを実行しようとする必要はないのです。何もかもできる人などい

ませんし、大部分をやり遂げられる人もまれでしょう。

まず、いまの自分に役立ちそうな方法を1つ（できれば2つか3つ）選びだすことから始めましょう。それだけであなたは今日からとても効果的な方法を手にし、自分の人生をコントロールでき、幸福度によい影響を与えることができるはずです。

また、この考え方や行動パターン以外にも、私の実験室やほかの学者の研究室では、人々の考えや行動――つまり「意図的に自分で変えられる40％の行動」――の力をどうやって活用していくかをさまざまな方法でテストしました。そして最終的には、ある人の幸福度を本人の設定値以上に高め、維持するために考えだされた「幸福介入（幸福度が高まるための実験）」を正式に行なったのです。その研究結果をもとに、本書のＰＡＲＴ２で「幸福度が高まる12の行動習慣」として詳しく紹介していきます。

幸せになるための練習

専門的なスキルを身につける、スポーツをマスターする、子どもを育てるなど、人生で大切なことを成し遂げるためには、相応の努力が必要です。このように、身体を動かしたり、頭を使ったりすることに対して、「努力」という言葉が結びつくでしょう。

しかし、感情や精神について、「努力」という概念はイメージしにくいかもしれません。だから、物事がうまく運んだとき、このような目に見えないことに対して、じつは努力をしていたとしても、努力をしたのではなくて「ツイていた」と思いがちです。けれども、すぐ忘れられてしまう新年の決意と同様に、そんな実感のない努力だと成功は長続きしません。

たとえばジムへ行ったり、ジョギングやキックボクシング、あるいはヨガをするなど、スポーツをすることに人がどれくらいの時間を費やし、どれほど打ち込むものかを考えてみてください。それと同様に、私の研究からは**「もっと幸福になりたいなら、スポーツをするように取り組まなければならない」ということがわかりました。**つまり、**ずっと続く幸せを求めるのならば、たえず考え方や行動に変化を起こさねばならないのです。**それには日常生活で努力することはもちろん、自分の責任を果たすことが求められます。

つまり、幸せの追求にはそれなりのエネルギーが必要になるのです。しかし、だからこそ「幸せになるための仕事」は最も報われる仕事なのだと考えてください。

幸せの波及効果

なぜ私たちは、「もっと幸せになりたい」からと努力をするのでしょうか？　そんな疑問に対して納得のいく答えがほしい人のために、こんな話をしましょう。

私は研究者のエド・ディーナーとローラ・キングと協力して多くの心理学の文献を著し、この分野で注目を集めてきました。そのプロセスで、「より幸せになりたいと思うことは、自分の気分をよくさせるだけではない」ということがわかりました。さらには、**「幸せには多くの恩恵がついてくる」**ことを研究で突き止めたのです。

これは私の身近な人たちでも同様でした。あまり幸福そうでない仲間と比較した場合、幸福な人々は社交的でエネルギッシュであり、より寛容で協力的で、他人から好まれる度合いも高かったのです。

そして、より幸福な人の多くが、結婚している割合が高く、結婚生活を維持し、さらに友人や「社会的支援」の豊かなネットワークをもっていました。このことも、とりわけ驚くべきことではないでしょう。

さらに幸福な人の考え方は、いっそう柔軟で創意工夫にあふれ、仕事では生産性が高いことが明らかになっています。そのような人々は優れたリーダーで、稼ぐお金も多い、ということもわかりました。困難にぶつかっても回復力が強く、より強力な免疫システムをもち、健康です。そして長生きでもあるのです。

お金と結婚について、かつてコメディアンのヘニー・ヤングマンがこんな皮肉をいっていました。「幸せのどこがいいというんだ？　幸せから金は生まれないじゃないか」。彼の芸はとてもおもしろいのですが、この言葉は間違っています。なぜなら、ある研究では、**「大学の新入生のときに幸福だった人は、初めのうちは、ほかの人と収入の差がなくても、16年後（30代の半ばになったとき）に、幸福と思わなかった人に比べ、より高い給与をもらっている」**ということが明らかになっているからです。

スイスぐらいの規模のかなり小さな国ですが、「幸福」はとても重要なことだと、国をあげて国民の幸福感を高めようとしているところもあります。それは、インドと中国に挟まれたヒマラヤ山脈にある最後の仏教徒の王国、ブータンです。ブータンは、経済を発展させる最もよい方法が、国民の幸福度が高まることだと判断しました。つまり、国内総生産（GDP）ではなく、「国民総幸福量（GNH）」に国家として力を注いでいるのです。その結果、何よりも国民の幸せを重視したブータン王国の政策は、社会全体の利益をもたらすことにつながりました。

幸福を追い求めるということは、感情的な豊かさだけでなく、人生に数えきれないほどのポジティブな副産物をもたらします。そして最終的には、より幸せになることで、自分自身のためだけでなく、パートナーや家族をはじめ、コミュニティ、そして大きくいえば社会全体のためにさえなるのです。

2

幸福度を測る

あなたは、「心の底からほんとうに幸せだ」というと、どんな人を思い浮かべますか？　逆境にぶつかっても冷静で、心を乱されなさそうな人を知っていますか？　もしかしたら、あなたの友人や仕事の同僚、家族のなかにそんな人がいるかもしれません。では、どうしてそのようにしていられるのでしょうか。多くの人と違って、日々の緊張や試練に悩んだり、動揺したりしないのでしょうか？

困難で厄介な状況にいても幸せそうに見える人に対しては、うらやましく思ったり、ときには腹立たしく感じたりするものです。

たとえば、どんな仕事にも満足せずに怒鳴り散らしてばかりいる悩ましい上司の下で、あなたと幸せそうな人が働いているとしましょう。あるいは、あなたと幸せそうな人のどちらもロースクールの1年生で、押しつぶされそうなほどの量の読書や課題で手いっぱいだという状況でもいいでしょう。または、2人とも親になったばかりで、生まれて間もない赤ん坊の世話に明け暮れて、睡眠不足はもちろん、不安がいっぱいで悩んでいるという状況でも。

そんな状況におかれると、たいていは落ち込んで不機嫌になり、いらだって、ときに自分はとても不幸だと感じて意気消沈してしまうのではないでしょうか。けれども、幸せそうな人のほうはいらだちやストレス、困難や失望などを払いのけ、何があろうともそのたびに起きあがって、ポジティブになれるらしいのです。**幸福な人は、誰かにとっては「脅威」としか見えないものを、「挑戦」ととらえているのです。**

あなたが不信感を抱き、疲れきっているときでも、幸福な人は「挑戦」に向かって希望にあふれた楽観的な見方ができています。多くの人が「脅威」と思って消極的になっているとき、幸福な人なら自分を奮い立たせて動き始めるでしょう。

では、どうしたら幸福な人のようになれるのでしょうか？ 「自分があれほど幸せだったことはあるだろうか？」。私はこう自問したことがあります。そして、その答えを見つける唯一の方法は、「幸せな人々を系統的に、また集中的に調べることではないか」と考えました。その結果、幸福な人々を詳しく観察すればするほど、多くのことがわかってきたのです。では、いくつかのケースをみてみましょう。

苦難の連続でも幸せになれる

34歳のアンジェラは私がインタビューしたなかでも、最高に幸せな1人です。しかし、彼女がこれまでどれほどの苦難を耐え抜かなければならなかったかを知ると、簡単に「幸せだ」なんて思えませんでした。

アンジェラはカリフォルニア南部で成長期をすごしていましたが、母親から心と身体の両方に虐待を受けていました。しかも、父親は見て見ぬふりでした。おまけにアンジェラは10代の娘としては太りすぎで、学校の仲間からも白い目で見られていました。

アンジェラが高校2年生のとき、母親は乳ガンだと診断されました。それによって病気がちの母親からの肉体的な虐待は収まりました。けれども精神的虐待は増すばかりでした。とうとうアンジェラは耐え切れなくなり、知り合ってからわずか3か月の男性と結婚して家をでたのです。

彼女と夫は北部の地へ引っ越しました。その4年間のうちに、娘のエラが産まれました。しかし、その後、アンジェラは離婚してカリフォルニアへ戻り、いまもそこに住んでいます。

現在のアンジェラはシングルマザーで、経済的には楽ではありません。元夫は娘を訪ねても来なければ、養育費を払ってもくれないのです。

家族を養うために、アンジェラはいろいろな職に就きました。この前の転職で彼女の理想の仕事であるエステティシャンになれたのですが、突然解雇され、希望は消え去り、生活も苦しいままでした。そのため、彼女はやむなく破産申請をして、しばらくは生活保護を受けなければなりませんでした。しかし、そんななかでもアンジェラは、大学生となり、看護師の資格を取るために勉強しているのです。

これほどの出来事やさまざまな困難を経験したのに、アンジェラは自分がとても幸せだと思っています。かわいくてたまらない娘のエラが、尽きることのない喜びを与えてくれるのです。アンジェラは娘と『ナルニア国物語』を読み、無料のコンサートへ行き、ベッドで寄り添ってビデオを観ることを楽しんでいます。アンジェラにもわかっているのですが、ほかの子どもたちはもっていても、エラがもっていないものはたくさんあります。でも、エラはアンジェラから十二分の愛情をもらっているのです。

アンジェラには、みんなを笑いの渦に巻き込んでしまうユーモアのセンスがあります。生活保護を受けていたころや好きな仕事を失ったころの苦労を、彼女が笑い飛ばしながら話すと、それを聞いている人もついつられて笑ってしまいます。

アンジェラには友だちが大勢います。アンジェラの友だちは、みんな彼女のようにポジティブです。それはアンジェラが自分と同じように、まわりの人もポジティブな考え方に変えてしまったからです。友だちは彼女にとって喜びであり、支えでもあります。

アンジェラはまわりの人たちが心の傷やトラウマから回復する手助けをすることに、深い満足を感じています。なぜなら、彼女がいうように、「闇に1人で立ち向かうなんて、絶対に無理」だからです。

普通はアンジェラのような人生を送ったとしたら、誰もが彼女とは正反対の不幸な人々を思い浮かべるでしょう。つまり、「楽しいときでも幸せそうに見えない人」や「つねに無愛想で不機嫌な人」「ネガティブなことを強調して不都合な点ばかりに注目し、人生に何の喜びも見いだせない人」たちです。

幸せそうに見えても、とらえ方であらゆることが不幸に変わってしまう

そんなアンジェラと正反対のタイプとして、私がインタビューをした1人にシャノンがいます。彼女は27歳で、英語を第二外国語として教えるための免許を取ろうと勉強中でした。シャノンにはイタリアの学校にいる恋人がいます。2か月後に彼が帰国したら、2人で暮らそうと計画していました。

シャノンは平穏な子ども時代を送ってきたそうです。何不自由ない家庭に育ち、親しい友人も何人かいました。家族で何度もアメリカのあちこちを旅行しました。シャノンの話によると、中学2年生のときに母親から、犬のデイジーをプレゼントされたそうです。そのデイジーはいまも元気で、彼女の大の親友です。

そんなシャノンの人生には悲劇的な要素もトラウマも見当たりません。でも、シャノンはあらゆることを不幸な出来事に変えてしまうのです。

まず、高校から大学への進学を大変なストレスだと感じたそうです。やってもやっても終わらない勉強や慣れない環境にも押しつぶされ、神経が張り詰めてしまうことがよくありました。

学生寮ではルームメイトの性格は気に入っていたのですが、いつもテレビのボ

リュームを大きくしているのにひどく悩まされ、だんだん反感を抱くようになりました。

その後、ルームメイトも替わり、ずっと尊敬していた人と同室になれたので、シャノンは大喜びしました。けれども、始めは楽しかったものの、そのルームメイトが留守がちなので、シャノンはまた傷つくようになりました。

いま、シャノンはとても活動的です。夏はロッククライミングやローラーブレード、冬はスノーボードやスキーをやっています。英語を教えること自体も楽しいようで、現在、講師として教えている子どもたちとお互いに成長しているのが楽しい、と話してくれました。

このように表面的には、シャノンの人生はじつに素晴らしいものに見えます。約束されている楽しい仕事が目の前にあり、恋人もいて、安定した家庭環境もあって、愛するペットもいる。

けれども、シャノンは、「自分は不幸な人間だ」と思っているのです。学業の成績は申し分ないにもかかわらず、心から喜ぶことはできない。つまり、彼女は自分に自信がないのです。

実際、どんなに成功しても、シャノンはたまたま運がよかっただけと理由をこじつけて、過小評価してしまいます。申し分のない結果にも、「別の選択肢にすればよかった……」と後悔することさえあるのです。

シャノンは、いつも孤独を感じていて、自分の今後の人生は不安定なものになるだろうし、人はあてにならないと思っています。そんなシャノンが、自信に満ちあふれ、気持ちも楽だった「ほんとうに幸せ」なときとして思いだすのが子ども時代だそうです。

いま彼女は、「自分には価値がある」と自らにポジティブな気持ちをもたせてくれる恋人に頼り切っています。彼がいないと、「とてもさみしい」と感じてしまい、つい浪費や過食に走りがちになります。とくに不安定になったり、希望を見いだせないとき、気持ちは滅入り、すべてが暗く見えてしまうそうです。

「幸福度」は数値で表わせる

人間の幸せは高度や温度や知能指数と同じように数字で測れるものです。非常に低いものから、その反対に非常に高いものまで、スケール上に分布しています。

シャノンの幸福度を測ってみると、彼女の数値はスケールの最も低いところに位置するでしょう。アンジェラの数値は最も高いところにあるでしょう。

このように誰の幸福度も数値で表わせるのです。いまあなたが深く落ち込んでいるとか、願っているほど幸せじゃない、または逆にとても幸せであるにしても、まずは現在の自分の幸福度を知っておいてください。そして、このあとお話しする「幸福度が高まる12の行動習慣」の前に、まずは自分がスタートする現在地を知ることから始めましょう。

ギリシャの哲学者のアリストテレスから、「精神分析学の父」ともいわれるジークムント・フロイトや、漫画の『ピーナッツ』の作者であるチャールズ・シュルツまで、作家や思想家はさまざまな「幸福」の定義を示してくれます。アリストテレスは「幸福」を「美徳に基づいた魂の活動である」と述べました。フロイトは、「幸福」は「愛することと働くこと」の問題だと考えました。また、シュルツの「幸せって、あったかい子犬」という言葉も有名でしょう。

私は「幸福」という言葉を、「喜びや満足をもたらす経験と、充実して生きがいがあり、価値のある人生だと感じることを合わせた状態」として用いています。しかし、「幸福とは何か？」といった定義など必要としない人がいることも私は知っています。なぜなら、幸せか、そうでないかは本能的にわかるものだからです。

では、自分がいまどれくらい幸せか不幸せかは、どうやって測ればいいのでしょうか？　もちろん、幸福度計なんてものはありません。そこで研究者の多くは、対象者の自己申告をもとに「幸福度」を計測します。

ちなみに私は、何人もの被験者の調査をするとき、ほとんどの場合、簡単な４つの項目からなる質問票を使いました。これは私が開発したもので、「幸福度スケール」と呼んでいます。

では、あなたの幸福度はどれくらいでしょうか？　自分がほんとうはどれくらい幸せなのかを知っているのも、それを人に話すことができるのも、あなただけです。ですから、現在の幸福度を知るために、「幸福度スケール」をもとにした次ページの４つの項目に答えてみてください。これはあなたの設定値を判断するためにも、ぜひとも知っておいてほしいのです。

「幸福度スケール」の最高点は７点（４項目のどれにも７点ずつをつけた場合）で、最低点は１点（４項目のどれにも１点ずつをつけた場合）です。

幸福度スケール

説明：次の質問のそれぞれについて、自分に最も合っていると思われる番号に丸をつけてください（4つの項目は、1から7までの段階の内容がそれぞれ違うので、注意してください）。

(1) 全体として、私は自分をこう思います

1	2	3	4	5	6	7
幸せな人間ではありません						とても幸せな人間です

(2) たいていの同僚と比べて、私は自分をこう思います

1	2	3	4	5	6	7
彼らよりも幸せではありません						彼らよりも幸せです

(3) 全体としてとても幸せだという人々がいます。そういう人たちは何が起きていても人生を楽しみ、どんなことも最大限に活用しています。このような性格はあなたにどの程度当てはまりますか？

1	2	3	4	5	6	7
まったく当てはまりません						大いに当てはまります

(4) 全体としてあまり幸せではないという人々がいます。そういう人たちは落ち込んでいるわけではないのですが、願っているほど幸せになれたことはありません。このような性格はあなたにどの程度当てはまりますか？

1	2	3	4	5	6	7
大いに当てはまります						まったく当てはまりません

■ 得点の計算方法

ステップ1：合計＝設問1：＿＿＋設問2：＿＿
＋設問3：＿＿＋設問4：＿＿＝＿＿

ステップ2：幸福度の得点＝合計（上の数字）＿＿÷4＝＿＿

日付＿＿＿＿＿＿

幸福度の得点（2回目）：＿＿日付＿＿＿＿＿

幸福度の得点（3回目）：＿＿日付＿＿＿＿＿

私はこの質問票をさまざまなグループに使用しました。グループの性質にもよりますが、平均的な点数は4・5点〜5点でした。仕事をしている成人や仕事を引退した人たちの平均点は5・6点でした。大学生の平均点は5点を少し下回り、学生を除く成人に比べて点数が低くなる傾向にあります。

さて、あなたの現在の幸福度はどれくらいでしたか？　大学生より年齢が高く、得点が5・6点以下なら、平均的な人よりも幸福度が低いことになります。別の言い方をすれば、あなたの年代の50％以上の人は、より高い得点を自分につけているわけです。

もし、5・6点以上なら、平均的な人よりも幸せということになります。もちろん、「平均的な人」という場合、あなたの性別や年代、職業、国籍などによっても異なります。いずれにしても、あなたの得点以上に、幸福度が高まること、あなたがもっと幸せになれることを忘れてはなりません。

「幸福」にまつわる誤った神話

幸福度が何点でも——「ほとんど幸せではない」「まあまあ幸せ」「とても幸せ」の

幸福度スケールのどのあたりにいるとしても——幸福な状態を維持し、もっと幸福を味わうための方法をご紹介します。それは**あなた自身の強みをどう活かすか**ということです。

具体的な方法の前に、まずは「幸福」にまつわる数々の神話に対する誤解から解いていきます。「幸福」を手にするうえで最大の障害となる1つは、**「何が自分を幸せにしてくれるか？」に対する考えがほとんど見当違いなこと**です。そんな誤解が、私たちに叩き込まれています。同僚や家族などのお手本になる人によって常識とされ、さらに文化のなかに存在するさまざまな物語やイメージによって誤解が強化されています。

誤った神話その1　～幸福とは、見つけるもの～

最初の誤った神話は、幸福とはどこかで「見つけるもの」であって、私たちの手が届かない、どこか理想郷のようなところにあるという考え方です。具体的にいえば、「心から愛する人と結婚する」「夢だった仕事に就く」「素敵な家を買う」などのいいことが起こった場合に、幸福になるという考えです。

しかし、幸福になるには、「あれだの、これだのが起きなければならない」と待ち続ける人間になってはいけません。幸福は「私を見つけてください」とどこかで私たちを待っているものではないのです。**幸福は、自分自身のなかにあります。**

だから、どこかに見つけに行っても見つかりません。ありふれた表現に聞こえるかもしれませんが、**「幸福」とは、なんといっても「心の状態」であり、自分や住んでいる世界をどう感じるかなのです。**ですから、あなたが明日、あさって幸せになりたいなら、また残りの人生を幸福にすごしたいのなら、まずは心をうまくコントロールできるようになりましょう。そのためのステップこそ、本書が大切にしていることです。

誤った神話その2　～幸福とは、環境を変えることで手に入れられるもの～

もう1つの大きな誤解（神話）は、「生活環境が変わりさえすれば、幸せになれるだろうと思うこと」です。つまり、「もし、○○だったら幸せなのに……」とか「○○になれたら幸せだろう」といった考え方を指します。こうした理屈は、ほんとうに幸せだった時期があったのに、それと同じ幸せを与えてくれる環境には二度と戻れないという考え方に通じるものがあります。幸せだった時期とは、学生のころや初恋を経験したころ、または子どもが小さかったころ、それとも、外国に住んでいたころでしょうか。

前にあげた円グラフでも説明しましたが（39ページ参照）、**環境がどれほどポジティブで素晴らしいものでも、実際に幸福をもたらすのはたった10％しかないのです。**

誤った神話その３　～幸福とは、生まれついてもっているもの～

「人は幸福に生まれつくか、不幸に生まれつくかである」という考え方はおなじみのものです。たいていの人、とりわけあまり幸せでない人は、自分が不幸なのは遺伝のせいで、自力ではどうにもならないと思い込んでいます。でも、事実はその逆です。遺伝的にプログラムされた要素が全面的に影響を与えるのではない、という研究結果もどんどん増え続けています。そのデータからも納得できるでしょう。

本章では、このような誤解について１つずつ、考察していきます。まずは、「環境が人生にどんな影響を与えるのか」ということについて、科学者が探りだした結果をもとに、確認していきましょう。

「生活環境」が幸福に与える影響はわずか

作家ハーマン・メルヴィルの言葉を引用すれば、生活環境には「妻、心、ベッド、テーブル、鞍《くら》、暖炉、国」が含まれているといいます。あなたの人生において「偶然に決まったけれども、不変の事実」というものがないか考えてみてください。

たとえば、性別、年齢、国籍などがあるでしょう。育った場所、子ども時代や思春期を形成した重要な出来事もそうです。ネガティブな出来事ならば、両親の離婚や交通事故、いじめなど。ポジティブな出来事ならば、仲のよい家族、賞をもらったこと、人気者だったことなど。

そして大人になってから起こった重要な出来事もあります。あなたは結婚していますか？　独身ですか？　離婚していますか？　それとも、伴侶に先立たれましたか？　あるいは別居しているのでしょうか？　職業や収入、信仰している宗教についてはどうですか？　生活状態や住居の環境はどんなふうですか？　慢性的な病気を患ったり、急病になったりしたことはありますか？

誰でもこのような人生での大きな出来事はとても重要なことだと考えているでしょう。しかし実際には39ページの円グラフが示すように、そのような出来事は幸福を決める要素のなかでごく少ない割合を占めているにすぎません。その10％という数字は、過去の多くの調査における平均を表わしたものです。**研究結果から、幸福になるうえで生活環境や状況が占める割合をすべて足しても、わずか10％ほどにしかならないことが明らかになっています。**

ですから、信じがたいことかもしれませんが、幸せを感じるチャンスという点からみたら、レクサスのハイブリッドカーで仕事に行こうと、ボロボロのトラックで行こうと、ほとんど同じなのです。それは、若かろうが歳をとっていようが、あるいはシワ取りの整形手術を受けてどんなに美しくなっていようが同じことです。そう、極寒のアメリカの中西部に住んでいても、さわやかな西海岸に住んでいても同じなのです。

「物質的な富」は幸福に影響するのか？

次は、「物質的な富」について考えてみましょう。たとえば、毎月の収入や貯金、資産、所有物などです。差し当たっては、みなさんはこの本を買う余裕があって、読む時間があるわけですから、あなたの所帯の収入は米国の平均を上回っていると仮定しましょう。なんと、今日のあなたが経験している物質的な充足感は、50年前だと収入が米国の上位5％に入った所帯のものと同じレベルなのです。

最近、ルーズベルト元大統領に関するドリス・カーンズ・グッドウィンによる素晴らしい本、『フランクリン・ローズヴェルト（上・下）』（砂村榮利子、山下淑美 訳／中央公論新社）を読んでいたところ、1940年代の米国の暮らしについての描写がありました。

1940年には、全所帯の約3分の1の家庭には、水道も屋内トイレも、シャワーもありませんでした。1940年代の25歳以上の人で、中学2年生まで学業を終えられたのはわずか40％にすぎず、高校を卒業できた人は25％、そして大学まで終えた人に至ってはたった5％ということです。人生への全体的な満足度を尋ねられると、1940年代のアメリカ人の多くは「とても幸せである」と答え、平均的な幸福度は10点満点中の7・5点でした。

しかし、時代は変わりました。今日の典型的な家庭は水道を備えているばかりか、

2つ以上の浴室も、規模が以前の2倍のセントラルヒーティングもあり、1人あたりの平均部屋数は2部屋もあります。また、いうまでもなく、電子レンジや食器洗い機、カラーテレビ、DVDプレイヤー、パソコンもあります。個人の実際の月収は1940年代の2倍以上になっています。では、今日のアメリカ人の平均的な幸福度はというと……7・2点でした。

この結果からも、**居住スペースが増え、いろいろな道具や電化製品が増えるなど、幸せになるだろうと考えられていたものがあっても、私たちが幸せになったわけではないことは明らかです。**これまで何人の人がいったことでしょう。「もし、○○がありさえすれば、私は幸せになれるのに！」と。私自身も、何度もそんなことをいいました。初めての車をもつ前の10代のころや、ひとり暮らしをする余裕のない学生だったころに。

物質主義によって失われたもの

1976年に、全米の一流のカレッジと総合大学に通う、平均年齢18歳の1万2000人の新入生を対象に、ある意識調査が行なわれました。その後、彼らが37歳になったときの人生の満足度を測りました。新入生当時に物質的な願望をあらわにした者たち――つまり、金儲けが一番の目標だといった人たち――は20年後、人生への満足度が低くなっていました。さらに物質を優先する人はそうでない人よりも、さまざまな精神疾患を患う率が高くなっていたのです。

物質を優先する人があまり幸せになれない理由の1つは、**「金銭面での目標になんとか達しても、幸福感が増すことにはならない」**からです。また、物にこだわると、たとえば、家族や友人との関係を大事にすることや、いまを楽しむこと、自分のコミュニティに貢献することなど、人生においてもっと意味があり、喜びに満ちたものがあることを見落としがちになるのかもしれません。

1967年以来、毎年行なわれる「全米新入生調査」では、アメリカ中の新入生の意識や計画を調べています。2005年の調査では、385のカレッジや総合大学に通う26万3710人の新入生から回答がありました。その結果、71%という圧倒的な数の新入生たちが「経済的に十分に恵まれること」がとても重要だと答えています。ちなみに、同じ回答をした1967年の新入生は42%でした。また、興味深いことに、「人生で意味のある考えを育むこと」が重要だとか必要だと答えた現在の新入生は52％にすぎませんでしたが、1967年には86％だったのです。

このような「経済的に十分に恵まれることを求める人たち」は、何かを手に入れれば入れるほど、もっと多くを望むでしょう。年収が3万ドル以下の人は、年収が5万ドルになればうれしくなると断言できます。さらに、年収10万ドル以上稼ぐ人たちは、25万ドルはもらわなければ満足できないともいわれます。

しかし、792人の富裕層を調査した結果、「富があっても、より幸せになることはなかった」と半数以上の人が証言しています。そして資産が1000万ドル以上ある人の3分の1が、「お金は問題を解決するよりも、問題をもたらすものだ」と答えたのです。

「美しさ」と「幸福」の関係

「なぜお金がたくさんあっても、幸福がずっと続かないのか？」ということを説明する前に、もう1つ、外見的な魅力についてお話ししましょう。客観性を重んじる科学者という立場である私でさえ、美しくなることが幸福と結びつかないとはなかなか信じがたいことです。それは、1人の女性として考えると、当然ではないでしょうか。

このことは、米国美容外科学会議の報告でも証明されています。自分の外見をつくり変えようとする人が年々増えているそうです。2004年には、美容整形をした人の数が2003年よりも44%増加しました。280万人がボトックス注射をし、110万人が化学薬品を使ったシワ取りを行ない、何十万もの人が豊胸手術やまぶたの手術、鼻の整形、脂肪吸引の手術を行なっているというデータもあります。ほとんどの人が「手術後の外見に満足した」と報告しています。

しかし、興味深いのは、その満足感もほんの短い期間だけだったということです。つまり、幸福感を急に引き上げても長続きはしないのです。というのも、人は「自分がどれほど幸せか?」と考えるとき、自分の外見に目を向けないからです。きれいな人たちが、自分の外見に満足しているかと尋ねられれば、「もちろんです」と答えるでしょう。でも、幸福かと尋ねられれば、じつは外見がその判断に与える影響は、あったとしても、わずかなのです。

「美しさと幸福感とは無関係である」という私の考えは、魅力的な外見の人が、平凡な外見の親類や同僚や友人に比べて、より幸福というわけではないことも意味します。さらに、私の同僚であるエド・ディーナーとその調査協力者たちは、いくつも素晴らしい調査を行ない、それこそ、この問題を解決してくれるものでした。

ディーナーと協力者は心理学の実験をした際に、「幸福な大学生のボランティア」と「不幸な大学生のボランティア」を研究室に連れて来て、彼らの写真とビデオを撮影しました。そして、その写真とビデオを、判定を下す人々に見せて、外見的な魅力に点数をつけてもらったのです。

ディーナーと調査協力者は、この実験のある被験者のグループには「いつもの自分どおり」の格好で研究室に来るようにと命じました。また、そのグループに参加した女性には「何の装飾もない状態」で来るようにと頼み、ノーメイクの状態で装飾品を外させ、服と髪を隠させたのです。この学生ボランティアたちは、髪をすべて隠すために白いシャワーキャップをかぶせられ、服を隠すために実験用の白衣を着せられました。大きなボール紙を楕円形にくりぬいた穴から顔をだすよう命じられた被験者もいました。これは遊園地の記念撮影用のスポットにおいてある、筋骨たくましい男性だの、王女様だのの姿が描かれたボードから顔をだす仕組みに似ており、この実験で使われたのは真っ白なボール紙でした。

研究室での実験にしては、奇妙な段取りだと思われるでしょう。実際、私もそう思いました。でも、そのユニークな実験のおかげで、ディーナーは「幸福と外見の魅力との関係」について重要な調査結果を手にすることができたのです。より幸福な被験者は、客観的に見た場合でも、より魅力的なのでしょうか？

その結果は、とても意義深いものでした。最も幸せな被験者は自分が魅力的だと信じがちでしたが、客観的な判定によると、彼らはもっと幸せでない仲間よりも容姿がいいとはみなされなかったのです。興味深いことに、この発見は、被験者が「何の装飾もない状態」のときのほうがはっきりしていました。

この実験結果が示すように、**美しさは幸福とは直接、関連性がないのです。客観的に見てより美しくなっても、以前と比べてより幸福にならない場合がほとんどです。**ただし、自分で自分が美しいと思い込むことは、話が別です。この場合は、幸福感が増す要素の1つになるかもしれません。ある研究結果によれば、「幸福な人は外見も含めて、人生に関するすべてをよりポジティブに、より楽観的に見る傾向がある」そうです。その一方で、幸福でない人は、自分の外見をプラスに評価しないことが、ディーナーをはじめとする実験結果でわかったのです。

「快楽順応」という強烈な力

多くの人が、幸福をもたらすことを信じて環境を変えようとしますが、それこそ幸せを追求するうえでの最高のアイロニーでしょう。

近ごろ大学を卒業した若者のなかには、不幸になるまいと、たとえ職場が遠くても収入が多い仕事を選ぶ人がいます。熟年離婚をした女性で、整形手術を受ける人がいます。夫が退職して景色のいいコンドミニアムを買う人もいます。

しかし残念ながら、このような人たちは、みな一時的に前よりも幸せになるだけです。**生活の状況を変えることで幸せになろうとしても、結局はうまくいかないという結果が、数々の研究結果によって示されています。**

では、なぜ生活を変えてもさほど効果がないのでしょうか？　それは心理学者が**「快楽順応」**と呼ぶ、とても強烈な力が存在しているからです。

人間は知覚の変化や生理学的な変化に、驚くほどすばやく慣れてしまいます。たとえば、厳しい寒さの戸外から室内に入ったとき、パチパチ音をたてて燃える暖炉の火のぬくもりは、最初のうち天国のように思えるでしょう。でも、たちまちそれに慣れてしまい、暑すぎるとさえ感じるようになるかもしれません。このような経験は、「生理的適応」や「感覚順応」と呼ばれています。

「人間は慣れてしまうもの」とはいいましたが、同じ現象でも、転勤や結婚、転職など快楽をともなった変化が現われると、前よりも幸せになれるかもしれません。しかし、じつはその効果もごく短い間だけです。幸せな新婚の夫婦なら、「結婚生活の恩恵が当たり前になることなんてあるのだろうか？」と思うでしょう。実際、この本を読んでいる既婚者の誰もが、人生を変えてしまうほどの結婚の衝撃の大きさを実感したことがあるに違いありません。また、結婚している人は独身者よりもはるかに幸福だという調査結果もでています。私の例も含めて、数えきれないほどの事例がそのことを証明しています。結婚は私がこれまで実践したことのなかで最も素晴らしいものでしたし、以前よりも、いまのほうが幸せだと確信しています。

けれども、心理学の研究によると、私の例が間違っていることを示す証拠があがっているのです。15年にわたって毎年、国民や移民、外国人も含めて西ドイツと東ドイツに住む2万5０００人の人々を調べてきた画期的な研究があります。その研究によると、そのうち１７６１人が結婚し、結婚生活が続いています。

この多くのデータを用いて科学者たちが証明したのは、**「残念ながら、結婚が幸福に与える効果は一時的なものにすぎない」**ということでした。**結婚後、夫婦が前よりも幸福に感じる期間は約2年で、そのあとは通常の幸福度、つまり彼らの設定値へ戻っていくだけです。**おそらくこのニュースは新婚夫婦に知らせないほうが賢明でしょう。

では、「快楽順応」はなぜ起こるのでしょうか? 2つの大きな原因があります。

1つは、**より強くなっていく願望**です。たとえば、あなたが前に住んでいた家よりも大きい家を買うことができたとしましょう。しかし、しばらくすると、自分の幸福が当たり前のものに思えてきて、もっと大きい家がほしくなるのがそれです。

もう1つは、**まわりの人との比較**です。たとえば、近所に引っ越してきた新しい友人がBMWに乗っていたら、あなたもBMWに乗りたいと思ってしまうのがそれなのです。結果として、自分がほしいと思う以上のものを毎年買い込んでいるという人でも、全体的な幸福は前と変わらないままでしょう。ルイス・キャロルの『鏡の国のアリス』にでてくる赤の女王のセリフを引用すると、「私たちはますます速く走っているのに、まったく同じ場所にいるようだ」というわけです。

このように、ポジティブな出来事や気分を高揚させることが起こると、一時的な幸福感と引き換えに、「快楽順応」のせいでそのあとの幸福感や充足感が弱まってしまうのです。

ただし、そうはいっても、環境の変化にすぐ適応できる能力が人間にあるのは、じつに幸運なことだと私は思います。なぜなら、悪いことが起きたときに、その能力がほんとうに役に立つからです。**「快楽順応」に関するいくつかの研究からは、「病気や事故で身体が衰弱したあとでも、もう一度幸福になるための驚異的な能力が人にあること」がわかっています。**たとえば身体機能の重要な能力を失った麻痺や失明といった障害にも、適応できるというのは驚異的なことでしょう。

ある多発性硬化症の患者のケースをご紹介します。アーネストというその患者は病気が進行するにつれて、「病気」を恐るべきものから、どうにか扱えるものへと変えていきました。アーネストはもはや車の運転も走ることも歩くことも、立つことすらもできませんが、自分の適応する能力についてこういいました。

「あまり重要ではなくなったんだよ……。前にできたことはもうできないんだから、

『できればいいのに……』なんて残念がることはしないよ」

さらに、アーネストは自分の視点の変化をこんなふうに説明しました。

「たぶん、僕が生まれた1956年に、いまの僕のような症状になると知っていたら、将来を考えて不安になり、悲観しただろう。でも、いざこういう状態になってみると、当時に考えたものほど事態は悪くないと思えるんだ」


人はすべてのものに適応することはできませんし、そうなるはずもありません。ただし、**ポジティブな出来事に関しては、とくに「快楽順応」の存在はとても強力です。なぜなら、富や家、財産、美しくなること、美人に囲まれること、健康、そして結婚という、好ましい変化にさえ慣れてしまうからです。**

幸福の設定値

本書をここまで読んできて、「ほんとうに切迫した状態にないかぎり、生活環境の些細なものは不幸の真の原因にはならないこと」を理解していただけたでしょうか？

もし、あなたがいま、仕事や友人、結婚や収入や外見に不満があるならば、幸せ

がずっと続くためにとるべき最初のステップは、不満に感じるそんなものをとりあえず脇へおくことです。

そういわれても簡単にはできないかもしれませんが、まず「考えないように」してください。幸せになるための邪魔となっているものは、そういうものではないと自分にたえず言い聞かせましょう。それにはかなりの自制心や克己心《こっきしん》が必要でしょうし、すぐにはうまくいかないかもしれません。でも、「これまで広く信じられてきた、誤った幸福に対する考え方」を意識的に忘れようとするのは大切なことです。

そうすると、不幸の原因が環境にはないことをすでに知っているので、自分は不幸になるべくして生まれてきたに違いない、と考えるのも間違いだとわかるでしょう。何より「幸福とは、幸福な状態であるか、ないかのどちらかである」ということ自体が神話にすぎません。でも、この考え方がまったく真実ではない、と理解してもらうのも難しいでしょう。なぜなら、この考え方には、真実も少なからず含まれているからです。

前に円グラフで示したように、幸福（または不幸）について遺伝的に決まる要因は、あなたと他人との違いのうちの50％を占めています。たとえば、臨床的にうつ病にかかりやすい性質は、遺伝的な気質に原因の一部があることもわかっています。けれども、「うつ状態になりやすい性質に生まれたこと自体」に落ち込まないように、このような発見に関連して最も重要な点を強調しておきましょう。それは**「もっと幸せになりたい人は、もう少し自分に優しくすべきだ」**ということです。なぜなら、人生では、誰もがみな自分に不利なことに直面するのですから。

もっと幸せになるためのもう1つの重要なステップは、**「遺伝的に決まるのは100%ではなく、50%程度だけだという事実」を理解すること**です。つまり、生まれつき自分は不幸だと思っている人も、幸せになれる余地はまだ十二分にあるのです。では、なぜ「遺伝による幸福への影響が50%」だとわかるのでしょうか？　それを示す典型的なエピソードを紹介しましょう。

「遺伝による影響力」を実証した双子の研究

遺伝による幸福の設定値を50%ほどだとする最強の根拠は、一卵性双生児と二卵性双生児に関する興味深い一連の研究にあります。なぜ、双子を研究すると、幸福の遺伝的特徴について多くのことがわかるのでしょうか。それは、双子というものが遺伝物質の部分を明確に共有しているからです。

一卵性双生児の場合は100％、二卵性双生児の場合（普通の兄弟姉妹と同様に）は50％の遺伝物質が同じです。そこで、双子の幸福度がどれくらい似ているかを測ることによって、幸福になるための要素が遺伝子にどれだけ含まれているかが推測できるのです。

最も有名な双子の研究の1つである、「幸せな双子の研究」は、行動遺伝学者のデイヴィッド・リッケンとオーク・テレゲン、そしてミネソタ大学の同僚たちによって行なわれました。その研究では、まずミネソタ双生児登録から入手したデータを用いて、ミネソタ州で生まれた大勢の双生児を追跡調査しました。大半が白人です。

その研究結果をもとに、ヘレンとオードリーという双子の女の子についてみていきましょう。2人は現在30歳の一卵性双生児で、セントポールで生まれました。オードリーの幸福度を知るため、過去10年間の彼女の人生に関する情報が調べられました。いろいろな出来事があったようです。オードリーはミネソタ州ノースフィールドにあるカールトン・カレッジを卒業し、グラフィックデザインの職に就きました。彼女には長く付き合っている恋人がいましたが、あまりうまくいっていませんでした。その後、別の男性との交際が始まり、結婚して2年になります。最近、夫婦はシカゴへ引っ越し、寝室が2部屋あるアパートに住んでいます。オードリーは信心深くありませんが、自分がスピリチュアルな人間だと思っているようです。いつも、「自分の未来はどんなふうになるんだろう?」「自分はいつ死ぬんだろう?」などと考えています。

ここ10年のオードリーの人生を調べて、どれくらい幸福かを探りたいと思っても、うまくいかないでしょう。幸福と収入(または職業や宗教や配偶者の有無)との関連性はとても小さいものです。たとえば、「幸福な双子」の研究では、幸せに収入が与える影響は2%以下で、配偶者の有無に関しては1%以下でした。

ただし、いまもセントポールに住んでいる双子のもう1人、ヘレンの幸福度からオードリーがどれくらい幸せかを探ろうとすれば、正確な結果がでてきます。実際、10年前、つまり20歳のときにヘレンの幸福度を調べたとしたら、それは今日のオードリーの幸福度にとても近いはずです。

別の言い方をすれば、あなたが一卵性双生児なら、そのもう1人の平均的な幸福度は(たとえ10年前に測ったものでも)、今日のあなたの幸福度を知るうえで、あなたの人生のあらゆる事実や出来事よりも、はるかに強力な手がかりとなるのです。しかし、一卵性双生児の幸福度が似ているという驚くべき発見を、より説得力のあるものにするには、二卵性双生児の幸福度も比較しなければなりません。二卵性双生児が遺伝子的に相似している部分は、一卵性双生児の半分だということを思いだしてください。

一卵性双生児が（二卵性双生児は違いますが）お互いに同じ幸福度であるという事実から、幸福はかなり遺伝で決まることがわかります。実際、双子に関するぼう大な研究に基づいて、今日の研究者の間で意見が一致しているのは、**「幸福の遺伝率が約50％」**だということです。それゆえ、例の円グラフでも50％の部分を占めることになります。

生まれたときに引き離された双子の幸福度

この研究結果から「遺伝的要因」について、すべて解決できたと思われましたが、この双子の研究には大きな問題がありました。研究者は結論を引きだすために、一卵性双生児と二卵性双生児という両タイプの双子のどちらも、ほぼ同じ家庭環境であることを前提にしなければなりません。

ただし、この前提は果たして正しいのでしょうか？　一卵性双生児と違って、同性の二卵性双生児は外見や行動がかなり異なる場合がよくあります。そのため、両親や教師や友人はこのような双子を1人ひとり違ったふうに扱いがちで、双子自身も各自の個性を強調する場合が多くあります。つまり、二卵性双生児の環境や育ち方は、一卵性双生児の場合ほどはお互いに似ていないのです。

幸いにも、この問題はまったく別の研究を行なうことで対処できます。それは一緒に育った双子と、幼少時に引き離されて別々に育った双子を比較することです。正直、この研究をするには、まず事例を探すのが大変になりますが、ある研究者がそのような条件に合う中年の双子をやっと見つけました。そして、幸福度について調べさせてほしいと頼みました。

この研究結果は、心理学において権威あるものとみなされています。一卵性双生児はお互いに、幸福度において共通点がたくさんありました。また、驚くべきことに、双子が別々に育てられたとしても、共通点はまったく変わらなかったのです。何より双子が「一つ屋根の下で成長したのか」「互いに別の土地で成長したのか」とは無関係に、ある一卵性双生児の片方が幸福であれば、もう片方の双子も幸福であることがわかったのです。

一方、興味深いことに二卵性双生児の場合は、一緒に育てられたか、別々に育てられたかという点は問わず、幸福度には相関関係がありませんでした。普通の兄弟姉妹の場合と同じく、二卵性双生児の幸福度の平均は、お互いに似ていなかったのです。

ただし、この発見自体もとても関心をそそられるものです。なぜなら、**「幸福がかなりの程度まで遺伝的な要因の影響を受け、あらかじめプログラムされた遺伝による設定値を1人ひとりが受け継いでいる」**という結論が裏づけられているからです。

ほかの研究結果からも、**「幸福度の違いの50％が設定値によって決定され（そして忘れてはいけないのが、10％は環境によって決まること）、まるまる40％は、なおも私たちがつくりだせるものだ」**ということがわかりました。

私は双子に関するたくさんのデータを何度も目にしているはずですが、見るたびに新鮮な驚きがあります。生まれて間もなく引き離された一卵性双生児が、それぞれ異なった両親や兄弟姉妹、異なった家庭や学校や町で成長して、10代の少年となり、やがて成人することを、データを見るたびに想像せずにはいられません。そうしてさらに30代か40代になって、片方の相手に初めて会ったとき、自分たちがそっくりだと知ったら、さぞ驚くことでしょう。

ミネソタ双生児登録には、そんな双子が会ったときの様子がいくつも記録されています。おそらく、こうした話は誰もが興味を抱くおなじみのものなのでしょう。最も有名な2人の男性の例があります。

どちらも「ジェームズ」という名で、39歳で初めて双子の片割れに出会ったのです。出会った日の2人はどちらも身長が6フィート（約183センチメートル）で体重は180ポンド（約82キログラム）でした。どちらもタバコはセーラムを吸い、爪を噛む癖がありました。それまでの身の上にも、信じられないほどの偶然（共通点）が明らかになったのです。2人とも「リンダ」という名の女性と結婚したことがあり、それから離婚し、その後、「ベティ」という名の女性と再婚していました。しかも2人とも長男を「ジェームズ」と名付けており、片方は、「ジェームズ・アラン」、もう片方は「ジェームズ・アレン」でした。そして二人とも「トイ」という名の犬を飼っていて、どちらもライトブルーのシボレーを所有しており、それを運転して、家族とフロリダ州の同じビーチ（パス・ア・グリル・ビーチ）で休暇をすごしていました。この話を知って、私は2人がどちらも同じように幸福（またはその反対で不幸）だということを確信しています。

「幸福」は遺伝子によってどこまで運命づけられている？

このように幸福に関する双子の経験的データから、どう考えても「幸福になるための遺伝的根拠はとても強力なものだ」という結論が導きだされました。人は遺伝によって、それぞれ異なる**「幸福の設定値」**をもって生まれてくるようです。だから、生涯を通じて幸福になれる可能性は、人それぞれ遺伝によって最初から異なっています。設定値の大きさは、たとえば家族のなかで陽気な母方の性質に起因するかもしれないし、陰うつな父方によるかもしれないし、またはおよそ両親の半分ずつかもしれませんが、その値までは決してわかりません。

ここで重要なのは、たとえば新しい交際とか交通事故のような人生の大きな変化のせいで幸福度が変動しても、**人は遺伝で決まった設定値に戻る傾向がある**ということです。この傾向は、人生におけるよい出来事や悪い出来事への反応を長期間にわたって追ってきた研究が根拠になっています。

たとえば、1981年から1987年にかけて2年に一度、オーストラリア人を追跡した研究がありました。予想どおり、ポジティブな出来事（たとえば、新しい友人をたくさんつくる、結婚するなど）やネガティブな出来事（たとえば、子どもとの間に深刻な問題が起きた、解雇されたなど）は、彼らが幸福感を味わうとか満足感を得ることに影響を及ぼしました。しかし、そんな出来事がすぎてしまうと、彼らの感情は本来の状態に戻ったのです。

自分で変えられる40％の「意図的な行動」

この結果で、もうおわかりかと思いますが、幸福になるための絶対的な方法などないのです。幸福の泉は、遺伝的に決定された50％の設定値を変えることではありません。10％の部分の生活環境に積極的な変化を求めることでもありません。それならば、どうすれば幸せになれるのでしょうか？　答えは、「40％」にあります。あの円グラフにあった「行動や考え方によって変えることができる40％の部分」を思いだしてください。つまり、私たちがその40％をいかに使うか、という意図的な行動や方法が鍵になってくるのです。

結婚生活調査が示した「結婚と幸福度の関係」

ここで「意図的な行動」に関して、さきほど紹介した「結婚と幸福」についてのドイツの大がかりな研究を振り返ってみましょう。研究者たちが15年にわたって１７６１人を追いかけた調査は、被験者たちが独身のときに始まり、結婚したあとまで続きました。この調査からわかった注目すべき点は、**「平均すると、幸福度は結婚する前よりも結婚後のほうが低い」**ということでした。また、結婚による高揚感が幸福度に現われるのは、平均してわずか2年ほどでしたね。

さらに顕著だった特徴は、婚姻関係を結ぶことへの反応がじつにさまざまだったことです。マーカスとローランドという2人の男性のケースをみてみましょう。２人とも、研究が行なわれている期間中に恋人と結婚したという、やや珍しい被験者です。

結婚したとき、マーカスの幸福度は平均値以上になり、8年後のいまも独身時代よりも幸せな結婚生活を送っています（最高点を記録したときよりも、わずかに幸福度が減少しただけです）。一方、ローランドは結婚して最初の2年間のうちに前ほど幸せではなくなり、それから5年経ってさらに幸福度が減少していました。この2人の男性がほかと違う点はどんなところでしょうか？

マーカスは結婚の効果が徐々に消えていくことを、よしとしませんでした。結婚の恩恵に慣れて、それが普通だと思うようにはなりたくなかったので、自分たちの関係を「当然のものと思うまい」と心に決めました。マーカスは、たえず妻に「愛してるよ」といい、折に触れて花を買って帰りました。また、一緒に旅行にもでかけ、共通の趣味をもち、妻が挑戦するものや、うまくいったものに関心を示すことも忘れませんでした。

それとは対照的に、ローランドは結婚生活が自分の理想どおりでなかったことにまず失望しました。その後は、妻との関係がゆっくりと、でも着実に悪化していくことに気づきませんでした。

このマーカスとローランドの例からも、**人生におけるポジティブな変化に人が慣れやすいのは真実ですが、努力しだいでは慣れていくプロセスに抵抗し、遅らせることができるのです。**マーカスは自分と妻の互いへの愛情を育むために、積極的で創造的な行動をとることによって、結婚生活がマンネリにならないように努めました。この例から、**「意識的に設定した『目標』への行動が幸せを維持する」**というメッセージが得られるでしょう。

先述したように、新しい土地へ引っ越したとき、最初はどれほど素晴らしく思えても、いずれ新鮮ではなくなるものです。そうならないように、私はニューイングランドからカリフォルニアへ移ったとき、「なんて素晴らしい日なの！」と毎朝目を覚ますたびに自分に語りかけたことを覚えています。

それでもやがてまわりの人と同じように、いかに環境が素晴らしくても、空が青くても、それらに慣れてしまい、最初に感じた幸福感をもはや引きだせなくなりました。ところが先日、ランニングの途中で、スウェーデン人の観光客たちから、海の景色をバックに写真を撮ってもらえないかと頼まれたときのことです。私は面倒だと思うどころか、ランニングを邪魔してくれたこの観光客たちに感謝しました。彼らは知らずにやったことですが、そのおかげで、並外れて美しいところに自分が住んでいることへの感謝の念が深まったからです。

マスメディアは、流行のこれまでなかったヨガや瞑想や夫婦療法などを、健康や満足感、幸福感を高めるうえでほんとうに効果があると次々と私たちに語りかけています。しかし、新しいから、流行しているからといって必ずしも効果があるわけではありません。人生を変えるための大きな試みは、それ相応の努力を続けなければならないものばかりです。しかし、そのための努力を続ける意欲も能力もない人が多いのではないでしょうか。

そんな努力が続かない人に私が伝えたいのは、「幸福度が高まる方法や、より健康になるための方法には共通点があるということ」です。その共通点とは、**方法を実行に移す際に、具体的な目標、つまり「やるべきこと」を与えてくれること**です。さらにいえば、「目標」、それ自体が幸福や人生の満足度と深く関わっています。だからこそ、新しい幸福感が高まる方法を実践すると、「目標」がある最初のうちはどれも効果があるのです（この「目標」についてはのちほど詳しく説明します）。

幸福の泉は、結局あなたがいかに行動し、何を考え、毎日の生活でどんな目標を立てるかというところに存在するのです。「遺伝による幸福の設定値」や「自分の環境による試練」に対処するとき、投げやりな気持ちになったり、すぐには結果につながらないで徒労感に負けそうになったら、「ずっと続くほんとうの意味での幸せはあなたの手の届くところにあること」を思いだしてください。幸福度を示すあの円グラフの40%のなかに、あなたの幸せはあるのです。

3

幸せになるための「最適な行動」を選ぶ

幸せになるために、自分で変えられる40％をどう活用すればいいか。つまり、目的をもった「意図的な行動」を十分に満足できるレベルにまでするためには、どうするとよいのでしょう？　多くの人は幸福へ通じる唯一の秘密の小道を辛抱強く探し続けます。しかし実際には、誰もがより幸福になれるような魔法の方法などありません。人はそれぞれニーズや関心、価値観、性向が異なるので、その人によって力を注ぐ方法、効果が期待できる方法も異なります。

たとえば、社交的な人は誰かと定期的にコンタクトがとれるような行動を求める傾向があります。とても世話好きな人は、他人の面倒をみる機会がある行動のほうがプラスになるでしょう。ほかにも、悲観主義、くよくよ考えすぎるなど、その人ならではの弱みを克服する行動に取り組むことが効果的な人もいるでしょう。また、ポジティブな考え方をするとか、満足のいく人間関係や充実した仕事を追い求めるなど、個人の理想と一致した方法や行動をとることを好む人もいます。

このように個人の傾向によって合うものを求めることは、一般的に「マッチング」と呼ばれます。この概念は、最近の研究結果によってとても効果がでやすいことが証明されています。この「マッチング」という概念はかなり直観的なものです。たとえば、もし健康になりたい、何らかの依存症から抜けだしたいと考えたときにも、試すことができるプログラムや方法は山ほどあります。そこで、あなたは自分の目標や資質、ライフスタイルにピンとくる最適なものを吟味して選べばよいのです。

興味深いことに、ダイエットやフィットネスの分野では「マッチング」の重要性が広く知られ一般的でさえあるのに、人の感情面についてはその点がほとんど顧みられていません。方法や行動が「感情面で自分にマッチするかどうか」はとても大切なことです。**もし、もっと幸せになるための秘訣のようなものがあるとしたら、それは幸せになるためのどの方法や行動が自分に最適かを突き止めることでしょう。**そうやって、いったん自分に合う方法や行動を手にしたなら、すでに半分、試合に勝ったようなものです。

「最適な行動」を選ぶための3つの方法

では、自分に最適な幸せになるための方法や行動はどのように選べばよいのでしょうか？　まずは目標を決めることです。そのときに私は、個人的なアプローチ、つまり「個人選択型の行動」をとるのがいいと考えています。幸せになるための行動を自分で賢く選ぶことができると、実行する意欲が湧き、粘り強く続けられます。それだけで十分にその見返りを得られることになるでしょう。

ある方法を試して、その結果を手にしようとする際に、ひたむきに努力しなければならないことは、いうまでもありません。これはあらゆることにいえます。しかし、いくら誠実に、情熱を傾けて努力をしたからといって、必ずしもすべての人が幸福の恩恵を授かれるわけではありません。

幸福になろうとしても失敗してしまう一番の理由は、不幸にも選択を間違え、本質的に無益だとか、自分に合わない方法やアプローチを選んでしまうからなのです。自分に合った適切な行動であるなら、そのプロセスでいろいろな工夫をしながら必ず目標を達成できるでしょう。

では、具体的に「自分に最適な方法や行動の選び方」について述べていきます。こうした方法や行動は1つだけでも効果がありますが、もちろんいくつか組み合わせてもかまいません。何より自分に合うあらゆる選択肢を考えていきましょう。

①「自分の不幸の原因」に合わせる

最初のアプローチは、「あなたが不幸な原因は何か？」を考えることです。レオ・トルストイの小説、『アンナ・カレーニナ』はこんな有名なセリフで始まっています。

「幸福な家庭はどこも似たようなものだが、不幸な家庭は不幸の様子もさまざまである」

家族ではなく、個人を研究する心理学者として、私はこの冒頭をこんなふうに修正したいと思います。

「幸福な人はどれも似たようなものだが、不幸な人は不幸の様子もさまざまである」

これには多分に真実が含まれており、研究結果によっても裏づけられています。不幸の種類もその原因もじつにさまざまで、誰もがそれぞれ自分だけの不幸の理由をいくつもっています。

人生に無関心になり、無力だと感じる人もいます。未来なんて殺伐たるものだと思い込んでいる人もいます。ある人にとっての問題は、日々の生活からあまり喜びを得られないことかもしれません。またある人にとっての問題は、内気すぎて社交的な行事に参加できないことかもしれません。ある人にとっては、過去の経験がトラウマになって、まだそれが克服できていないと感じることかもしれません。

つまり、**幸福感を高める特定の行動とは、具体的な問題や弱点に自分なりに取り組むことです。**悲観論者にとっては楽観的な感情を育むことがプラスになります。日々の生活から喜びを得られないと思っている人には、喜びを噛みしめられるようになることです。トラウマに悩んでいる人は、自分の過去に起こった経験にどう対処すべきかを学ぶことが役に立つでしょう。

②「自分の強み」に合わせる

とはいえ、具体的な弱みを克服することを行動のベースにする必要はありません。その反対に、自分の強みや才能、目標を認識することから行動をスタートさせてもいいのです。

たとえば、目に見える結果がでないと満足しない人ならば、幸福度が高まる方法として、人生の大事な目標を追い求めたり、競技スポーツを利用したりするとうまくいくかもしれません。一方、創造的な人は、絵を描いたり、文章を書いたりして感謝や寛容な気持ちを表現することを選ぶのもよいでしょう。実際に、幸せを手にするための方法は千差万別です。そのため、幸福度が高まるのに有益な自分なりの行動を見つけ、それに力を注ぐべきだ、ということは理論的にも筋が通っているのです。

③「自分のライフスタイル」に合わせる

選んだ行動が自分のニーズやライフスタイルにどの程度合うのかも考えてみてください。

たとえば、あなたの生活がストレスに満ちた多忙なものなら、余分な時間をとる行動（自分が恵まれている点を数えあげる、といった行動など）は選んではいけません。人間関係には満足しているけれども、仕事に不満があるのなら、仕事をもっと楽しめて新たな機会を追求できる行動（精神的により高揚した状態になる、新しい目標に向かって努力するなど）を選びましょう。これまで集中して瞑想することを生活に取り入れてきたのであれば、瞑想に似た行動を選ぶといいでしょう。

自分の好みの食べ物や生活リズムに合わせてダイエットの方法を選ぶのと同様です。幸福になるための方法も自分の個性やライフスタイルに合わせて調整すればいいのです。幸福を手にする方法も、幸せを失うのと同じくらいにさまざまな方法があるわけです。

選んだものが「自分には向かない」と思う人へ

ここで、一見するとちょっとつまらないと思われるかもしれないけれど、大事な話をさせてください。たとえば、自分に合った幸福度が高まる行動をリストにまとめたとします。しかし、そのリストを読み返すと、そのうちのいくつか、いやおそらくかなりのものがあまりにも平凡でつまらなかったり、実行しても自分には意味がないと思えたりするかもしれません。人によっては、嫌悪の気持ちさえ芽生えて、こんな反応をするかもしれません。「こんなの、自分には向かない！」と。実際に、私自身がそのような経験をしました。

しかし、それは珍しいケースではありません。もちろん、幸せになれない運命にあるわけでもありません。じつは、あまりにも当たり前だったり、単純に見えたりするアドバイスに対して、嫌悪感を抱く人がいることは事実です。私たちは「恵まれている点を数えあげる」とか「人生の楽しみを味わう」とか「許すことを覚える」などの行動をとっている自分を、意外と思い描きにくいものです。なぜなら、そんな行動はなんだか子どもじみてみえたり、道徳の教科書のようにお説教っぽかったりして意味がないと感じてしまうからでしょう。

その反応自体は嘘偽りのないものでしょうし、私はそれに異議を唱えるつもりもありません。もし、あなたもそのような反応を示しているのなら、幸いにもほかの選択肢があります。自分の関心やニーズ、価値観にもっと合う行動をとればいいだけのことなのです。ただし、最初はつまらないとしか思えない行動さえも、あなたのなかで成長し、心の底から実行したいと思うものになるかもしれないことも忘れないでください。

ミシガン大学の教授でポジティブ心理学の礎を築いたクリス・ピーターソンは、かつて感謝の手紙を書けなかったことを自ら認めていました。学生たちには感謝の手紙を書くようにとすすめていたのにです。しかたなく無理矢理、感謝の手紙を書いたとき、彼はユーモアというオブラートでその恥ずかしさを隠しましたが、心の中では「自分は不誠実な人間だ」という気持ちになりました。いうまでもなく、この行動をとったピーターソンの幸福度は高まりませんでした。それからもう一度試して、今度は彼はこういったそうです。「私は心の底から正直な気持ちを話したよ」と。

幸福行動診断テスト

自分に最適な幸福度が高まる方法や行動を探すために、いろいろなことを学ぶというのは、何だかとても面倒くさいと思うかもしれません。自分に最適な行動をどうやって選べばいいのでしょうか？　幸いなことに、その答えはとてもシンプルで簡単です。

そんな答えを導きだすための「幸福行動診断テスト」という私が開発した診断テストがあります。これは、どの方法が自分に合うかを測ることができる便利なものです。自分の弱みや強み、目標、ニーズやライフスタイルに合うかどうかを判断できます。**このテストは、幸福になるためにどの方法を選び、どの行動をとると（つま**

り、これから紹介する12項目のうちのどれがいいか）、最もあなたのためになるかを決定する、体系的で実験に基づいた方法です。

静かな環境で15分～30分くらいかけてテストします。このテストには労力を惜しまず、集中して取り組んでください。そして必ず、提示された12の行動すべてを採点すること。あなたがこの診断にどう答えるかは、本書から学べるあらゆることに関して重要なものとなります。ただし、これは正解か不正解かを答えるテストではありません。あなた自身を知るためのテストなのです。ですから、自分に正直になって本心を答えることが前提条件となります。

このＰＡＲＴの終わりにある「幸福行動診断テスト」を見ると一目瞭然ですが、本書で述べた幸福度が高まるプログラムで取り組むべき行動がここから４つ見つかります。自分にとって取り組むべきものはこんなに少ないのかと驚いて、ほんとうに価値ある別のものがあるのではないかと思う人もいるでしょう。逆に、４つの項目を見て、まさに予想通りのものだと思う人もいるかもしれません。自分の実行力やモチベーションのレベルに応じて、最初は４つの行動のうちの１つ、多くても２つか３つを選びましょう。

この章を読んだあとは、ページを飛ばしてPART2の興味のあるものだけ読んでいただいてもかまいません。PART2にある行動のうち、自分に最適だと思うものだけを読んでもOKです。いずれにしても、テストを続けていると、やがてもっと別の行動を付け加えられるようになるでしょうし、先へ進んで、適応度の得点がもっと低かった行動を試すこともできるでしょう。

「幸福行動診断テスト」の背後には、自然に感じられたり、自分が心から願ったものを実行したりするほうが、いっそうあなたの幸福度を高めるための方法としてふさわしくなる、という論理的な根拠があります。

すなわち、あなたがそれを実行したいと思うのは、価値があるとか楽しそうだと感じたからです。罪悪感や誰かを喜ばせなくてはという気持ちから、強制されたり圧力をかけられたりしたせいではありません。

「適応スコア」は、主にケン・シェルダンと彼の共著者たちが「自己決定動機付け」と呼んでいる評価基準を用いています。つまり、人がほんとうに関心をもっているものや、心の奥にある基本的な価値観に基づいた目標の追求に絞っているのです。何よりも、**「幸せになるために努力したいというモチベーションが高まれば、そのため**

の努力を続けることができ、最終的には成功する可能性も高くなること」が研究結果からわかっています。

私が本書で「行動習慣」を12項目に提示した理由は主に2つあります。1つ目は、**幸福感が高まるための方法として、科学的な研究結果に裏づけされた、根拠のあるものだけを選んだからです。**2つ目は、**誰もが自分にふさわしい項目を見つけられるように、幅広い種類の行動を取りあげたかったからです。**そのため、あえて行動を12に限定しました。

とはいえ、この診断で最も高い得点を示した行動を実行しても、初めは効果がでないというリスクはあります。その場合は、「あくまでもその行動をとり続ける」「別の行動を試す」「その行動と別の行動の両方をとる」という3つの選択肢しかありません。

人は自分にとって根本となる部分を変える必要があるとき、さまざまな方法を試さなければならない場合が多いことは研究結果からわかっています。

ダイエットに成功して、少なくとも5年間はその体重を維持している数百人を対象にした研究があります。ほとんどの被験者は体重を減らすためにいくつものダイエット法やエクササイズを試し、4つか5つの方法（もっと多い場合もあります）を実施して、ようやく成功したと述べていました。これは、幅広い方法から選択することが大切であるもう1つの理由です。

しかし、最適な行動として選んだ4つに縛られてはなりません。とくに自分に合った行動を見つけだした人は、ほかにもぴったりの行動をいくつも見つける傾向が多いようです。つまり、ある種の幸福行動は、ほかの行動と一緒にとるということです。たとえば、私が最初にあげる方法は、「感謝の気持ちを表わす」というものです。この行動があなたの適応スコアとして高い得点を得たのなら、これに全力を尽くすべきでしょう。これまでよりも幸せになったと感じたら、定期的に感謝の気持ちを表わし続けてください。

この時点で、あなたは最適な4つの項目から、別のもう1つの行動を実行し始めている場合もあるかもしれません。「感謝の気持ちを表わす」という行動が自分でも気に入り、とりわけ効果的だと思えるなら、試してもよさそうな行動がさらに2つあります。「親切にする」と「人を許す」という行動です。それならば、先へ読み飛ばして、「親切にする」や「人を許す」の項目に進んでもかまいません。

「幸福行動診断テスト」は、**自分にとって、最も効果的に幸福度を高める方法を決めるために、最大限に活用していただけるように開発されたものです。つまり、4つの行動は現在のあなたの価値観や目標、ニーズに合ったものなのです。**

まずは選んだ4つの方法から始めてください。自分にとって最適な行動があれば、その先は読み飛ばしても結構です。逆に、本書を最初から最後まで読むほうがプラスになる人も多いかもしれません。それも大きな選択の1つです。最後に、幸福度を高める方法、そして行動を効果的にする方法とその理由について読めば、幸福を手にするためのあと押しとなるでしょう。この重要な項目については、「意図的な行動が「習慣」として続く5つのコツ」（PART3）で述べています。

幸福行動診断テスト
（シェルダンが作成したものの改訂版）

説明：次にあげる「幸福になるための12の行動」のそれぞれについて、よく考えてください。長期間、これを毎週、実行すればどうなるのかを考えましょう。それから、「自然である」「楽しい」「価値がある」「罪悪感を覚える」「状況上やむをえない」という項目の横の____部分に1から7までのうちから当てはまる数字を記入し、それぞれの行動に点数をつけてください。1点から7点までの点数の基準は以下を目安にしてください。

1	2	3	4	5	6	7
まったく当てはまりません			いくらか当てはまります			大いに当てはまります

人はさまざまな理由から行動を起こします。あなたがこの行動をとり続ける理由が次の5つです。

自然である　：私がこの行動をとるのは、自分にとって自然な行動だと感じられ、続けていくことができるからです。

楽しい　：私がこの行動をとるのは、そうするのが楽しくて、興味深く、チャレンジ精神をそそられるからです。

価値がある　：私がこの行動をとるのは、そうすることに価値があると思い、共感を覚えるからです。楽しくないときでさえ、自主的にこの行動をとりたいと思います。

罪悪感を覚える：私がこの行動をとるのは、そうしなければ恥ずかしいし、罪悪感を覚えるし、不安になるからです。私は無理をしてでもこんな行動をとるでしょう。

やむを得ない　：私がこの行動をとるのは、誰かにしてほしいと言われているから、または状況上、そうするしかないからです。

1．感謝の気持ちを表わす：自分が恵まれていることを数えあげるとか、これまできちんとお礼を言ったことのない相手に感謝やありがたいという思いを伝えること。

______自然である　______楽しい　______価値がある　______罪悪感を覚える　______状況上やむをえない

2．楽観的になる：将来の最高の自分を想像したり、それについて日記に書いたり、あるいはどんな状況でも明るい面を見ること。

______自然である　______楽しい　______価値がある　______罪悪感を覚える　______状況上やむをえない

3．考えすぎない、人と比較しない：問題についてくよくよ悩んだり、自分を他人と比較したりしないために何かをすること。

______自然である　______楽しい　______価値がある　______罪悪感を覚える　______状況上やむをえない

4．親切にする：相手が友人でも見知らぬ人でも、直接にでも匿名でも、その場の偶然でも計画したものであっても、人に親切にすること。

______自然である　______楽しい　______価値がある　______罪悪感を覚える　______状況上やむをえない

5．人間関係を育む：もっと強めたい人間関係を選んで、それを深め、確認し、楽しむために時間やエネルギーを注ぎ込むこと。時には修復することも含む。

______自然である　______楽しい　______価値がある　______罪悪感を覚える　______状況上やむをえない

6．ストレスや悩みに対処する：最近のストレスや困難を克服したり、トラウマから学んだりする方法を身につけること。

______自然である　______楽しい　______価値がある　______罪悪感を覚える　______状況上やむをえない

7．人を許す：あなたを傷つけたりひどい扱いをした人への怒りや恨みを手放そうとすること。

______自然である　______楽しい　______価値がある　______罪悪感を覚える
______状況上やむをえない

8．熱中できる活動を増やす：家庭や職場で「我れを忘れる」ほど打ち込め、やりがいがあり没頭できる経験を増やすこと。

______自然である　______楽しい　______価値がある　______罪悪感を覚える
______状況上やむをえない

9．人生の喜びを深く味わう：人生の喜びや驚きの瞬間にもっと注意を向け、そのことを味わい、思い出すこと。

______自然である　______楽しい　______価値がある　______罪悪感を覚える
______状況上やむをえない

10．目標達成に全力を尽くす：自分にとって意味のある重要な目標を１つ～３つほど選び、時間を費やして追い求める努力をすること。

______自然である　______楽しい　______価値がある　______罪悪感を覚える
______状況上やむをえない

11．内面的なものを大切にする：教会や寺社などにもっと足を運び、スピリチュアルなものをテーマにした本を読んだり、そうしたものについて考えたりすること。

______自然である　______楽しい　______価値がある　______罪悪感を覚える
______状況上やむをえない

12．身体を大切にする：運動や瞑想を行なうこと。

______自然である　______楽しい　______価値がある　______罪悪感を覚える
______状況上やむをえない

■あなたの「適応スコア」の採点方法と、最適な行動の決め方

ステップ1：12の行動のそれぞれについて、「自然である」と「楽しい」と「価値がある」の点数の平均から、「罪悪感を覚える」と「状況上やむをえない」の点数の平均を引いてください。つまり、次のようになります。

適応スコア＝（「自然である」＋「楽しい」＋「価値がある」）÷3－（「罪悪感を覚える」＋「状況上やむをえない」）÷2

ステップ2：1～12のうち、最も「適応スコア」が高かったものから順に、4つの行動を書き出してください。

1）＿＿＿＿＿＿＿＿　2）＿＿＿＿＿＿＿＿

3）＿＿＿＿＿＿＿＿　4）＿＿＿＿＿＿＿＿

日付＿＿＿＿＿＿＿＿

PART 2

幸福度が高まる12の行動習慣

ＰＡＲＴ２では、前章の「幸福行動診断テスト」で選択した、自分に最適な幸福になるための行動を実践する方法を学びます。

取り組む前に、まずは１１６ページにある幸福度の調査表を完成させて、最初の幸福度の得点を知っておきましょう。自分の進歩の跡を追うために、この「オックスフォード幸福度調査」を定期的に利用してください。つまり、これから紹介する「幸福度が高まる12の行動習慣」が、あなたの幸福度が高まるためにどれくらい効果的か、成功しているかどうかを確認するためです。

ひと言、付け加えておきますが、「オックスフォード幸福度調査」による最初の得点やその後の得点は、あなたの幸福度を反映しているのであって、遺伝による幸福の設定値を反映しているものではありません。ここまで述べてきたように、「設定値」

とは生まれたときに決められた不変のものです。

それとは逆に、幸福度はこれからあなたがどんな行動をとり、どのように考えたかで得点が上下します。言い換えると「幸福を決定する要素の円グラフ」の40％を占める行動によって変わっていくのです。

「オックスフォード幸福度調査」の最低点は1点（29項目のどれにも1点ずつをつけた場合）で、最高点は6点（29項目のどれにも6点ずつをつけた場合）。平均点は4・3点前後になります。採点をした日と幸福度の得点を記録しておきましょう。

たとえば、毎月1日とか、特定の目標を達成したあとなどに測るのもおすすめです。いずれにしても幸福になるためのプログラムを続けるにつれて、どれくらい幸福度が高まっていくかを確かめてみましょう。

オックスフォード幸福度調査

次にあげる29の文は、幸福について述べています。それぞれの言葉にあなたがどれくらい賛成か、あるいは賛成しないかについて、下の1～6までのうちで当てはまるものの番号を各文の前にある（　　）のなかに記入してください。

1	2	3
まったくそう思わない	そう思わない	あまりそう思わない
4	**5**	**6**
少しそう思う	そう思う	まったくそう思う

（　　）1．私は自分の生き方にあまり満足していない（X）
（　　）2．私は他人に強く関心をもっている
（　　）3．人生は十分に報われるものだと感じる
（　　）4．ほとんど誰にでも温かい気持ちになれる
（　　）5．私はすっきりと目覚めることはあまりない（X）
（　　）6．私は将来についてあまり楽観的ではない（X）
（　　）7．私はたいていのことをおもしろいと思う
（　　）8．私はいつも何かに専念し、夢中になっている
（　　）9．人生は素晴らしいものだ
（　　）10．私はこの世の中がいいとは思えない（X）
（　　）11．私はよく笑う
（　　）12．私は人生のあらゆるものにとても満足している
（　　）13．私は自分が魅力的だとは思えない（X）
（　　）14．私がやりたいことと、これまでやってきたこととの間にはギャップがある（X）
（　　）15．私はとても幸せである
（　　）16．何かを見て美しいと思う
（　　）17．私はいつも人に元気を与える
（　　）18．私はやりたいことを何でもできる時間がある
（　　）19．私は思いどおりの人生を歩んでいない（X）

(　　) 20.　私はほしいものは何でも手に入れられると思う
(　　) 21.　私は精神的に落ち着いている
(　　) 22.　私はよく喜びを感じ、高揚感を覚える
(　　) 23.　私が何かを決めるのは簡単ではない（X）
(　　) 24.　私は自分の人生に特別な意味や目的を見いだせない（X）
(　　) 25.　私は活力に満ちあふれている
(　　) 26.　私は物事にポジティブな影響を与えることが多い
(　　) 27.　私は人と一緒にいても楽しくない（X）
(　　) 28.　私はとくに健康だとは感じない（X）
(　　) 29.　過去にとりたてて幸せだった思い出はない（X）

■得点の計算方法

ステップ1：Xがついた12項目は「逆転項目」です。もし、1点をつけたのなら、それを消して6点に変えてください。2点をつけたのなら、それを5点に変えてください。3点をつけたのなら4点に、4点をつけたのなら3点に、5点をつけたのなら2点に、そして6点をつけたのなら1点に、それぞれ変えてください。

ステップ2：Xがついた12項目は上記の要領で点数を変えてから、29項目すべての点を合計してください。

ステップ3：以下の式で幸福度の得点をだしてください。
幸福度の得点＝（ステップ2でだした）合計点____÷ 29 ＝____

あなたの幸福度の合計点は______　日付：________________
あなたの幸福度の合計点は______　日付：________________
あなたの幸福度の合計点は______　日付：________________
あなたの幸福度の合計点は______　日付：________________
あなたの幸福度の合計点は______　日付：________________
あなたの幸福度の合計点は______　日付：________________

1 感謝の気持ちを表わす

いうまでもありませんが、あなたが幸福になるためには、**「自分自身はもちろん、周囲の人々、世の中のあらゆることについてどのようにとらえるか」**ということが、生活環境よりも大切です。詩人のジョン・ミルトンが『失楽園』で、「心は自分だけが住む場所である。そのなかでは、地獄から天国をつくることも、天国から地獄をつくることもできる」と述べているようにです。

「幸福度が高まる12の行動習慣」のうち、これから紹介する3つの行動習慣「感謝の気持ちを表わす」「楽観的になる」「考えすぎない、人と比較しない」はどれも、人生についての考え方を変えることを目的としています。地獄から天国をつくりだし、喜べることを探して、小さなことにくよくよするのはやめるというものです。

ずっと以前から哲学者や作家、そして私たちの曾祖母たちは、私がここで述べているような3つの行動を称賛してきました。「もっと楽観的になろう」「あまりくよくよするな」「もっと感謝の気持ちをもてば気分がよくなる」といったアドバイスは、何世代にもわたって受け継がれてきたのです。

でも、次のような疑問が生じるかもしれません。なぜ、そのような言葉が今日の私たちにとって大切なのか？　なぜ、そのアドバイスを学んで習慣に変えるために、貴重な時間やエネルギーを費やす意味があるのか？　さらに、その習慣自体が果たして学べるものなのかどうか？　また、もし、そのような習慣が身につくようにトレーニングをしたとして、ほんとうにもっと幸せになれるのだろうか？

これらの疑問に対する答えはすべて本書にあります。私は不確実な推測ではなく、科学によって証明された方法だけを選びました。**ここにあげた行動をあなたの人生に当てはめ、自分で変えることができる40%として役立ててください。なぜなら、「40%」という数字は、自分自身を幸せにすることができる可能性を十分に示しているからです。**

まず「感謝の気持ちを表わす」ことについて述べていきます。「感謝」は幸せになるためのある種の「メタ戦略」のようなものです。「感謝」の意味は人によってさまざまです。それは感嘆したり、失敗や敗北したときでも明るく認められることや、豊かさを味わうことだったりします。または、誰かに「ありがとう」と声をかけ、自分が恵まれている点を数えあげることかもしれません。

「感謝（gratitude）」とは、物事を大切に味わい、それを当たり前だとは思わず、現在に価値をおくものです。また、「ネガティブ感情」の解毒剤であり、ねたみや強欲、敵意、不安、いらだちを中和させるものでもあります。普通は「感謝」といえば、何かをもらったり恩恵を受けたりしたときにお礼をいうことと単純に結びつけがちです。けれども、私は読者のみなさんに、「感謝」の定義をもっと幅広く考えていただきたいと思います。

世界的に有名な「感謝」についての研究者で、作家でもあるロバート・エモンズは、「感謝」を「生きていることへの驚きやありがたみ、そして価値を感じること」だと定義しています。たとえば、かつての恩師に電話をして、人生の岐路で自分を導いてくれたことにお礼をいう。子どもとすごす時間を楽しむ。自分の人生におけるよいところをすべて思いだす、などの行為を通じて、「いま、自分がどれほど幸運な環境にいるか」ということ（または、どれほどひどいことになっていたかわからないということ）を認識することにより、ありがたみを感じることができるものです。

最近では、「感謝」にさまざまな恩恵があることが注目され、新しい研究が始まっています。**感謝の念を決して忘れない人は、より幸福で、よりエネルギッシュで、より希望に満ちていることがわかっています。そして、より幸福で、より感謝の念を抱きやすいことが報告されています。** さらに、**あまり感謝の気持ちをもたない人よりも、人を助け、共感でき、信仰心に厚く、寛大で、さほど物事に執着しない傾向があることも明らかになっています。感謝をよく示す人ほど、落ち込んだり、不安になったり、孤独を感じたり、嫉妬したり、ノイローゼになったりしにくいこともわかっています。**

このような研究から、「いいこと」と「感謝」には相関関係があることはわかります。けれども、感謝の気持ちを抱くことがさまざまなよいことを起こす（または悪いことを防ぐ）真の原因かどうかは、完全にはわかっていません。

参加者に目的を知らせずに感謝の気持ちを表現してもらい、その結果を記録するという、実験的な研究がいくつか行なわれています。その研究では、まず参加者のうちの1つのグループには「感謝しているもの」、つまり「恵まれていると感じること」を5つ書きだしてもらいます。それから、その後10週間にわたって、週に一度同じことをしてもらうのです。ほかのグループにはそのような行動をとらない、対照グループになってもらいます。彼らは毎週、感謝するものを探す代わりに、「その日に起こった面倒な問題や出来事」を5つ考えるように指示されます。

この研究結果は、興味深いものとなりました。**感謝を表わすことを求められた参加者は対照グループと比べて、人生についてより楽観的に感じ、より満足感をもったのです。より健康にもなっていました。さらに、頭痛や吹き出物、咳《せき》、吐き気など、身体に起こるさまざまな悪い症状が減少すると同時に、運動をする時間が増えたのです。**

持病を抱える学生や成人を対象にした同様の実験でも、同じ結果がでました。この研究から、**まず感謝を表わそうと努力した日には、人々がいっそう興味や興奮や喜びなど「ポジティブ感情」を覚えることがわかってきました。そしてこれまでに比べて、誰かを助け、まわりの人との絆を感じる傾向が強くなり、さらにぐっすり眠れるようになったことが報告されています。**

このような研究から、**感謝の気持ちを表わすことが、心や身体の健康と関連することが初めてわかりました。**しかし、この研究の真の目的は、感謝が「ポジティブ感情」や健康にすぐさまよい影響を及ぼすかどうかを判断することです。つまり、より感謝をすれば、その日がより幸せであると感じるかどうかを調べるものでした。

私たちの研究では、これまでの発見に基づきながら、新しい実験を行ないました。それは「参加者の幸福度を測ってから、感謝に対する介入（意図的な働きかけ）を行ない、それが終わったらすぐにもう一度、幸福度を測る」というものです。

まず、参加者は、「感謝日記」をつけるように指示されます。「ありがたい」と思ったことを5つ書きだし、それについてじっくりと考えるというものです。具体的には、次のような指示がだされました。

「私たちの人生には、大小の差はあっても、感謝すべきものがたくさんあります。過去1週間の出来事を振り返って、あなたが感謝したり、ありがたいと思ったりしたものを5つまで、以下の線のところに書いてください」

そして「今週、私が感謝しているのは……」という言葉に続いて、何も書かれていない線が5本並んでいます。

参加者は6週間にわたって、幸福度が高まるためのこの方法に取り組みました。参加者の半分はこの行動を週に1回（毎週日曜の夜）とるように指示され、残りの半分は週に3回（毎週火曜、木曜、日曜）とるように指示されました。その結果、参加者が記録した、感謝を感じた対象はじつに多岐にわたっていました。「母親」「健康な身体」「バレンタインがあること」から「中間試験で3章分しか出題されなかったこと」というものまでさまざまです。

予想通り、私たちの提案したこのシンプルな方法は、感謝の気持ちをより多く生みだすことに効果があるとわかりました。さらに、**自らが受けた恵みを定期的に数えた参加者は、より幸福になったという重要な結果がでたのです。**対照グループ（つまり、どんな行動もとらなかった人々）に比べて、感謝を表現したグループは、介入があったあとの幸福度がかなり高くなったことが報告されています。興味深いことに、この効果がでたのは、毎週日曜の夜に感謝すべきことを書きだした参加者だけでした。週に3回、書きだした参加者は何の効果も得られなかったのです。

一見すると、この発見は奇妙に見えるかもしれません。しかし、ちゃんと説明がつきます。毎週火曜と木曜と日曜に感謝を表現することになっている人たちは、それが面倒な作業だと思って、しだいに退屈になっていったのでしょう。一方、**週に一度だけ感謝を表現する人々は、長い間にわたって、それを新鮮で意味のある行動だと思い続けたのです**（この発見の詳細は、のちほどあらためて説明していきます）。

感謝をすると、幸福度が高まる8つの理由

月並みに聞こえるかもしれませんが、「感謝をするという態度」を育むことで、より幸福になることは調査によっても明らかにされています。けれども、ただこのアドバイスに従うだけではなく、「なぜなのか、そしてどのように感謝を表わせば、より幸福になれるのか？」を理解することが大切です。ここで感謝の気持ちを表わすようにと私がアドバイスするのは、少なくとも8つの理由があるからです。

第1に、**感謝をすると、いっそうポジティブな人生を味わえるようになる**からです。人生が与えてくれた贈り物を享受し、そこから喜びを得ることで、「いま」という瞬間から最大の満足感と楽しみを引きだせるようになるのです。

長女がまだ生後数か月だったころ、ベビーカーを押すのに手間取っている私に、老婦人が近づいて来てこういいました。

「なんてかわいい赤ちゃんでしょう。いまの子育ての時間を大事にしてね。あっという間にすぎてしまうから！」

当時、私は研究でくたくたで睡眠不足でした。正直なところ、いかにもな言葉をかけてきた、この老婦人を最初はあまりありがたいとは思いませんでしたが、その言葉は私に子育てに対するかけがえのない喜びをもたらしてくれました。小さなわが子に感謝するようになったおかげで、娘の面倒を見る長い日々をわびしいと思う気持ちから抜けだせて、一緒にすごす時間を心から楽しめるようになったからです。

第2に、**感謝の気持ちを表わすと、自尊心や自信が強まること**です。ふだんまわりの人たちにどれほどのことをしてもらっているか、自分がどれだけのことを成し遂げたのかがわかれば、もっと自信をもつことができ、誰かの役に立っていると感じられるのです。

残念ながら多くの人は、失敗や失望、他人から受けた侮辱《ぶじょく》や心の傷に目を向けがちです。感謝の心は、このような習慣を捨て去るための助けとなるでしょう。感謝の気持ちをもつと、どんな挫折を経験したときにも、反射的に「悲しい」と思うのではなく、いまの生活で何が大切か？　またどうすれば、いまよりもよい状況にすることができるのかと考えられるようになります。

第3に、**感謝はストレスやトラウマに対処するための助けとなること**です。つまり、現状をありがたいと感じれば、ストレスが多かったり、ネガティブだったりする人生の経験をポジティブにとらえ直し、物事に対処できるようになるからです。

実際、定期的に感謝の気持ちを表わす人には、トラウマとなった記憶があまり現われず、現われたとしてもごくわずかしか影響を及ぼしません。さらに興味深いのが、逆境に直面したとき、人が本能的に感謝を表わすことです。たとえば、テロリストによるアメリカの攻撃があった2001年9月11日の直後、「感謝」は2番目によく現われた感情でした（1番目は「同情」でした）。

何かを失ったとか慢性疾患に悩むなど個人的な困難に直面したとき、かなり難しそうだと思うかもしれませんが、感謝の気持ちを表わすことによって、状況に適応しながら先へ進むことができ、さらには新たな気持ちで臨むことさえできるようになります。「まったくそういう気持ちが起きないときに、どうやって感謝の気持ちを表わせるのだろう？」と思うでしょうが、感謝の気持ちを表わそうとすることこそ、あなたにできる最も大切な行動かもしれません。

最近の私の講義にブライアンという名の、身体に重い障害のある年配の学生がいました。ブライアンは右手が曲がっていて、手がわずかしか動きません。そのため、右肩の近くにあるレバーを押して車椅子をコントロールしていました。

ある日の授業で、ブライアンは「人生で最も幸せだったときのこと」について話しました。

「ちょっと皮肉な話ですが、私が最も幸せを感じたのは、事故のあと、病院から自分の家に戻れたときでした。私は意気揚々と、こういいました。『ふん！　おれはまだ生きてるぞ！　おまえなんかやっつけてやる！』。誰をやっつけるつもりだったのかはわかりませんが。でも、家にいることをありがたいと思いました。些細なことかもしれませんが、4か月入院したあとで、自分の家にいられることが最高でした」

この発言に同調するように、余命がわずかだと宣告された67歳のインゲルが、自分の病気について次のように語りました。

「残された時間がわずかだと聞かされ、いまにも自分の人生のブザーが鳴って時間切れになるとわかっているとき、いろんなものがとても鮮明に見えるようになってきます。自分の価値はどこにあるのか、なぜ生きているのかが何の疑念もなくわかるようになり、その瞬間ごとに感謝の気持ちを抱くようになるのです」

彼らの言葉からもわかるように、ブライアンとインゲルの感謝する能力は並外れています。そのおかげで、彼らが病気や健康の問題から救われていることは間違いありません。

第4に、**感謝の気持ちを表わすと、道徳的な行動ができるようになること**です。前にも述べましたが、感謝をできる人は他人を助ける傾向が強く、いまあるものに感謝し、物に依存する傾向がより少なくなるのです。

このことはアウシュビッツ強制収容所で生き延びたある人物を描写した、次の言葉が表わしています。

「彼の人生の根底には『感謝の思い』があった。そして彼は寛大だった。なぜなら、何ももっていなかったときの記憶が決して頭から離れなかったからだ」

ある研究によると、親切な行為に感謝しようという気になった人々は、恩人に対してより協力的になるだけでなく、知らない人に対しても力になろうとするそうです。たとえ、手を貸すことで、不愉快になるとか、退屈な雑用をする羽目になるとしても。

第5に、**感謝は社会的な絆をつくる助けとなり、従来の人間関係を強固なもの**

とし、新しい人間関係を築くのに役立つことです。たとえば、「感謝日記」を続けると、他人とのつながりをより感じられるようになるでしょう。特定の人に感謝の気持ちをもつ人は、より親密で、より良質な人間関係をこれまで築いてきたことが、いくつかの研究からもわかっています。

ロバート・エモンズが論じているように、友人や家族の価値を心から理解できると、よりよい態度で接するようになることで、ポジティブなフィードバックを繰り返す、心理学でいわれる**「上昇スパイラル」**が生まれてきます。この「上昇スパイラル」のうねりのなかで、人間関係が強くなることによって、何かに感謝したくなり、いまある人間関係をより強いものにしたくなります。さらに感謝をするとよりポジティブになり、人からいっそう好意をもたれ、友人も多くなるでしょう。

第6に、**感謝の気持ちを表わすことができると、人と比較して不公平だと感じるのが少なくなること**です。家族や健康、故郷など自分がもっているものを心からありがたいと思い感謝すれば、人をうらやむことはほとんどないでしょう。

第7に、**感謝をすることは、「ネガティブ感情」と相容れないこと**です。感謝をすると、怒りや恨み、貪欲さなどの感情を、実際に減らしたり、なくしたりすることができます。精神科医のロジャー・ウォルシュは「感謝（中略）は『ネガティブ感情』をなくすもの。感謝することで、怒りや嫉妬は溶けてなくなり、恐れや防御心が減少する」と語っています。

最後に、**感謝には「快楽順応」を防ぐ効果があります。**覚えているでしょうか？「快楽順応」とは、どんな新しい環境や出来事にもすばやく適応できる、人間の驚くべき能力のことです。まず、人が順応しやすいのは、不愉快な出来事が起きたときです。一方、ポジティブな出来事のときはそれほどでもありませんが、とりわけ人生で素晴らしいものを手に入れたときには（愛する恋人や楽しい仕事仲間、病気からの回復、新車を購入するなど）、幸福感や満足感はたちまち高まるなか、あいにく「快楽順応」のせいで、そんな高揚した状態はそう長くは続かないのが普通です。

これまで述べたように、ポジティブなものに慣れてしまうことは、幸福にとって「天敵」といえます。だから、もっと幸福になるための鍵の1つは、「快楽順応」の影響と戦うことにあります。つまり、感謝をすることがきわめて有効なのです。**人生に起こる「いいこと」を当たり前のように思わないなら、感謝をすることで「快楽順応」の影響にも抗うことができます。**

いますぐ、誰にでもできる「感謝を表わす4つの方法」

「感謝の気持ちを表わす」ことが、幸せがずっと続くための最適な行動習慣の1つだとわかったならば、すでに最初の一歩を踏みだしたようなものです。なぜなら、あなたはこれまでよりも、もっと感謝をしようという気持ちになっているからです。感謝をすることで、どれくらい効果があがるかはあなたしだいです。次に紹介する4つの行動のなかから、1つを選ぶだけでいいのです。

①「感謝日記」をつける

書くことが好きだとか、得意だとか、とにかく自分にとって自然な行為だと感じられたら、感謝を表わすのに最適な方法の1つは「感謝日記」をつけることです。これは先述した、私が幸福介入の実験を行なったときに参加者につけてもらったようなものもそうです。

まず1日のうちで、ちょっと日常の雑事から離れて考えることができる時間を選んでください。朝一番に行なってもいいし、昼食の時間でも通勤時間でも、あるいは就寝前でもかまいません。「いまあなたが感謝していること」を3つ〜5つ書き留めます。些細なもの（ドライヤーが直った。花がようやく咲いた。夫が帰りに忘れずに買い物をしてきてくれたなど）から、大きなもの（子どもが初めて歩いた。夜空が美しかったなど）まで思いめぐらしてください。

実践するにあたって大切なのは、心から「ほんとう」だと思っていることに目を向けることです。たとえば、あなたが得意なもの、住んでいる地域であなたが好きなもの、達成できた目標、自分が強みとするものやチャンスなどもそうです。あなたを気づかってくれる人や、犠牲を払ったりしてくれる人、またはあなたの人生に何らかの関わりをもった人を忘れてはなりません。

先述したように、私の研究室での実験から、平均的には、幸福度が高まるには週に一度「感謝日記」をつけるのが最も効果的だという結果がでました。これは多くの人に、おすすめします。けれども、あくまでも平均なので、人によっては、週に3回、あるいは月に2回など、自分に合ったスケジュールで実行したほうがプラスになる場合もあるでしょう。

②さまざまなかたちで感謝を表わす

自分の恵まれている点を数えるための具体的な手段は、個人の性格や目標、ニーズによって異なります。日記を書くよりも、時間を決めて、感謝すべきことを考え、感謝する理由や自分の人生の豊かさについて思いをめぐらす方法を選ぶ人もいるかもしれません。

また、ふだんは当たり前だと思って、ありがたいとは感じていないものを、毎日1つだけ見つけようとする方法もあります。あるいは、毎日、不快なこと（姉は私の誕生日を忘れたなど）を1つ考えて、それを感謝（姉はいつも私のそばにいてくれるなど）に変える、という方法もあるでしょう。これらは、友人や家族などに対して、あなたが感謝の気持ちを育む助けとなってくれます。

感謝を伝えるパートナーを得る、というのも1つの方法でしょう。そのパートナーと、恵まれている点をあげたリストを一緒につくり、あなたが意欲をなくしたり、忘れたりしたときには、行動を促し、励ましてもらうことができます。

そして、あなたが愛する人や物や場所を誰かに紹介するのも1つの方法です。コミック本のコレクションやお気に入りの公園を誰かに見せたり、大好きな姪《めい》を紹介してみてください。そうすることで、日々の生活のありふれた些細なものを、客観的に見ることができるようになります。新鮮な視点で、まるで初めて経験したかのように感謝できるでしょう。

③たえず新鮮な方法をとる

もう1つ、おすすめしたい大切なポイントは、幸せになるための方法はやりすぎないようにして、ときどき変え、たえず新鮮なものにしておくことです。これは私の研究からわかったことで、変化に富んでいることはとても大事だからです。

ですから、感謝を表わすのは、苦難に耐えたあととか、たくさんの支えが必要なときなど、特別なきっかけがあったあとだけにしてもいいでしょう。

人生において感謝をする対象を意図的に変えるというのも1つの手です。たとえば、感謝する対象を、支えとなってくれる人間関係だけでなく、仕事、過去の出来事、まわりの環境、人生そのものという具合にいろいろと変えてみるのです。この方法は、感謝の気持ちを表わすことの効果をより高める手助けとなるでしょう。そうすれば、マンネリになることなく、幸福度が高まり続けるはずです。

④直接、感謝を伝える

最後に、相手に電話や手紙で、あるいは面と向かって直接、感謝の気持ちを表わせると、さらに効果的です。とりわけ感謝すべき相手がいるならば、はっきりと言葉で「ありがとう」という気持ちを表わしましょう。その相手は母親かもしれませんし、大好きなおじさんや、旧友かもしれません。お世話になったコーチや教師、上司という場合もあるでしょう。思い立ったらすぐに感謝を伝える手紙を書きましょう。

可能なら、特別な日（誕生日や記念日、休暇など）でもいつでもかまいませんので、相手を訪ねて、目の前でその手紙を読んでみてください。相手にしてもらったことを詳しく書き、それがあなたの人生にどんな影響を与えたかを正確に書き記しましょう。相手があなたにしてくれたことを、しばしば思いだすということも、忘れずに書いてください。また、個人的な面識はないけれども、あなたの人生に影響を与えてくれた人（作家や政治家など）に感謝の手紙を書くことで、高揚感を覚えることもあるでしょう。

親しいある人が、高校時代の英語の教師に、卒業してから20年以上も経って書いた感謝の手紙を私に見せてくれました。「感謝に関するこの章（彼は最近読んでくれたのです)」がきっかけとなって、彼は手紙を書いてくれたようです。それは、私にとってもうれしいことでした。

まず、お伝えしたいのは、ディア・パーク・ハイスクールで私が出会ったなかで、先生が間違いなく最も影響を与えてくれた教師だということです。私を気に留めてくれたことに心から感謝しています。先生は、「あなたには優れた点がある」と信頼してくれました。教師のなかでそう思ってくれた人は少なかったです。先生に能力を評価してもらったおかげで、私はさらに力がついたのかもしれません。そして私は自信がもてるようになり、その後の人生でそれが大きな支えとなっていると思っています。

何よりも感謝したいのは、先生が世間知らずの17、18歳の若者だった私を大人として扱ってくれたことです。10代の若者にとって、あれほど力をもらえたものはありません。(先生と出会った)1970年代は、いまとまったく違う時代だったとしても、私はときどきこんなことを考えてしまいます。「先生は、どんな気持ちで私に接してくれたのだろう?」と。

「ポジティブ心理学」の創始者であるマーティン・セリグマンと彼の同僚たちは、感謝の気持ちを表わすことで「ほんとうの幸せ」にどんなプラスの面が生まれるかをテストしました。1週間で終了する「感謝の訪問」という行動調査をしたのです。

実験の参加者には、あらゆる階層の人々が選ばれ、この実験で使われたウェブサイトにログインし、やるべきことの指示を受けました。「感謝の訪問」の実験では、参加者たちは1週間のうちで、とくに親切さや思いやりを感じたけれども、まだ感謝の気持ちを表わしていない人に「感謝の手紙」を書いて届けることになりました。それ以外に、幸福になるためのいくつかの行動を選んで実践するように指示された参加者もいました。

その結果、すべての実験のなかで、「感謝の訪問」を行なった参加者自身が最も幸福な気分を感じることがわかりました。つまり、たちまち幸福になり、憂うつな気分が少なくなったのです。幸福度の上昇は「感謝の訪問」を行なった1週間後も、1か月後も続いていました。

この実験から、**「人生で大切な人に、感謝の気持ちを直接伝えることがどれほどの力をもつか」がわかりました。**これは、定期的に実行しようと思えば、誰でも行動できる方法です。「感謝の手紙」を書くことや、「感謝日記」と並行して行なうとよいでしょう。

とはいえ、「感謝の手紙」を書いてみたけれども、ださない場合もあるでしょう。私の最近の研究から次のこともわかりました。**「感謝の手紙」を書くだけで、相手に渡さなくても幸福度はかなり高まるということです。**

この実験の参加者たちは、(「感謝の手紙」を書く相手は)過去数年間にとりわけ親切にしてくれた何人かを選ぶように指示されます。その相手に「感謝の手紙」を週に一度、15分間(8週間にわたって)書いた参加者は、実験中も実験後も、それまで以上に幸せになりました。参加者が「幸せになりたい」という意識をとりわけもっている場合や、「感謝の手紙を書く」という行動が彼らの目的や好みに合っていた場合、また「感謝の手紙を書く」ことに多くの努力をした場合に、幸福度の上昇ははっきりとみられました。

私の「幸福心理学」のクラスでは宿題の1つとして、大学生たちに定期的に「感謝の手紙」を書いてもらっています。毎年、学生にとって、それは最も強く印象に残る感動的な行為となっているようです。昨年、クラスでも優秀な学生のニコルが、母親に「感謝の手紙」を書いたときの経験を次のように語ってくれました。

私は幸福感で圧倒されそうでした。パソコンに入力するスピードの速かったことといったら……。たぶん、長年延ばし延ばしにしてきた「感謝の気持ちを表わす」という行為は、私に合っていたからでしょう。入力しているうちに心臓の鼓動がますます速くなるのを感じました。「感謝の手紙」を書き終わろうとしたとき、読み直すと目に涙があふれて喉がふさがりそうでした。母への感謝の気持ちを表わしたことに、あまりにも感動しすぎたせいで涙が流れたのだと思います。

それからニコルは、「感謝の手紙」が自分にどんな影響を与えたかをこう伝えてくれました。

その週の後半（最初に「感謝の手紙」を書いてから3日後）、私はレポートを書くためにパソコンの前に座り、かなりいらだちを感じていました。レポートがあまりうまく書けないので、「感謝の手紙」を開こうという気になったのです。

それを読み直すと、思わずいくつか書き直してしまいました。たちまち、自分が笑顔になっていることがわかりました。気分がこんなに早く変わるのはなんだか妙な気持ちでした。気分がよくなるようにと思ってその手紙を読んだわけではなく、レポートを書くのに飽きて、ほかのことをしようと思ったからにすぎなかったのですが。

「感謝の手紙」を実際に書いた日の反応と同じように、読んだあと、私はそれまで以上に幸せな気持ちになり、その午後はあまりストレスを感じなくなりました。すべての面から、「感謝の手紙」を書くことの効果は素晴らしいと思います。気分がよくなっただけでなく、たくさんのよい変化が長く続いたのですから。

ニコルの例でもわかるように、感謝の方法は人それぞれですが、自分に最適な方法を選ぶことが賢明です。本書で紹介している方法から、少なくとも1つ選んで試してみましょう。もし試した方法に新鮮味がなくなり、意味がないと思い始めたら、感謝の気持ちを表現する方法や時間、頻度はためらうことなく変えてみてください。

2 楽観的になる

物事のプラスの面を見る、悪い状況にも希望の兆しを探す、（間違ったものに注目するのではなく）正しいものに目を向ける、人を大目に見る、自分や世界の未来にポジティブな気持ちを抱く、1日を乗り切ることができると自分を信じる。これらは、どれも楽観的な行動です。

楽観的な気持ちを育むことと、感謝の気持ちをもつことには、共通点がたくさんあります。どちらにも、自分の状況のポジティブな面を理解しようと努力する習慣が必要になります。それだけではありません。楽観的になることには、現在や過去を賛美するだけでなく、明るい未来を心待ちにすることも含まれています。

また、「楽観的であること」の意味は人によって異なります。ある人が望ましかったり、よいとみなしたりするもの（医大への入学、大好きなロックバンドの追っかけ、など）が、別の人にとっては悪夢にさえなり得るからです。さらに、ある状況、たとえば「膝の手術から回復すること」では楽観的になれる人が、「旧友と仲直りすること」という別の状況では悲観的になる場合もあります。

「楽観主義」について研究している心理学者のなかには、「楽観主義とは、ポジティブな未来を世界中が期待すること」だと考える人もいます。つまり、目標はどうにか達成できるものだという信念がそうです。「楽観的な人は、（悲観的な人と比べて）結果を説明したがる場合が多い」という研究者もいます。

たとえば、車の営業マンが思ったように車が売れなかったとします。その原因は、自分以外の一時的で特定なものにある（例「冬場は買い手市場だから」）と考えれば、楽観主義者と呼ばれるでしょう。原因は自分のなかにある長期的で一般的なものだ（例「私は口ベタだ」）という悲観的な考え方と対照的です。

このように、**「結果をどう解釈するか」**が重要なのです。それは状況に対する私たちの反応に影響します。結果をどのように解釈するかは、多かれ少なかれ、成功したり、うつ病になったり、病気に負けたりすることの原因にもなるのです。

最後に、研究者のなかには、「私はその仕事に就けるだろう」というような楽観的な人の目標に対してではなく、「目標をどのようにしたら達成できると考えているか」に注目している人もいます。このようなアプローチは、特定の目標を達成しようという決意だけではなく、それを具体化しようという信念を関連づけた研究といえます。

ですから、「楽観主義」とは、単に「私はそれを手にすることができる」という考え方だけではなく、「どうやって達成できるか」というプロセスについてもしっかりと考えることを意味するのです。

「最高の自分像」を書きだす

ミズーリ大学コロンビア校のローラ・キング教授は、「楽観主義」についての体系的な研究を初めて行なった人です。彼女の研究方法はとてもシンプルです。参加者は4日間続けて彼女の研究室を訪れるよう求められます。参加者は、どの日も20分間、「将来の最高の自分についてのストーリーを書くように」と指示されます。これは、基本的に頭の体操のようなもので、人それぞれ異なる人生において、将来の最高の自分を思い描くというものです。

たとえば、29歳のある女性は、「10年後の自分は運命の人と結婚して、元気な子どもが2人おり、広告業界で働いていて、アマチュアの室内楽団でバイオリンを弾いている」と想像するかもしれません。要するにこれは、もし、自分の夢がすべてかなったならば、どんな人生がいいかという彼女の想像です。

この実験は、自分にとって最も重要な目標を考え、それを達成した姿を思い描く、というものです。このように**何日かにわたって、毎日20分間、「自分の夢」について書いた人々は、ほかのテーマについて書いた人々よりも、ポジティブな気分になりやすく、数週間後にはより幸福を感じ、なんと数か月後には身体的な病気にもかかりにくかったとさえ報告されたのです。**

「最高の自分像」という実験は、幸福度が高まる意味で効果的な介入だとわかったため、私たちの研究にも取り入れようと決めました。ケン・シェルダンと私は、実験の参加者に「最高の自分像」について書くようにと指示しました。ただし、研究室でそれを書いてもらうのは1回だけにして、あとは自宅で4週間にわたって、好きなだけ何度でも、また好きなだけ長く書き続けるように指示したのです。

予想通り、「最高の自分像」の実験の参加者は、毎日の暮らしの詳細について書いたグループに比べて、目覚ましく気分が高揚しました。さらに、先述したように、こうした行動に、やりがいや意味があると感じ、自分に最適な方法だと信じていると、実践を続けた参加者の幸福度が最も高まることがわかりました。

つまり、**幸福度が高まる行動をとって、幸せがずっと続くことを享受したいのならば、そのための努力を続けることが効果を生みだす、というのは実験の結果から明らかになったのです。**どうやら「最高の自分像」の参加者たちは、その取り組みを自宅でも続け、それを自分の個人的な目標にしてしまったようでした。

なぜ、「最高の自分像」を書きだす方法は、それほど効果があったのでしょうか。実験の参加者たちが、この方法は自分の意欲を高め、いまの生活とも密接に関わり、実行しやすいと思ったからでした。彼らは、「目標を達成した将来の自分」を思い描くことが楽しかったようです。

しかし、この行動はただ未来の自分を描くだけのものではありません。未来の夢をかなえるために、現在の最高の自分をつくりあげる行動でもあるのです。**「最高の自分像」を描こうと全力を傾けることで、自分を変える力は自分自身のなかにあると気づき、価値ある目標に向かって進めるようになるからです。**

「最高の自分像」を書きだすことには、もう1つメリットがあります。それは**書く**

行為自体に意味があることです。「書く」というのは、構造化され、体系的になる、ルールにのっとった行為です。空想しているだけでは難しい自分の考えをまとめあげ、いつでも同じプロセスで分析できるようになります。目標を書きだすと、考えを論理的に組み立てるのに役立ち、人生で経験したことに意味を見いだせるのです。

夢について書きだすことは、自分について知る機会にもなります。あなたが優先しているものや感情や動機、アイデンティティ、つまり「自分とは何者で、何を思っているのか？」をより理解できるようになります。言い換えると、「最高の自分像」を書きだす方法を実践すれば、人生をあらためて大きな視野で見ることができ、「自分がどこに向かっているのか」を知る大きな助けとなるのです。

そして、夢をかなえる方法を理解したあなたは、これまでとは違い、物事をコントロールできていると感じます。さらに、「自分の目標」とそれを「阻む障害」との間にあるギャップに気づくことができ、その溝を埋めるようになります。これらを含めたすべてのことが、結局、あなたをもっと幸せにしてくれるのです。

モリーという若い女性がこの方法を実践したところ、自分の「ほんとうの目標」がわかり、それが達成可能だと思えた過程を手紙で知らせてくれました。

この方法を始める前、私は神経質になっていました。「自分がほんとうは何をしたいのか？」「将来はどうなりたいのか？」がわからなかったからです。書くことが何もないかもしれないと、びくびくしていました。でも、書きだしてみると、時間があっという間にすぎ、私はリラックスして自分の目標を表現することができました。書き終わると、とても気分がよく、幸せだと感じていました。

これまで私は自分の目標について真剣に考えたことがありませんでした。いまは「自分にとって何が重要か」「何を達成できるのか」「それらを手に入れるためにはどれほど努力すべきか」といったことについて、深く考えられるようになった気がします。自分が求めているものが家族や友人に恵まれ、仕事も充実している安定した生活だということを、これほど意識したことはありませんでした。

互いに助け合えるパートナーと暮らし、仕事がうまくいって、友人や家族といまのような関係を続けていくことができ、精いっぱい努力して、やりたいことがたくさんあったらいいし、できれば海辺の町に住みたいと思います。そうなれば、まぎれもなく幸せでしょう。いまでは、こうした目標は手の届かないものではないと思っています。

楽観的な考え方をすると、どんなプラスの面があるのか？

「最高の自分像」は、楽観的な考え方を引きだすための効果的な方法の1つです。幸せになるためのすべての方法に共通するのが、楽観的なものの見方をすることです。では、もっと楽観的になると、どんなプラスの面があるのか、考えてみましょう。

まず、私たちが何かに多くのエネルギーを注ぎたいと思うのは、それが効果的だと確信しているからです。生涯にわたる目標を達成できる自信があり、将来について前向きであれば、目標を果たすために自然と努力するでしょう。ですから、**楽観的な考え方は自己実現に結びつく**、といえます。

さらに、たとえば、「看護師になる」という目標があなたにあって、それは実現できるかもしれないと感じたとしましょう。目標を実現できた将来の自分を思い描けるなら、たとえ避けられない障害にぶつかったり、なかなか進歩を実感しないことがあっても、あなたは自分の計画をあきらめないでしょう。

また、**楽観的な人は、自分自身にとって、より難易度の高い目標を設定する傾向があります。なぜなら、楽観主義のおかげで意欲をかきたてられ、率先して挑**

戦するようになるからです。楽観的な人は、容易にあきらめたりしません。楽観主義者が、「プロ」として仕事や学問の世界、スポーツ界、社会事業、健康関連の事業など、さまざまな舞台で成功しているケースが多いのは、あきらめないことが大きな理由の1つといえます。いうまでもなく、あきらめないことで培われる、「忍耐力」「社会性」「活力」「健康」、そして「仕事での成功」などは、幸せになるために必要な要素です。

そして、**幸福度が高まるために楽観的な考え方が重要であるもう1つの理由は、何か困難な問題が起こっても、能動的で効果的な対処方法をとれるようになるからです。**ストレスが多いときでも、楽観的な人は心身の満足感をいつもかなり高い状態で維持しています。

たとえば、楽観的な女性は、あまり前向きでない女性に比べて、出産後にうつになる傾向が低いのです。「深刻な病気」だと診断された最悪の場合でさえ、楽観的な人はその状況を否定せずに現実のものとして受け入れ、最善を尽くそうと努力するだけでなく、成長さえするのです。あまりにもいいことばかりなので、信じがたいかもしれませんが、すべて研究によってわかっていることです。楽観的な人には、このような「強さ」があるため、より健康であるという結果がでているのもうなずけます。

最後に、これまでお話ししてきたことに比べて、とりわけ驚くべきことではないかもしれませんが、楽観的な考え方をすると、気分は前向きになり、活力にあふれ、高い道徳心をもてるようになります。人は誰でも、楽しみなことがあれば、エネルギーや意欲が湧いてきて熱意を感じるはずです。自分に自信をもつことができ、運命をコントロールできていると感じられるでしょう。そうなると、人々からもいっそう好意をもたれるはずです。

「楽観的になる」ための具体的な方法

楽観的な気持ちを高めるという方法があなたに合っているなら、次に紹介するアイデアをまず1つでもいいので今日から実践してみましょう。

「最高の自分像」日記をつける

楽観的になる方法にはいろいろありますが、心身の満足感を高めることが実験で証明されているのが、先述した「最高の自分像」を書きだす方法です。

この方法を試す際、まず静かな場所で落ち着いて20分~30分くらい時間をとり、今から1年後、5年後、10年後の人生にどんなふうになっていたいか考えてみます。何もかも望みどおりになった、将来の自分を思い描きましょう。あなたはベストを尽くし、賢明に努力して、目標をすべて達成したのです。さあ、いま想像したことを書きだしてみてください。そして、この「最高の自分像」を日記にして続けることで、同時に忍耐力や粘り強さも培われるでしょう。

「目標」と「小目標」に分ける

「最高の自分像」の日記をつけているうちに、希望に満ちた考え方を育てていく一環として、「長期にわたる目標」に気づいたり、それを小分けにして小さな目標を立てたくなる気持ちが湧きあがってきます。

たとえば、最初に日記をつけたときに、「今から5年後に自分の会社をもっている」と書いたとしましょう。未来についての項目に、その目標を達成するためのステップを書きます（目標を達成するためのステップや方法は1つだけでなく、いくつもあるかもしれないことを忘れないでください）。もし、「資金はどうやって手に入れられるだろう?」などと、やる気をくじくような考えや悲観的な思いが浮かんできたら、それを突き止めて別のシナリオをつくりだすか、可能な解決策を考えてみてください。おすすめの方法は、かつての成功を思いだすなど、あなたがもっている強みやリソースを認識し、意欲をかきたてて自分を励ますことです。

「障害となっている考え」を突き止める

楽観的な考え方を育てるには、あなたの頭の中に勝手に浮かんでくる悲観的な考え方に対処する必要があります。たとえば、悲観的な考えが浮かぶたびに、ビンにコインを1つずつ入れましょう。そして、その悲観的な考えを、もっと寛大な、あるいは好ましい視点から見たものに置き換えてください。

例をあげると、「私はバカだから同僚に間違った助言をしているんだ。プロジェクトを共同で行なおうなどと、彼は二度と声をかけてくれないだろう」とか「この交際がダメになってから、私は誰からも愛されないし、魅力もないように感じる」といった、ひとりでに浮かんでくる考えは「バリア思考」と呼ばれます。「楽観主義」にとっての障害(バリア)となるものだからです。あなたのバリア思考となるものを書きだし、そのような状況を解釈し直す方法を考えてみてください。その作業をする過程では、次のような質問を自分にしてみましょう。

・この状況や経験には、ほかにどんな意味があるのだろうか？
・私にとって何かチャンスはあるだろうか？
・このことから何を学ぶことができ、何か将来に活かせる教訓はあるだろうか？
・この結果、私は何らかの強みを育てられるだろうか？

これを実行するのは、おだやかでポジティブな気分のときにしましょう。必ず自分できちんと考えてから答えを書きだしてください。この方法を実践すると、まず思考の堂々めぐりを避けることができ、ネガティブな先入観にとらわれた考え方をしないようになるでしょう。

私が行なった小学校5年生と6年生を対象にした、12週間にわたる「楽観主義のトレーニング」でも、これと似た方法を用いました。子どもたちに、たとえば「友だちが今日は電話をくれない。きっと嫌われているんだ」などと悲観的な解釈をしてしまう原因を突き止めることで、もっと楽観的に考えるように教えます。子どもたちも「嫌われているって証拠はほんとうにあるのか？」というように、自らのネガティブな解釈に対して疑問をもち、「たぶん、あいつはとっても忙しいんだよ」などと、もっと楽観的に考えるようになります。

このプログラムに参加した子どもたちは、プログラムが終わってからまる2年間、参加しなかった子どもたちよりも、明らかに落ち込む割合が少なかったのです。そして、**落ち込み度が少なかったのは、ポジティブな考え方を学んだことが影響しているとわかりました。**

「楽観的な考え方」を習慣にするために

「楽観主義」になるためのどんな作戦にも、世の中をもっとポジティブで寛大な視点から見るという考え方が入っています。「悪いことのあとには、よいことがある」とか、「1つのドアが閉まっても、別のドアが開く」といった考え方です。

このような考え方を効果的に身につけるには、それなりの努力も必要ですし、かなりの頻度で実践しなければならないでしょう。けれども、**楽観的な考え方を習慣に**

なるまで続けることができると、素晴らしい恩恵が得られます。生まれつき楽観的な人もいますが、大半の楽観主義者は訓練によってそうなったのです。

生まれつき楽観的な同僚は、自分とは遠い存在だと思われるかもしれませんが、彼らの考え方には奇をてらったものなどありません。楽観的になるために必要なのは、目標をもち、それを実践することだけです。「楽観的な考え方」のトレーニングをすればするほど、それは「自然に身についたもの」と感じられるでしょう。ときが経つにつれて、楽観的な考え方が自分の一部となり、あなたはこれまでとはまったく違う自分になれます。ポジティブな解釈や希望の兆しを見つけることが、習慣となるのです。習慣になると、意図的に努力して楽観的な考え方を実践しなければならないのは、ストレスを感じたり、不安な状態だったり、悲嘆に暮れている場合くらいでしょう。

読者のみなさんのなかには、楽観的な考え方に対してまだ懐疑的な人もいるかもしれません。「ポジティブに考える」とか「物事のいい部分を見る」ようにすることは、なんだか単純すぎる行動だと思え、ときにはバカげているとさえ感じられるものです。そのようにとらえるのは、「物事をありのままに見る」ことに価値をおいている人といえるでしょう。つまり、自分自身やまわりの人々、世界を現実的に見ることを優先しているのです。このような反応に対して、私の大学院時代のアドバイザーだったリー・ロスは次のように述べています。

「楽観主義とは、自己欺瞞《ぎまん》のためのレシピを提供するものではない。世界は悲惨で残酷なところにもなり得るが、同時に、素晴らしく豊かなところにもできる。どちらも真実なのだ。中間点はなく、どちらの真実を自分の前景に収めるかを選択するだけである」

楽観的になるとは、世界をどう見るかという姿勢を選ぶことです。ネガティブなものを否定し、好ましくない情報をすべて避けるという意味ではありません。コントロールできない状況を、たえずコントロールしようとすることでもありません。

さらにいえば、**「楽観主義者」は悲観的にも考え、リスクや脅威に対して慎重であることが調査からわかっています。**楽観と悲観をバランスよく使っているのです。また、楽観的な人は、「ポジティブな結果がでるのは、自分の努力の結果だ」と十分に理解しています。「何かいいことが起きないか」と、手をこまねいて待っているわけではありません。

3 考えすぎない、人と比較しない

「幸福」について研究してきたこの30年間以上、私は「反芻思考《はんすう》」にも強い関心を抱いてきました。「反芻思考」とは、牛が食べ物を反芻するように、ネガティブな考えを何度も繰り返してしまうことです。

友人であり研究の協力者でもあるスーザン・ノーレン＝ホークセマは、20年もの歳月を費やしてこの現象を調べてきました。その現象を彼女は「考えすぎ」と呼んでいます。

考えすぎとは、文字通り「必要以上に考えすぎること」であり、いつ果てるともなく受動的に考え、自分の性格や感情をはじめさまざまな問題についての、意味や原因や結果を過度に思いめぐらすことを意味します。考えすぎる問題とは、「なぜ、私はこんなに不幸なの？」とか「この仕事をこのままずっと続けていたら、私はどうなるだろう？」「髪がこんなに薄くなってがっくりだ……」「彼はあんなことをいったが、本当はどんなつもりでいったのだろう？」などです。

落ち込んだ際、問題を解決するために、あるいは不幸せな気持ちを減らして軽くするために、自分の心の中に目を向け、感情や状況を判断すべきだと信じている人がほとんどでしょう。スーザン・ノーレン＝ホークセマと私だけでなく、ほかの研究者たちは、この仮定が疑わしいのではないかと考え、かなりの量の証拠を集めました。

過去20年以上にわたる数えきれない研究が、**「考えすぎることが、悪い影響をもたらすこと」**を証明しています。考えすぎると、悲しみは消えないどころかひどくなる場合もあり、偏ったネガティブな考えが育ち、問題を解決する能力が損なわれ、意欲が低下し、集中力や自発性が妨げられるのです。

さらに、何度も反芻している間に、自分自身についてだけでなく、問題を見抜く力も手に入れたと思い込みがちですが、実際にはそんな力をもてることはめったにありません。手に入れられるのは、自分の人生に対する、ゆがんだ悲観的な見方です。

私は最近、テレサという女性から、次のような内容のEメールをもらいました。

「私は三姉妹の一番下で、ついあれこれとネガティブなことを考えがちです。くよくよ考えたり、何かを切望したり、疑問に思ったり、行き詰まりを感じたりして、幸せになれないのです」

もし、テレサが現在の自分の状況、つまり確定申告の書類の作成という仕事で、あまり顧客を獲得できないことについてネガティブに考えているとしたらどうでしょうか？ 「私はこの仕事に向くほど積極的ではない」「もう顧客を獲得なんかできない」「これって、仕事が見つからなかったあの夏みたいな状態だわ」「もしかしたら、仕事を辞めるべきかも」「私の家計は立ち行かなくなってしまう」というふうにです。さらに行きすぎると、「仕事に集中できない」ことから、「降りかかってくる些細なジレンマや障害を乗り越えられなくなった」という問題が生じ、しまいには「電話をかけるとか日常的な雑事をこなすことさえ、耐えがたいほどの負担だ」とみなすようになるかもしれません。

ゆがんだ予想や思い込みのせいで、テレサは実際に失敗していました。いまや彼女はほんとうに新しい顧客の獲得ができなくなりそうです。くよくよ悩んでいる人はあまり魅力的でないので、友人や同僚からも避けられるようになるでしょう。自分に降りかかるこのようなさまざまな出来事のせいで自信を失った結果、テレサはいつか不安障害とうつ症状の悪循環に陥る可能性さえあります。

「考えすぎがよくない」という話は、研究だけでなく、世間的な教訓としても広まっています。もし、いまあなたが、くよくよ考えすぎることに悩まされているなら、やはりその習慣を打ち破らない限り、いまよりも幸せにはなれないでしょう。

考えすぎてしまう人が、幸福になるための秘訣が1つだけあります。それは、**あまり考えすぎないようにして、ネガティブな考え方を、もっと当たりさわりのない考え方や楽観的な考え方に変えること**です。「心の底から幸せな人は、暗い考えや不安な考えから自分のエネルギーや注意をそらすことができる能力がある」と、私は気づきました。

日々の生活にも、たとえ小さなものでも、いらだつことや面倒なこと、挫折を感じることはたくさんあります。さらに、ほとんどの人にとって、病気や、拒絶されること、失敗、ときには絶望的なトラウマは避けられないものです。しかし、これまで私が研究してきたなかで、人生の浮き沈みに敏感に反応しすぎてしまい、好ましくない情報をなかなか振り払えない人こそ「最も不幸な人々」といえます。些細な困難や不快なこと、嫌な出来事が起きた場合に、そのような人は自己嫌悪に陥ってしまいがちです。

いまよりももっと幸せになるには、大小の差はあっても、まずはネガティブな経験に対して、「考えすぎないようにする方法」を学ぶことです。また、少なくともしばらくの間は、どんなものに対しても穴やひびを探さないようにして、自分自身や自分の生活について感じることに影響されないようにするのも重要です。

私の友人のレダは、もうすぐ命を終えようとしている終末期の母親の介護で、とてもつらい日々をすごしていました。かつてレダは、終わりのない介護から毎日ちょっと息抜きの時間をとって、地元の農産物の直売所に行くという話をしてくれたことがあります。

彼女は市場などに行くのが大好きで、この直売所はとりわけ活気があってにぎやかで、品質のよい農産物や焼き立てのパン、新鮮な魚、ほかにも多くの品があふれんばかりに売られていました。1時間半ほどそこですごす自由な時間が「心の底から楽しい」とレダはいっていました。

彼女はともすると、世界で最も大切な人を失いかけていることを悲しんだり、自分を憐《あわ》れんだり、医療費のことを思い悩んだり、人との付き合いがないと落ち込んだり、不安や絶望の思いに陥るのは簡単だったでしょう。もちろんレダは、毎日、困難な時間をすごしていました。でも、試練のときでさえ、彼女は自らが関心を向けられる活動に夢中になって、忙しくても、喜びを感じていられたのです。

「考えすぎ」という呪縛から自由になるために

「考えすぎる」という行為は、人間の脳が情報処理するためのたくさんのパワーを必要とします。不愉快な出来事に遭遇したり、悪い知らせを聞いたりした直後に、新聞の記事や本を読んだことはありますか？　そのとき、同じ文を何度も何度も読んでいることに気づいたという経験はありませんか？　また、授業中や仕事中、会話の最中など、楽しもうとしているときでさえ、考えすぎてしまうと集中できない場合もあるでしょう。

私と学生たちは、この現象について研究室で実験してみようと決めました。じつをいうと、実験の参加者のなかには、嫌な経験や自分のネガティブな面についてばかりウジウジと考えがちで、そのせいで集中できなくなり、結局、読んだり、書いたりという努力を要する日々の活動に支障をきたす人もいました。驚くことではありませんが、このような行動パターンを示す参加者こそ「最も不幸せ」だ、と報告された人たちということがわかりました。それと対照的に、「最も幸せ」な参加者たちは思い悩むことがありませんでした。

もし、あなたが「道路にあるすべての小石が気になってしまうようなタイプ」で、いつまでもくよくよ考えているなら、そのままにしておくといずれ大きなダメージとなって返ってくるでしょう。そうならないためには、幸せな人の態度や行動を真似し、いち早く「考えすぎ」から自由にならなければなりません。

「社会的比較」による悪影響

毎日の生活で、私たちは気づかないうちに、友人や同僚、家族、そして映画に登場する架空の人物まで、さまざまな対象と自分を比較しています。自分より彼らのほうが、陽気で、裕福で、健康的で、機知に富んでいて、魅力的かどうかを気にせずにはいられません。「今日はどんな日だった?」と尋ねるたびに、雑誌をパラパラとめくるたびに、他人との関係についておしゃべりするたびに、私たちは**「社会的比較（人**

と比較すること）」をしているのです。

研究結果によれば、そのような比較は有益でもあるとされています。なぜなら、目標のために努力しようとか、弱点を克服しようとする意欲をかきたててくれるからです。「ピアノの天才」といわれる人が美しいソナタを演奏するのを目の当たりにすれば、ピアノを弾いているアマチュアはもっと頑張ろうという気になるでしょう。

これとは逆に、「社会的比較」のおかげで、自分の窮状のほうがもっとましだと思える場合もあります。しかし、たいてい「自分以外のほかの人がどんなことをしているか」とか、「どんな物をもっているか」を観察することは害になります。

たとえば、「彼のほうが高い給料をもらっている」「彼女のほうがやせているわ」というような「上向きの比較」は、劣等感や苦悩、自尊心の喪失へつながることが多いのです。その一方で「彼は解雇された」「彼女はガンが転移した」などのように「下向きの比較」は、罪悪感や他人のねたみ、反感に耐えなければならず、同様の（同じくらい悪い）運命に見舞われるという恐れにつながるかもしれません。

「社会的比較」をすればするほど、好ましくない比較対象にぶつかる可能性が高くなります。そして、「社会的比較」をする人が、繊細であればあるほど、ネガティブな結果がでやすくなるでしょう。「社会的比較」は、とりわけ不公平な結果をもたらすものです。というのも、どれほど成功したり金持ちになったり、幸運に恵まれても、自分よりも優れている人はつねにいるからです。

人をうらやましく思っていたら、幸せにはなれません。「社会的比較」に注意を向けすぎる人はいつも傷つきやすく、何かにおびえ、不安を感じています。

興味深いことに、自分を他人と比較するという現象は、科学者となって私が最初に研究の対象にしたものでした。私がスタンフォード大学の大学院に入った最初の年、アドバイザーだったリー・ロスと私は、知り合いや友人のなかから「とても幸福である」または「とても不幸である」と指摘された人を探して、両方のタイプの人々に詳細なインタビューをしました。私たちの最初の仮説（あとから考えると、とても単純なものでした）は、「幸福な人は、自分よりも劣った人と自分を比較する傾向があり、不幸な人は自分よりも優れた人と自分を比較する傾向がある」というものでした。

けれども、「社会的比較」について私たちが周到に用意したいくつもの質問を参加者にしたところ、幸福な人々は、そのような質問が何を意味しているのかわからなかったのです。もちろん、自分を他人と比較することの意味は彼らも理解していました。毎日の観察や人との交流、そして他人の成功や失敗、意見、個性、ライフスタイル、人間関係などについてメディアが伝えるあふれるほどの情報から「社会的比較」は簡単にできるし、避けがたいものです。

私たちがインタビューした幸福な人々はそんなものを気にしていないようでした。「彼女は私よりもはるかに物知りだ。だから私は平凡な人間に違いない」というように、他人の業績が自分の感情に影響を与えるわけではなかったのです。その代わりに、数学を勉強したり、料理をしたり、おしゃべりしたりしているとどれほど楽しいか、などと自分を判断するために、独自の内面的な基準を用いているようでした。

このような予備調査の結果に興味をそそられ、リーと私は比較について臨床検査をして、研究結果を強固なものにしようと決意しました。それから数年の間に私たちが発見したのは、**「最も幸福な人々は他人の成功から喜びを得ることができ、他人の失敗を目の当たりにしたときは心づかいをする」**ということでした。一方で、典型的な不幸な人々からは、まったく異なる人物像が浮かび上がりました。不幸な人々は、同僚の業績や成功を喜ばずに意気消沈し、同僚の失敗や破滅を目の当たりにすると、同情せずに安堵するのです。

私は学生たちとさらに多くの実験を行ないましたが、本質的には同じ結果がでました。つまり、**人は幸福であればあるほど、まわりの人との比較に関心を払わなくなる**ということです。またしても、幸せな人たちの習慣から学ぶべき例が研究によってわかりました。じつをいえば、たえず自分と人を比べることは、「考えすぎる」という、より広く行き渡っている習慣の一部なのです。

「考えすぎ」をやめる４つの方法

スーザン・ノーレン＝ホークセマは、つねに考えすぎてしまう人に対して、次のように助言しています。

「どうしても考えるのをやめられないなら、自由になり、より高い次元に進んで、将来のことを考えるという罠を避けることです。そのためには、次に紹介する４つの方法を試してみるように」

①しがらみを捨てる

何よりも、くよくよ考えることにとらわれている自分を解放しなければなりません。別の言い方をすれば、考えすぎることをすぐさまやめて、自分と他人との比較もしないことです。これを実現するための効果的な方法は少なくとも5つあります。あなたにとって最も自然で、最も意味があると感じられるものを選んでください。

考えすぎを防ぐ1つ目は、**考えをほかに向けることです。**シンプルなため、過小評価されがちですが、信じられないほど強力な方法です。考えをそらすために選ぶ活動は、おもしろくてたまらないものでなければなりません。その行動が、幸せだと感じたり、好奇心をもっていたり、おだやかでいられたり、楽しんだり、誇りに思えるならば、間違いないでしょう。「地元の演劇サークルの公演で、私のセリフが少なかったのはなぜだろう？」とか、「ハワードがもっと権限を委譲してくれなければ、僕は絶対に昇進できない」などと考えている自分に気づいたとき、ほかのことに全力で注意を向けてください。

おもしろかったり、ハラハラしたりするものを読んだり、見たりするのもいいでしょう。夢中になれる音楽を聴くのも、友だちと会ってお茶をするのも、心拍数が上がるような運動をするのもいいでしょう。あなたがのめり込むことができ、引きつけられ、とくに害がない活動なら何でもかまいません。

「考えをほかに向ける」という行動は、あまりにもシンプルで、短い間しか続かない解決策であり、その場しのぎだと思われるかもしれません。でも、これによって生じる「ポジティブ感情」は、あなたの考えの「偏見」を取り除いてくれます。つまり、問題に対して、より新しく、客観的で、ポジティブな視点を与えてくれるでしょう。将来に役立つリソースやスキル、たとえば「創造力」「社交性」「問題解決のスキル」などが磨かれる点に注目することも大切です。

2つ目は、**「STOP!」というテクニックです。**これは自分が、また考えすぎていると気がついたら、「STOP!」や「NO!」と考えたり、言葉にしたり、場合によっては自分に向かって叫んだりする方法です。

ある知り合いの美容師がかつて私に話してくれたのは、このテクニックを用いるとき、彼女は真っ赤な一時停止の標識を思い浮かべるそうです。「STOP!」させるために、たとえば、買い物リストのこととか、次の休暇を計画する際にとるべきステップなど、あなたの知的能力を総動員して、何かほかのことを考えてください。

私は以前、ランニングに出かけるたびに、ついあれこれと考えてしまう自分がいることに気づきました。そこで、自分に「STOP!」をかけ、注意の対象を別のものに向け直しました。すぐにできるかどうかがあやしく、相当な精神のコントロールが必要な芸当だと思いましたが、その効果を実感しました。

3つ目の方法は、かなり前になりますが、新聞の人生相談のコーナーから学んだものです。強迫観念に取りつかれた読者に対して、回答者は**「ほかのことをせずに、反芻する時間だけを毎日30分間確保するように」**とアドバイスしていました。それによれば、ネガティブな考えが生まれそうだと気づいたら、あなたは自分にこういえばいいというのです。「これについてはあとでじっくり考える機会があるから」と。

理想としては、その考えすぎる30分間は、1日のうちであなたが不安になったり、悲しくなったりすることがない時間に確保します。多くの場合、意識的に考えすぎるのは難しく、不自然であることに気づくはずです。そして、そのうち考える内容自体、以前よりも重大ではなく感じるでしょう。

4つ目の方法は、**心のやさしい信頼できる人にあなたの考えや悩みを話すこと**です。多くの場合、打ち明け話をするだけで、ネガティブな感情からたちまち救われるでしょう。最初に思っていたほど耐えがたい問題ではない、と感じる自分がいることに気づくかもしれません。

しかし、2つほど警告しておきます。1つは、秘密を打ち明ける相手を慎重に選ぶことです。その相手は、あなたの話を客観的に考えられる人でなければなりませんし、あなたの気分をさらに悪くさせたり、最後には一緒になってくよくよ考えるような人であってはなりません。もう1つは、機会をむやみに乱用してはいけないということです。ネガティブな考えや不安を際限なく話していたら、まわりの人を疲れさせてしまい、あなた自身が人から避けられる羽目になってしまうからです。

最後の方法は、**「書く」こと**です。日記にでも、パソコン上のファイルにでも、紙切れにでも、あなたが考えていることを書きだしておくと、考えをまとめるのに役立って、考えていたことの意味も理解でき、これまでは見いだせなかったパターンにも気づくでしょう。

②とにかく第一歩を踏みだす

たとえ、あなたがさまざまな問題や、のしかかる責任のせいで気が滅入り、何をすべきか決断できない場合にも、小さな一歩でもいいから、とにかく踏みだすことです。

おそらくこれには、結婚相談所に予約をすること、資金計画講座の1日目を受講すること、新しい仕事をインターネットで探すこと、あなたをないがしろにした相手にEメールを書くことなどもあげられます。ある問題に対する解決策を可能な限りすべて書きだしてみます。たとえば、上司との関係をよりよくする方法、夏の間に副収入を稼ぐ方法など、その解決策の1つを実行に移すのもいいでしょう。

もし、自分で決められないなら、心から尊敬したり、称賛したりしている人を思い浮かべ、「あの人だったら、どんな解決方法を選ぶだろうか？」と自問自答してみてください。何かが自然に起こってうまくいく、誰かが急に現われて助けてくれる、などということを待っていてはいけません。すぐに行動しましょう。たとえ最初は小さなステップでも、あなたは気分がよくなり、より自分を愛せるようになるはずです。

③「考えすぎのもとになる状況」を避ける

あなたは**「先のことを考えすぎるという罠」の避け方**を学ばなければなりません。考えすぎる原因となりそうな状況（場所、時間、人など）を書きだしてみましょう。可能な限りそのような状況を避けてください。これは喫煙者がタバコをやめようとしたとき、吸いたい気持ちになりそうな場所や時刻、特定の人を避けることとさほど変わりません。

もう1つのテクニックは、**自分の存在を揺るぎないものにして、自尊心を高められるようになること**です。これはとても重要なことですが、ちょっとした行動から始められます。

たとえば、料理やハイキング、ガーデニング、絵を描く、犬を飼う、写真を撮るなど、何か新しいことを学ぶといったように（何ごともあまり大げさにとらえないでください）。こうした行動をとると、たとえば「思っていたよりも私は写真を撮るのがうまいわ」と自信をもてるようになります。さらに、「私は自分が本の虫だといつも思ってきたけれど、ダンス教室に行くと、とても楽しい。教師の仕事がうまくいかなかった日でも、おかげで明るい気分になれる」というように、自分が成長した実感があると、自尊心に新たな力が与えられるでしょう。

最後に、もしあなたのタイプに合うなら、「瞑想のやり方」を学んでみるのもよいでしょう。このリラクゼーションのテクニックに含まれているスキルによって、心配ごとや考えすぎることから距離を置けるようになるからです（PART2・12参照）。

④大きな視野で物事をとらえる

ここまで紹介してきた方法に加えて、「考えすぎないように」して、「社会的比較をやめる」ことを選んだ読者の方は、『小さいことにくよくよするな！――しょせん、すべては小さなこと』（リチャード・カールソン著／サンマーク出版）という本で紹介された2つのテクニックをぜひ試してみてください。

くよくよ悩んだり、「社会的比較」に陥りそうになったら、こんなふうに自問自答するのです。

「1年後にも、これは重要なことだろうか？」と。それに答えることができれば、いまある問題を大きな視野で見る余裕ができ、悩みは小さくなるでしょう。

悲惨な1週間をすごしたり、侮辱されて動揺したとき、こんなことなど1か月後には、あるいは半年後や1年後には覚えていない（まして気にもならない）だろうと自分にいい聞かせるのです（このテクニックをもっと大げさにしたのが、死の床で物事を評価するというものです。「死の床にあるとき、これは自分にとって重要だろうか？」と）。このような考え方はバカげていると思うかもしれませんが、実践すれば、自分の問題などごくつまらないものとして、とらえるようになるに違いありません。

最後に、いまあなたに降りかかっている問題が本当に深刻なもので、1年後にも重要だろうと判断した場合、**「この経験から、どんなことを学べるか」**を考えてみてください。ストレスやいらだち、試練からも問題の衝撃をやわらげるのに役立つものを何かしら得られるという「教訓」に着目しましょう。

このような経験から与えられるものは、忍耐力や根気強さ、忠誠心、勇気といった教訓です。あるいは、心を開くことや許すこと、寛大さ、自制心などを学んでいるかもしれません。心理学者はこのような現象を**「外傷後成長（ポストトラウマティック・グロース）」**と呼んでいます。これは避けられない危機や人生での困難に直面したとき、幸福で立ち直りが早い人々が用いる重要な方法の1つです（PART2・6参照）。

4 親切にする

私たちが身体だけでなく、心も健康で幸せであるために、「社会とのつながり」がどれほど重要なものなのか。これはいくら強調しても強調しすぎることはありません。「人類の生存にとって、最も重要な要素は人間関係である」と社会心理学者のバーシャイドも記しています。これも、いいすぎではないでしょう。

数ある「幸福」に関する研究論文のなかで、最も確かな研究結果の1つは、**「あまり幸福ではない人よりも、幸福な人のほうが人間関係がうまくいっている」**というものです。ですから、「社会とのつながり」に力を注ぐことは、幸せになるための効果的な方法だとわかるでしょう。「社会的なつながり」に関連した、幸せになるための行動習慣として「親切にする」ことと、「人間関係を育む」ことがあげられます。

「親切にする」ことは、寛大になること、そして何かを与えることでもあり、道義的な側面があることは明白です。モラルの高い人は困った人を助け、必要な場合には他人のために自分の幸せを犠牲にする場合すらあります。

実際、ドイツの哲学者であるアルトゥル・ショーペンハウアーは「同情はすべての道徳の基盤だ」と述べています。はるか昔から、「親切や同情が重要な美徳である」と教えられてきましたが、この、昔から伝わる行動原理にも根拠があることが科学的な研究結果からわかりました。**「人に親切にすれば、親切にされた人だけでなく、その行動をとった人にもいい影響を与える」**というものです。不愉快なときや、何も見返りを求めていないときでさえも、誰かに親切にすれば、自分のためになるかもしれません。物惜しみせず、惜しみなく与えたいという人は幸せになれるのです。

毎週「親切の報告書」をだす実験からわかったこと

確かに、「人に優しくすればいい気分になれること」は目新しい発見ではないでしょう。何世紀にもわたって、作家や思想家たちがこの真実を高く評価してきました。「幸福になりたければ、思いやりを学びなさい」というのは、チベット仏教の指導者であるダライ・ラマ14世によるよく知られた言葉です。ヒンズー教の格言によれば、「ほんとうの幸せは人を幸せにすることにある」そうです。どれも優れた考え方ですが、信憑性があるかどうかを、科学的に調べたのは最近のことです。そんな調査を行なったのは、私の研究室が初めてではないでしょうか。これまでの研究では、「幸福と人を助けることとの相互関係」について報告されてきただけでしたので。

たとえば、幸福な人々は、病気の友人のために買い物をしてあげる、見知らぬ人に手を貸してあげるなど、他人のためになる行動を頻繁にしています。また、他人を助けるために、時間を多くとり、職場では要求される以上の仕事（自分でも山ほどの仕事を抱えているにもかかわらず、同僚が困っていたら手を貸してやる）をする傾向がみられるのです。これらは素晴らしい行ないですが、そのような行動をとれば、ほんとうに幸せになれるかどうかについては、ほとんどわかっていませんでした。

この問題に取り組むために、私と協力者たちは、「幸福の因果関係」を調べる介入（実験）を行ないました。まず実験の参加者を2つのグループに分け、6週間にわたって「週ごとに5つの親切な行動をとる」ように命じます。

1番目のグループには「1週間のいつでもいいから親切な行動をとるように」と指示し、2番目のグループには「1週間のうち、1日だけを決めて（たとえば、毎週月曜日など）親切な行動を5つとるように」と指示しました。

毎週日曜日の夜、参加者たちに「親切の報告書」を提出してもらいました。それには彼らが毎週行なった親切の内容や、それを「誰に」、そして「いつしたのか」ということが書かれています。参加者がとった親切な行動の種類は、ちょっとした簡単なものから、かなり大がかりなものまで、じつに多岐にわたっていました。たとえば、「ほかの人の分まで食器を洗った」「介護施設を訪問した」「パソコンのトラブルで困っていた人を助けた」、そして（これは私が個人的に気に入っているものですが）「熱心に教えてくれる教授にお礼をいった」などです。

実験の結果には、ちょっと驚かされました。予想通り、親切で思いやりのある行動をとることで、人々は幸せになりました。つまり、実験中、親切な行動をとった参加者たちの幸福度はかなり高まったのです。ただ、興味深いのは、その高まりを感じたと報告したのは、週に1日だけ親切な行動をとった参加者に限られていたことです。

実験に参加したどちらのグループも、実験前よりも実験後のほうが「人を助けるようになった」という報告はしましたが、「1週間のいつでもいいから親切な行動を5つとるように」と指示されたグループは、幸福度が高まらなかったのです。

なぜ、こんな結果になったのでしょうか？　参加者たちの親切な行ないの多くはささやかなものだったため、毎週7日間のどこかでそうした行動をとると、親切な行為もあまり目立たなくなり、ふだんの行動とそれほど区別がつかなくなったせいではないかと考えられました。

この実験から、幸せになるための行動習慣を効果的にするには、「タイミング」が重要だということがわかります。ですから、最大の成功を望むなら、幸福感を高めるための行動を「いつ」「どのように」、そして「どれくらいの頻度でするか」を前もって決めることが大切なのです。さらに、「親切」に関する私たちの実験からは、**「自分が習慣的にしているものを上回る親切を提供することが理想的だ」**という結果になりました。

「親切な行動を増やせば、幸福度が高まる」という考え方を示したのは、私たちの研究が初めてでした。それ以来、私たちは長期間にわたって、より徹底した調査を行ないました。たとえば、参加者に親切な行動をとらせる別の実験では、実験が終了してから1か月後に、彼らの幸福レベルがどれくらい維持されているかを調べました。

さらに、参加者のある者には、親切な行動の種類を変える機会を与えましたが、ほかの者には与えませんでした。

実験を始めるにあたって、参加者全員に親切な行動のなかでも「将来、もっとやりたいこと」と「習慣として、簡単に繰り返せること」のリストをつくるように指示しました。たとえば、「もっと家事に参加する」「家族にEメールでメッセージを送る」「荷物を運んでいる人を手伝う」「恋人のために朝食をつくる」などです。

「種類を変えられる参加者」は、毎週、自分がやりたいと思った行動を取り混ぜて3つ選ぶことができます。しかし、「あまり種類を変えられない参加者」は10週間にわたって、毎週同じ3つの行動をとらなければならないことになっていました。この2回目の研究から、**「定期的に親切な行動をとれば、人は長い間、幸せでいられること」**を私たちはまたもや確信しました。

この結果以上に収穫となったのが、何より「行動をどの程度変えられるか」で大きな違いが生まれた、ということです。実際、何度も何度も同じ3つの親切な行動を繰り返さなければならなかった参加者は、研究の途中で幸福度が落ち込み、その後、もとの幸福度へ戻ってしまいました。おそらく彼らは親切な3つの行動を、単にやるべき義務のようなものとみなしてしまったからでしょう。つまり、幸福度を増やすよりは減らしてしまう、退屈な経験だと思ったのです。

行動することで、満足感を高めたいなら、つねに新鮮で意義があるものにしておくことが大切です。もちろん、幸福度が高まる行動習慣という点においても、自分の自由な意志によって、新鮮で意義のある行動にしておかなければなりません。白衣を着た研究者に命じられたから、そうするというのではなく。

もっといえば、あなたが自分に最適な行動を選ぶとき、それは自分にとって価値があり、楽しいだろうと信じている行動を選んでいるのです。とはいえ、**選んだ方法を実践するときは、よく吟味しなければならないし、マンネリ化も避けるべきだという警告もこの研究から得られました**（詳しくはPART3参照）。

なぜ、人に親切にすると自分が幸せになれるのか？

「人を助けると幸せになれる理由」については、多くの心理学的な理論や研究が証明しています。人に親切にして寛容になれば、もっとポジティブで、もっと寛大な気持ちで相手を理解できるようになります。

たとえば「弟が数学に必死で取り組んでいるけれど、簡単ではないのだろう」、あるいは「環境を向上させるには、私たちみんなが協力すべきだ」というように、社会的共同体における持ちつ持たれつの関係や協力関係を強めることを大切にするようになるでしょう。

誰かに親切にすると、罪悪感や苦悩、他人の困難や苦痛を知ることで感じる居心地の悪さのようなものが軽減されます。それと同時に、自分の幸運を認識し、感謝する思いが強まることが多いのです。言い換えると、誰かに手を貸すことで、「私は健康なんだ！」というように、人と比べて自分が恵まれていると感じる（または感謝する）のです。実際に、誰かの力になったり、慰めを与えたりすれば、くよくよと考えることから気持ちをそらすことができ、焦点を自分からほかの人へと移せます。

親切にすることで得られる大きなメリットは、自己認識にかなりの影響を及ぼすことです。親切な行動をとると、あなたは自分が利他的で思いやりの深い人間だと考えるようになるでしょう。そう認識することによって、自信をもち、楽観的に考えられ、自分は役に立っていると思えるようになるからです。人を助けたり、価値のある理念のためにボランティアをすると、あなたの能力や資質、専門知識が誰かの役に立っていると思うことができ、人生をコントロールできている感覚が生まれます。

そうすることで、新しいスキルを学ぶとか、隠れた才能を発見するかもしれません。

そして、これは最も重要な要素として、誰かに手を貸せば、好意をもたれて感謝され、御礼をいわれることがあります。さらに、あなたが助けを必要としているときに、その恩に報いて助けてもらえるかもしれません。**人を助けることで、「誰かとつながりたい」「感謝されたい」「価値ある友情を得たい」という基本的な人間の欲求が満たされるのです。**

私たちは親切に関する二度目の実験で、「10週間後にはどれほど幸福度が高まったか？」を調べただけでなく、「親切にした人の間で彼らがどれくらい感謝されたか？」についても調べました。**人に親切にすると、幸せになれる一番の理由は、「親切にしてあげた相手がどれくらい感謝しているかがわかるから」**だったのです。

私たちを幸せにしてくれる、親切な行動はいろいろとあります。たとえばボランティアをしている人々を調べたところ、ボランティア活動はうつ症状を緩和し、幸福感や自尊心や達成感、自分をコントロールする力を高めることと関係があるとわかっています。これは、いわば「ヘルパーズハイ」という現象です。こうした研究には因果関係が明らかではないものもありますが、ボランティアをしている人を長期間にわたって調べると、**ボランティア活動という自分を惜しみなく与える行為のおかげで、幸福感が高まることははっきりと示されています。**

ここで少し変わった研究を紹介しましょう。ボランティア活動をする5人の女性を、3年以上にわたって追跡調査したものです。

この5人の女性は全員、多発性硬化症（「MS」と呼ばれ、脳や脊髄《せきずい》などの中枢神経に異常をきたす病気）を患っています。彼女たち5人は、67名のほかのMS患者を相互支援するために選ばれました。そして、積極的に、思いやりをもって話を聞くテクニックを学び、月に一度、15分ずつそれぞれが担当する患者を訪ねるように、という指示を受けました。

すると、3年以上にわたってこの患者間の相互支援を行なった女性たちは、満足度や自信、達成感が高まったという結果がでたのです。彼女たちは以前よりも社会的活動に加わるようになり、落ち込むことも減ったという報告がありました。

実際に私がインタビューをしたときも、この5人の女性はボランティア活動の結果、人生に劇的な変化を体験したと語ってくれたのです。たとえば、「患者間の相互支援を行なうという役割のおかげで、自分自身や自分の問題から気をそらすことができ、他人の問題に目を向けられた」と。彼女たちは「偏った判断をせずに話を聞くスキルが向上し、他人に対してよりオープンで寛容になった」と話してくれました。

さらに、自尊心と自己受容の感情がいっそう強くなったことも報告されています。人生の浮き沈みに耐える能力や自分の病に対処することに自信がついたというのです。この実験に関わった女性はこういいました。

「MSを治療する方法はまだ見つかっていませんが、どんなことが私の行く手にやってきても、なんとかなるという気がしています」

驚いたことに、**相互支援を行なった5人の女性が経験したポジティブな変化は、彼女たちが支援していた患者たちの変化よりも大きかったのです。**彼女たちの生活満足度はほかの患者が示したものの7倍も高い数値を示しました。そして、患者間の相互支援を行なった女性たちが受けた恩恵は、ときが経つにつれて大きなものとなったのです。幸福介入によって得られた恩恵のほとんどは、どれほど強力なものでも時間が経つにつれて減少する傾向にあることを考えると、信じられない研究結果でした。これはわずか5人の実験参加者による小さな研究でしたが、人を助けることから多くの恩恵が得られることをよく表わしています。

「親切」にも正しいやり方がある

私には、自分のことより、他人を大切にするとても利他的な友人が何人もいます。とりわけすぐに思い浮かぶある男性の友人は、つねに他人のために存在し、いつも「YES」と答え、自分が必要とされている状況にたえず心を配っています。「彼はどうやってそんな行動をとっているのか？」「なぜ、親切をここまで習慣的なものにしたのか？」は私にはわかりません。

しかし、彼が簡単にやってのける行動を、私たちは意識的に、また意図的に実践する必要があると私は考えています。新鮮なことをすると、気分が高揚し、ポジティブな満足感を高められるからです。

あなたは困っている親御さんや困っている友人のために、自分のお金や時間を提供したことがありますか？　まったく笑えないときでも、笑顔を必要としている誰かのためにほほ笑んだことは？　いうまでもなく、支援をする選択肢は無限にあります。親切な行動となりそうなものに心を向けるだけでいいのです。新鮮な目で物事を見れば、チャンスはどこにでもあります。

さらに、親切な行為には特別な才能も、長い時間も、多額のお金も必要ではありません。親切とは、大げさなものでも複雑なものでもないのです。もし、親切な行動や寛大な行為、慈善行為として、自分は何をすればいいのか途方に暮れたら、家庭や職場、地域社会に目を向けてみてください。マザー・テレサやダライ・ラマのような人になる必要はありません。起こす行動はちょっとした簡単なことからでいいのです。

肝心なのは「タイミング」と「変化」

「親切」という行為を実践するための最初のステップは、「どんな行動をとるつもりか」「どれくらいの頻度で行なうか」「どの程度までやるか」を決めることです。先述したように私の実験結果から、「タイミング」が重要なことはすでに判明しています。お手本としておすすめするのは、私の最初の実験で最大の効果が現れた、「週に1日、曜日を決めて（たとえば毎週月曜日とか）、新しくて特別な大きな親切を1つするか、小さな親切を3つ～5つする」というものです。

親切に関する研究から私が気づいた2番目のステップは、**「やるべきことをいろいろと取り混ぜ、変化をもたせるべき」だということです。**親切な行動の種類をたえず変えるには、努力や創造性も必要です。いくつかアイデアをあげてみましょう。

1つ目のアイデアは、お金やものがないなら、**時間という贈り物をあげること**です。修理が必要なものを直してあげたり、庭の草むしりをしたり、子どもを遊びに連れて行ってあげたりすることなども。

2つ目は、**相手を驚かせること**です。手料理を振る舞う、外に遊びに連れて行く、プレゼントや手紙をあげるなども指します。

3つ目は、**毎週、自分にとって当たり前ではない行動を何か試すこと**です。私にとっては、たとえば勧誘の電話をかけてくる相手に礼儀正しく接することもそうなります。

4つ目は、**思いやりの心をいっそう育てること**です。苦境に立たされている他人に、もっと寄り添いたいと思う、もっと理解しようとする気持ちをもつことです。平凡に聞こえるかもしれませんが、その人の立場になって考えることはとても難しいものです。解雇されたとか、障害のある子どもを育てているとか、元気がなくて電球も交換できない老人のひとり暮らしなどといった状態を想像してみてください。そうした人々に、毎週手を貸してあげることで、感謝の気持ちは高まり、思いやりの気持ちは育ち、強くなっていくでしょう。

「親切」は連鎖する

最近、私がスーパーのレジに並んでいたときのことです。私の前にいた20代くらいの若い男性が「手持ちのお金があと1ドル15セント足りない」と、とても恥ずかしそうにレジ係に告げている声が聞こえました。このようなとき、自分が以前はどうしていたか覚えていませんが、そのときはすぐさま彼に1ドル15セントを差しだしました。初め、彼はちょっと尻込みしましたが、信じられないといわんばかりのほんとうにうれしそうな表情になっていました。そしてお礼の言葉を私に、熱心に何度も繰り返し伝えてくれたのです。

この経験は思いがけないほど私の気持ちを浮き立たせる素晴らしいものでした（親切について多くの研究をしているにもかかわらず）。1ドルちょっとというのはわずかなお金だと思いますが、私の行動に間違いなく感謝し、その価値を認めてくれる人がそこにいたのです。さらに、この男性が照れくさそうな微笑を浮かべて急いでお店をでていくとき、今度は車椅子に乗った女性が食料品を持ちあげるのを彼が手伝っていたところを私は目撃したのです。

自分なりの親切な行動をとろうとするうえで覚えておいてほしいのは、「親切」という行為には、このような波及効果（あるいは「恩送り」という考え方）が往々にしてあることです。言い換えれば、**1つの親切な行動がいくつもの親切な行動を引き起こすことになる**のです。

また、最近の研究からわかった、親切な行動が社会にポジティブな影響を与えるもう1つの重要なことがあります。それは、**思いやりのある行為について見聞きするだけで、人々は高揚した気分になり、心が温かくなって、感動して心を打たれるなど、「よい行ないをしたい」という気持ちをかきたてられることです。** 9・11テロ事件の際、ニューヨークの消防士や救急隊員、ほかにもさまざまな人々が英雄的な行動をとったことをテレビで目にした人たちが、ソファを離れて献血をしに行った割合はふだんの2倍〜5倍になったのです。

「親切」が悪影響を与えることもある

「人に親切にすれば幸せになれる」といっても、いくつか重要な条件がともないます。その1つは、**支援の行為が自らの負担になりすぎないものである**ことです。研究者の間で最も知られている例としては、慢性的な病気にかかっている人や身体的に障害のある人を、フルタイムで介護する場合です。

たとえば、アルツハイマーを患う配偶者を介護する人は、平均的な人間の3倍もうつ病にかかる割合が高いことが研究の結果からわかっています。脊髄損傷の配偶者を介護する人は、身体や感情にかなりのストレスがたまり、「燃え尽き症候群」が現われたり、疲労や怒り、不満などの反応をみせます。こうした介護をする人のほうが、身体に障害のあるパートナー以上に落ち込んでしまうのです。

「介護」という行為は、たえまなく続き、人との交流がなくなり、生活が崩壊しそうになるという点で、携わる人を深い悲しみに陥れるケースがしばしばみられます。もちろん、介護をやめるべきだというわけではありませんが、介護をする人はさまざまな負担を自らが認識することが必要になります。

実際に介護に限らず、自分に負担となるような支援の行為は、あなたの日々の目標達成の妨げとなったり、幸福へと続く道のりに、苦痛をもたらしたりします。たとえ、それがあなたにふさわしく、高潔で正しい行動であっても。

もう1つは、**幸せになるためには、親切は自由な意志で、自発的に行なわれるべきだ**ということです。仮に、誰かを助けることをあなたが強制されたとしましょう。あなたは手を貸してあげた人から称賛され、感謝されるかもしれませんが、このようなプラスの面よりも、腹立たしい気持ちや利用されたという思いのほうが大きくなる可能性があります。

最後に伝えたいのは、**親切が必ずしもいつも歓迎されるわけではない**ことです。助けられた人は、居心地のよくない立場におかれることもあります。自分が貧しいから、不利な立場にあるから、誰かの世話にならなければならない、というような気持ちにさせられるからでしょう。その結果、助けられた人からの反応は、感謝や称賛ではなく、敵意や憤りに近いものになる可能性があります。

毎週、親切な行動をとることにするなら、ひとりよがりで恩着せがましい態度をとらないようにしましょう。

5 人間関係を育む

本書のテーマの1つは、**「より幸福になるには、心の底から幸福な人々の習慣を真似する必要がある」**というものです。

幸福な人々は例外なく、友人や家族と仲がよく、親密な人間関係を上手に育んでいます。人は幸福になればなるほど、それまで以上に広い範囲で友人や仲間をもち、恋人ができ、「社会的支援」の輪を広げるようになります。そして、結婚生活も充実し、長続きする傾向が強くなります。また、家庭生活や社会的な活動にも満足し、自分のパートナーを深く愛していると感じ、友人や上司や同僚から精神的な支援や具体的な支援を得られるようになっていくのです。

「社会的なつながりと幸福との因果関係」は明らかに双方向から成り立ちます。つまり、恋人や友人がいれば、人は幸せになれますが、幸せな人のほうが恋人や友人ができやすいともいえるのです。私と同僚たちが、おびただしい数の研究をもとに提示する結論は、じつはかなり楽観的なものです。**もし、あなたが今日から人間関係を向上させ、育んでいこうと思えば、「ポジティブ感情」をもち、より多くの、そしてより質のいい人間関係を結ぶことに役立つだけでなく、そのおかげでますます幸せになれるでしょう。**幸福度が高まるこの方法を取り入れることで、心理学者が「上昇スパイラル」と呼ぶものを起こせるようになるのです。

「人間関係」はどんなところが素晴らしいのか？

なぜ、心身の満足には、「人間関係のつながり」がそれほど重要なのでしょうか？それは良好な社会的関係によって、さまざまな重要な欲求が満たされるからです。「所属欲求」というタイトルがついた論文は社会心理学ではすでに古典的なものとなっていますが、いまではその理由が私にもよくわかります。この論文の著者たちは、説得力のある事例を用いて「人間は、強力かつ安定したポジティブな対人関係を求め、維持したいという、強い欲求に動かされるものだ」と述べています。

私たちの誰もが、人間関係や友情を壊すことに強く抵抗するでしょう。何かに所属しているという感覚がないと、人は心にも身体にもマイナスの影響を大きく受けます。「社会的なつながり」をつくって、維持したいという欲求があることに、ほとんどの科学者は同意するはずです。

「社会的なつながり」をもちたいという動機がなければ、人類は生き残ることも繁殖することもできなかったでしょう。人は社会的な集団をつくって、ともに狩りをし、食料を分け合い、共通の敵を撃退してきました。そして、伴侶を得た成人は子どもをつくり、外敵やさまざまな問題から守って一人前の大人に育ててきたのです。詩人で作家のジョン・ダンは「人はひとりでは生きていけない」と延べ、その理由は「所属欲求」だとしています。

まわりの人から得られるもの

人と人との絆の最も重要なポイントの1つは、**「ストレスにさらされ、苦悩し、トラウマに悩まされたときに、まわりの人からの支援が得られること」**です。私自身が直接経験してわかっていることで（研究によっても裏づけられています）、友人や親しい人に悩みを打ち明け、問題を分かち合うことは一番よい対処法になります。実際に病院に車で連れて行ってもらったり、話を聞いてもらったりすることもそうです。また、経済面でアドバイスを受けるというのもその1つでしょう。

実際、まわりの人から強力な「社会的支援」を得ている人々は、より健康的で、より長生きをしているという結果がでています。

際立って長寿の人々が住んでいる3つのコミュニティがあります。イタリアのサルデーニャ、日本の沖縄県、そしてカリフォルニア州ロマリンダのセブンスデー・アドベンチスト教団です。これらのコミュニティを分析すると、彼らに共通する点が5つあることがわかりました。その5つのうち上位の2つにくるものが「家族のことを第一に考える」と「社会活動に参加し続ける」でした。

何よりも必要なのは「愛」

私の息子は4歳のころ、よく就寝時に新しい言葉を教えてもらいたがったものでした。ある晩、私はちょっと新しいことを試しました。「今夜の言葉は『愛』よ」と私はいいました。「『愛』なんて知ってるよ！　ママ、愛してるよ」と息子はいいました。「じゃあ、ママを愛してるって、どういうことかしら？」と私の問いかけに、息子はしばらく考え込んで「ママにいっぱいキスしたいってことだよ。それとね、ずっとずっとママといたいってこと」と答えました。10年も経てば、息子は自分のいったことを後悔するかもしれませんが、愛の定義としてそれは完璧だと私は思いました。

この世に生を受けた日から亡くなる瞬間まで、人間は他人と関わらずにはいられません。もちろん、誰もが知っているように、愛にはよい面も悪い面もあります。それにもかかわらず、ほとんどの人は「幸せになるための最大の要因の1つは愛だ」と考えているのです。

人間関係に、どうやって投資をすればいいのか？

少なくとも90％の成人がいずれは結婚するという前提があるため、このPARTの私の提案のほとんどは、結婚のように親密な（または「ロマンチックな」）関係を強化する、というテーマに触れています。けれども、読み通していくと、私の提案の多くは、ほかの親密な人間関係、たとえば親友や家族との関係にも適用できることがわかるでしょう。そのことを念頭において、次に述べる方法から1つを選んで、今日から実行してみてください。

ジョン・ゴットマンという、何百組もの夫婦を心理学的に分析してきた結婚心理学者がいます。私が思うに、これまで刊行された「結婚生活について助言している本」のなかでもゴットマンの著書『結婚生活を成功させる七つの原則』（第三文明社）は最高のものといってもいいでしょう。そのなかでゴットマンは、何組かの夫婦をビデオに撮り、お互いがどんな態度をとって、どのように話すかを体系的に観察していきます。それからしばらく彼らを追跡調査し、その後の関係を見守ったのです。

このような観察結果に基づいて、ゴットマンは「どの夫婦が結婚生活を続けることができ、どの夫婦が離婚するかを、91％の正答率で推測できる」と述べています。心理学の分野では、これほど予測が正確なものは前例がありません。

2人だけの時間をつくる

では、うまくいく結婚生活の秘訣とは何でしょうか？　その1つは、**「夫婦がたくさん話すこと」**です。**うまくいっている夫婦は、うまくいかない夫婦に比べて、一緒にいて話す時間が週に5時間は多いとの研究結果がでています。**

したがって、まずは、パートナーと毎週すごす時間を増やすことから始めてみてください。毎日5分間、相手の特別な行動を認め、感謝の気持ちを表わしてみましょう（たとえば、「今月の請求書を処理してくれて、ありがとう」と、いうだけでもOKです）。さらに、朝、パートナーと別れる前に、それぞれがその日に行動しようと思っていることを、少なくとも1つ見つけてみましょう。家に帰ってパートナーと再び会ったときに、ストレスの少ない状況で「再会の会話」をして、相手の話に耳を傾けてください。

私はフルタイムの仕事を2つもち、家庭では2人の幼い子どもを抱えているので、このような行動は「言うは易し、行なうは難し」だとよく理解しています。でも、私と似たような境遇にある人でも、子どもたちが戻る（またはベビーシッターが帰る）15分前に仕事から帰って来る、あなたが帰宅するなり子どもにビデオを15分間観せておく、テレビゲームを15分間やらせるなどして、なんとか時間をつくりましょう（これは専門家としての私の意見ですが、結婚生活が改善されることによる恩恵を思えば、メディアの悪影響などたいしたものではありません）。

もし、パートナーと話すうえでの支障が子どもでないなら、日常的な行動をパートナーとすごす時間に変えましょう。一緒に散歩をしたり、2人でソファに腰をおろしたり、キッチンで飲み物を飲んだり、何でもかまいません。

夫婦がともにすごす時間を確保するには、ほかにもいくつか方法があります。その1つは、週に一度、何時間か一緒にすごす時間をつくることに全力を傾け（仕事のスケジュールを調整する、ベビーシッターを雇う、自動車の相乗り通勤をするなど）、それを決まった習慣にしてしまうというものです。たとえば、毎週木曜の夜、金曜のランチタイム、日曜の朝をその時間にあてるというようにです。

2つ目は、**家庭内にメディアの邪魔が入らない場所をつくり、そこでは会話しかしないようにすること**です。もし、夫婦2人で音楽を聴いたり、テレビを観たり（笑ったり、議論したり、感動したり）することがほんとうに好きなら、続けてかまいません。でも、ほとんどの場合、テレビを観たりネットサーフィンをしたりすることで、一緒にいる親密な時間が奪われるものです。

夫婦の関係を育む時間をつくるために、仕事の時間を減らし、子どもとすごす時間を少なくすることが正しいかどうかについては考えるまでもありません。結婚生活やパートナーとの間に緊張感があって、不幸だったりすると、仕事や子どもにも悪影響を与えるからです。

「称賛」「感謝」、そして「愛情」を伝える

結婚に関する20年間の研究からわかった重要な結論の1つ目は、**幸福な夫婦関係では、「ポジティブ感情」と「ネガティブ感情」の比率が5対1**だということです。つまり、批判や文句や小言などネガティブな言葉や態度が1つに対して、5つのポジティブな言葉や態度で接するのです。毎週の目標を、「ポジティブ感情」の割合を高めることにしてみましょう。まずは、パートナーに愛情を表現する回数を増やしてみてください。言葉で伝えたり（実際に口にだすとか、Eメールで「愛しているよ」と伝えましょう）、身体で示したり（これは説明不要でしょう）、それ以外の態度で（親切にするなど）伝えてみましょう。

2つ目は、**称賛している気持ちを直接伝えること**です。これはあまりしていない人が多いのではないでしょうか。先述したドイツ人を対象にした大がかりな研究を思いだしてください。その研究結果は、平均して2年経つと、結婚生活の素晴らしさに慣れてしまうというものでした。そのあとはお互いの存在や、夫婦関係を当たり前のものとみなすようになっていきます。心からの称賛（「君がしてくれたことをとても誇りに思っているよ」など）を口にすると、あなたの大切な伴侶は幸せになるばかり

か、もっと幸せになろうという気持ちになるのです。実際に、最もうまくいっている夫婦の場合、お互いに相手の一番いいところを引きだし、お互いが理想の自分に近づけるよう手助けをしています。

3つ目は、**「4週間練習法」**といわれるものです。パートナーに対する敬意や称賛、大切に思う気持ちを高めるために、週ごとに1人でできる訓練法があります。その1つの例として、4週間でできる方法をあげます。

1週目――最初にパートナーに好意を抱いた特徴や、いま称賛している特徴についてのリストを作成します。書きだした特徴（「誠実である」「ユーモアのセンスがある」「知的である」「几帳面である」「魅力的だ」など）ごとに、それをよく表わすエピソードを1つ思い浮かべてください。

2週目――結婚生活で楽しかったときを思いだし、実際に紙に書いてみてください。初めての出会いや、恋に落ちたとき、パートナーが支えてくれたとき、困難な時期をともに乗り越えたときなどです。

3週目――これまでの練習とは、逆のことを行ないます。最近、あるいは以前にパートナーに腹を立てたり、失望したときのことを考えるというものです。それから、これは大変な作業ですが、相手の振る舞いに対して、相手がそのような行動をとらざるをえなかった理由を考えてみてください。その理由を、ストレス、誤解、よかれと思った行動などというように、2ついし3つ書きだしてみましょう。

4週目――最後の練習では、あなたとパートナーが未来に向けて分かち合っている特別な目標や価値観、恩恵について書きだしてみましょう。

重要なのは「相手のよいニュース」に反応すること

この方法は友人や家族、パートナーの思いがけない幸運や成功を喜ぶというものです。社会心理学者によると、**よい夫婦関係と悪い夫婦関係とを分けるものは、相手が失意に陥ったり、落胆したときに、パートナーがどのように反応するかではなく、相手のよいニュースに対してパートナーがどのように反応するか**、ということだそうです。

ここ最近で、あなたの人生にとって、とても素晴らしいことが起こった瞬間を思いだしてください。おそらく昇進したとか、表彰されたとか、特別な旅に招待されたとか、完売しそうな公演のチケットが手に入ったなどというものもあるかもしれません。そんなニュースを伝えたとき、パートナーはどんな反応をしましたか？　あなたのために興奮して大喜びしてくれましたか？　それとも、あなたの幸運を無視したり、批判したり、あざ笑ったりしたでしょうか？

大成功して思いがけない幸運に恵まれると、親しい人からは、なんだか近寄りがたくなったと思われがちです。そして、「どうしてあいつがヨーロッパに行けるんだ？　僕はずっと前から行きたかったのに……」というようなねたみや、「いまや彼女は僕よりも、自分の上司がどう考えるかを気にしてるんだ」という嫉妬を招き、「これって、また私たちが引っ越さなければならないってこと？」というような不安な感情を生じさせるのです。

ですから、よい知らせを伝えたときに称賛して認めてくれることは、パートナーがあなたのために喜んでいるだけでなく、あなたの夢を尊重し、あなたとの関係を大切にしていることを意味しています。このように、**ある人にとってよい方向に進むことに対して、どんな反応をするかが、その人とのつながりを判断する要素となるのです。**

これは今日から始められます。小さなことでも、友人や愛する人がよい知らせをもってきたら、積極的に、建設的な反応で、つまり興味や熱意を込めて反応してみてください。1日に3回、こうした反応を表わそうとした人々は、わずか1週間で以前よりも幸福になり、落ち込むことが少なくなったと、ある研究で報告されています。

口論の最中でも「仲直りの合図（サイン）」を送る

何百組ものカップルを観察した結果、不幸な結婚生活は、「意見の不一致に対処する方法」に特徴があることがわかりました。

意見が合わないと、初めから手厳しくやり合い（たちまち非難や皮肉の応酬になるなど）、相手の全人格を批判し攻撃し、侮辱し（冷笑し、目をまわしてみせたり、中傷して、恥をかかせたり、パートナーへの嫌悪を示す、など）、自己弁護の態度をとり（「問題なのは私じゃなくて、あなたよ」など）、最後には逃避（無視したり、逃げたり、部屋から出て行く、など）します。

しかし、幸福な夫婦は少しもケンカする必要がないか、するとしてもあまり大きな声ではしません。彼らのケンカのやり方は少し違っています。

「最も幸せなカップルになる秘訣」の1つは、とても強力だけれど、じつにシンプルなものだということも研究の結果わかりました。それは、**仲直りをするために、口論の最中に緊張や「ネガティブ感情」を鎮めるような、ちょっとした行動をとること**です。そんな行動の最も一般的なものの1つが、友好的な態度をとる（敵意を見せるのとは反対に）、ユーモアをみせる（たとえば、2歳児みたいに顔をしかめるなど）ことです。ほかにも愛情を表現する、「君のいいたいことはわかるよ」と直接に自分の気持ちを伝えるなどの行動をとります。

大切なのは「夢」や「目標」をパートナーと分かち合うこと

あなたとパートナーがこれまであげた方法をすべてうまくやってのけたとしても、必ずしも一緒にいて幸せだとか、満たされるわけではありません。じつのところ、**うまくいく夫婦関係の根本には、「夢」や「目標」を分かち合っているという深い感情があるのです。**それが夫婦を互いに結びつけ、夫婦だけが分かち合っている内面をつくりだします。

毎週、少なくとも1つからでいいので、あなたのパートナーの役割（親、マネジャー、家事など）を支え、夢（海外旅行をする、社内で出世階段を上る、学校に通って勉強するなど）を応援しましょう。すべてを分かち合うことはできないとしても、お互いの人生に対する夢や関心を高く評価し、敬意を払うのです。

もし恋人がいない、あるいは恋人がほしくない場合は？

科学的な研究によれば、「ほんとうの幸せ」のために人間関係が非常に重要であることは間違いないとされています。しかし、その人間関係は必ずしもロマンチックなものでなくてもいいと私は考えています。あらゆる研究のほとんどの結果から、既婚者は、離婚経験者や別居中の人、伴侶に死に別れた人、あるいは独身の人よりも幸福だとされていますが、既婚者だけが幸福だというわけではありません。

長期間にわたる深い友情も幸福のためには重要ですし、ペットとの関係も含めて、ほかにも大切な人間関係はあります。実際に、独り身（とりわけずっと独身の女性）の場合、とくに兄弟姉妹や友人、甥や姪と、親密で、ポジティブで、長く続く人間関係を築くケースがよくみられます。

たとえば、既婚者に比べて独身者のほうが友人と仲がよく、より頻繁に連絡をとっていることが研究からわかりました。心理学者のなかには、多くの独身者がこのように豊かな人間関係を築いているので、「性的な関係だけがほんとうに重要な人間関係である」という仮定に反論する者もいました。もちろん、ほかの人間関係も重要なのです。**人間関係に投資をすると、恋人や配偶者の関係でなくても、人生で重要なほとんどの人間関係において幸福がもたらされることに気づいてください。**

友情は育てるもの

友情は、何もしないで生まれてくるものではありません。**友情は「育むもの」**なのです。ある有名な心理学者は、心から頼りになる友人や仲間は、「3」という魔法の数字、つまり3人だと主張しています。その数にちなんで、友情を3つまで手に入れ、それを育むための方法をあげてみます。まずは自分が責任をもってできる方法を1つだけ選んで、すぐに実践してみてください。

時間をかける

これは前にもでましたが、まわりの人に関心を示し、励ましの言葉をかけましょう。友情が築かれたら、実際に会ったり、定期的に連絡をとったりすることを習慣にしてみてください。毎週、ジムや読書会にでかけることや、毎月、食事に行ったり、休暇を利用してでかけたり、日常的にEメールをだしたりすることなども効果があります。そうすれば、友人たちはあなたの人生のほかの部分と同じくらい大切なものとなっていきます。

けれども、友人との付き合いのなかで、すべてをあなたがコントロールしてはいけません（少なくとも2回に1回は、どの映画を観るかといったことも友人に決めてもらいましょう）。そして過剰な付き合いになってもいけません。求められたときには、距離をおけるようにしましょう。

自分をさらけだす

自分をさらけだすことや、腹を割って考えや感情を語ることが苦手だという人もいるかもしれません。しかし、これらは友情を育むうえで、非常に大切なことです。女性同士の友情では、とくにそうです。というのも、**急がずに、自分にふさわしいやり方で、正直に自分をさらけだせると、これまで以上に自らのことを打ち明けられ、親しさが増すからです。**逆に、あなたが友人の打ち明け話や悩みに耳を傾ける場合もあるでしょう。そんなときは、アイコンタクトをとり、相手の話に全力で注意を払い、相手の言葉を受け入れてください。

最後に、恋人に対するときと同じように、あなたが心地よいと思う方法なら何でもいいので、ときどきは相手への愛情や称賛の気持ちを伝えてみてください。たとえば、「あなたといると、いつも楽しいわ」「一緒にいてくれてありがとう」と。なんだかセンチメンタルな言葉に思われるかもしれませんが、そのような言葉を聞くと、人は驚くほど喜ぶものです。ロシアのことわざでは「親切な言葉は春の日のようだ」というそうです。

世界共通の友情のルール

友だちが困っているときは、手を差し伸べて支えになり、「きっと成功するよ」といってあげましょう。先述したように、人は友人が成功すると、脅威だと感じる場合が多いものですが、ねたむのではなく、相手の栄光の恩恵にあずかるのです。

友情についての世界共通のルールをほかにあげるなら、「友人が陰口をたたかれているときに味方になる」「秘密を守る」「友人に、その友人の悪口をいわない」

「厚意に報いる」などがあります。

よく雑誌やウェブサイトでは、幸福度が高まり、より健康的になり、人とのつながりを強くする手段として、頻繁にハグすることを熱心にすすめています。それを研究したある実験は、ペンシルベニア州立大学の学生たちを2つのグループに分けて行なわれました。1番目のグループは、これからの4週間、毎日最低でも5回はハグをして、その詳細を記録するようにと指示されました。さらに、参加者は自分の恋人ばかりを抱きしめるわけにはいかず、できるだけさまざまな人とハグすることを求められました。2番目の対照グループは、同じく4週間にわたって読書した時間を記録するようにとだけ指示されました。

ハグをしたほうのグループ（この実験の間、平均49回のハグをしていました）はいっそう幸福になりました。これは驚くことではありませんが、読書の記録をつけただけの学生たち（1日平均1・6時間、読書をしていました）には何の変化も見られませんでした。このような結果からも、ハグは非常に親密で、友情を高めてくれる行為といえます。

6

ストレスや悩みに対処する

もし、長生きをしたとしても、ストレスや逆境、災厄がまったくない人生なんてありえません。愛する人の死、重い病気、事故、迫害、自然災害、テロリストからの攻撃、家庭内暴力、貧困、汚名を着せられること、離婚、失業など、人生にはさまざまなことが起こります。「アメリカの成人の半数近くが、深刻な心的外傷（トラウマ）となりそうな出来事を一生に一度は経験する」といわれています。

多くの人は、その大変な困難のあと、落ち込んだり、おびえたり、混乱したりします。また、毎日の雑務に集中することが難しくなったり、あまり眠れなかったり、食欲がなくなったりするかもしれません。このような反応がかなり激しく、長く続く人のなかには、その反応がトラウマへとつながり、もとの（正常な）自分に戻るまでに何か月も、あるいは何年もかかる場合もあるでしょう。

6 ストレスや悩みに対処する

私にこう尋ねる人もいます。

「自分の人生に起こるさまざまな問題にさえ対処できていないのに、より幸せになるための方法なんて考えられるでしょうか？」

その質問には簡単に答えられませんが、私にいえるのは「幸せになるには、幸福の基準値、または設定値を超える」ということです。もし、厄介な出来事や慢性的に降りかかってくる問題のせいで、幸福の基準値が低くなり、あなたがもっている「リソース」や「関心」のすべてをそれに注ぐことになるなら、最優先すべきなのはその問題に対応することでしょう。

本書にあげた、幸せになるための方法のすべてとまではいえませんが、「楽観的になる」「人間関係を育む」「人生の喜びを深く味わう」などの方法は、人生の最悪の状況を乗り越えるためにも力を貸してくれます。

さらに、これから紹介する「ストレスや悩みに対処する（コーピング）」と「人を許す」という2つは、深いトラウマへの対策として役立つだけでなく、毎日の生活で起こるちょっとした問題に取り組む際にも貴重な方法です。

そのような意味で、「コーピング」と「人を許す」は、自分で変えられる40％の可能性を具体化する基本的な戦略ともいえるでしょう。**たとえ、あなたの人生にどんな困難やストレス、苦悩があろうとも、どのように考え、どのように行動するかが、最終的には「どれくらい幸せになれるか」に大きく関わってくるのです。**

「コーピング」とは、ネガティブな出来事や状況のせいで生じた苦痛やストレス、苦しみに対処するためにとる行動のことをいいます。心理学者はこれを、ストレスに満ちた要求を処理するためのもので、誰もがやっている行動とみなしています。あなたは困難な状況やつらい状況に直面したとき、いつもどのように取り組み、解決しているでしょうか？

ストレスや悩みへのさまざまな対処法

・愛するペットが亡くなってしまった
・仕事で大変なプレッシャーを感じている
・あなたの赤ちゃんは心臓に疾患があり、ただちに手術が必要である
・事故で車が完全に壊れたが、保険に入っていない
・親しい友人から電話がこない

ここであげた状況はストレスの多いものから、精神的な痛手となるものまでさまざまです。

あなたならどのように対処しますか？　心理学の世界での一般的な考え方によると、コーピングの方法は次の2つのタイプに分けられます。**「問題に焦点を当てるもの」**と**「情動に焦点を当てるもの」**です。問題に焦点を当てたコーピングの方法をとる傾向にある人は、問題を自力でどうにかしようと自分で決定を下し、嫌なこともなんとか解決して片づけてしまいます。もちろん、この方法は何にでも適用できるわけではありません。愛する者があの世へ旅立ったという問題は修復することができません。唯一可能なコーピングの方法は、その出来事に対する自分の感情に向き合うことだけです。もし、悲しみに打ちひしがれていたら、心理療法のカウンセリングを受ける、意義のあるプロジェクトに打ち込むなど、その気持ちをやわらげて、克服するために前へ進むといいでしょう。

人は、自分のおかれた状況に対して何か建設的なことができると思うときは、「問題焦点型のコーピング法」をとり、ただ耐えるしかないネガティブな出来事だと思うと、「情動焦点型のコーピング法」をとる傾向にあります。

問題焦点型のコーピング法

その名が示しているように、「問題焦点型のコーピング法」は基本的には問題を解決することが求められます。

仮に、仕事で差し迫った締め切りに追われ、あなたが途方に暮れているとしましょう。解決方法をいくつか考え、それぞれの損失や利益を天秤にかけ、そのうちの1つを選んで実行しなければなりません。あなたが解決すべき問題は、仕事の変更について上司と話し合わなければならないことから始まり、新しい実現可能な仕事のスケジュールをつくること、仕事の新しい方針を打ちだすことまで、いろいろとあるでしょう。「問題焦点型のコーピング法」を選ぶ人は、たとえストレスの多い状況にいる間も、その後もあまり落ち込まない傾向があります。

次にあげるのは、「問題焦点型のコーピング法」を選んだ人々が、自分自身の傾向について述べたものです。これは一般的に「問題が起きたときに、どう対処するか」を調べたものです。言い換えれば、こうしたものが「問題焦点型のコーピング法」ともいえます。

・問題をなんとかして解決しようと全力を尽くす
・たくさんのことに手をつけるのではなく、1つひとつ確実にやるべきことをする
・何をするべきかについて行動計画を立てる
・目の前の問題に集中するために、ほかの活動は脇におく
・困難な状況について明確な行動がとれる人からアドバイスをもらおうとする

情動焦点型のコーピング法

これまで取り上げたどの方法も非常に効果がありそうだと思うかもしれません。しかし、もし、あなたが直面している出来事や状況が、手に負えないとか、ネガティブな感情に打ちのめされて行動も起こせない、というような場合は、「情動焦点型のコーピング法」が適切でしょう。しかも、それしか方法がないケースもよくあります。

「情動焦点型のコーピング法」にはさまざまなやり方があります。行動に基づいた方法もあれば、認知（考え方を変えることも含まれます）に基づいたものもあります。

行動に基づいた方法の場合、気持ちをほかのことにそらしたり、身体を動かしたりすること（たとえば、気分を高揚させるためのハイキングなど）が必要かもしれませ

ん。また、親しい人から感情的に支えてもらうこと（友人から同情や理解を得ること）を求めるかもしれません。友人と映画やピクニックにでかけるなど、楽しい活動に打ち込んでいる人は、基本的には悲しみや不安や悩みから一時的に逃れることができ、問題に取り組むための心構えをしっかりもてるようになるものです。

それとは対照的に、認知に基づいた方法の場合、状況をポジティブに解釈し直し（経験から学ぼうとし、出来事のなかによいことを探す）、受け入れます（問題とともに生きることを学び、起きた現実を受け入れる）。

「トラウマのプラス面」を理解する

自分が４人の子どもをもつ母親で、筋萎縮性側索硬化症《きんいしゅくせいそくさくこうか》で死にかけている夫を介護していると想像してみてください。

夫はまず子どもたちと遊ぶことができなくなり、その次に着替えや食事、話したりうなずいたりすること、そしてついには、ほほ笑む能力を痛みに耐えながら徐々に失っていきます。リンは実際にこのような悲惨な状況に直面していました。そんなリンが出した答えは、「夫との残された時間を大切にすること」でした。次のように話しています。

極端な楽観主義者になるつもりはありませんが、私は夫のチャーリーと20年間という素晴らしい時間をともにすごしてきました。考えてみれば、私が味わった幸せな日々を、1日たりとも経験していない人だっています。チャーリーが亡くなってから半年経ってようやく、幸せだった感情は決してなくならないことに気づきました。心の中に大きな穴が空き、ひどくつらい思いもしましたが、この幸せな感情は、まるでグランド・キャニオンのように言葉ではいい表わせないほど美しいものです。

私の同僚は、最愛の親友であると同時に、最も親しい協力者でもある聡明な科学者を、むごいことにガンで突然失い、27年にわたる素晴らしいパートナーシップが突然終わりを迎えることになってしまいました。「僕は、自分の知る限り最も幸福な人間だ」という言葉とともに、彼はその亡くなった科学者を偲ぶ会でいいました。「あなたたちも僕のように最高の協力関係がもてるといいですね」と。

「トラウマのプラス面」として考えられるのは、喪失や人生でのネガティブな出来事のなかにも、何らかの価値や得るものがあると思えることです。たとえば、人生観の変化や、人の命に以前よりも価値を見いだせるようになったなどと、自分自身の成長を認識できることです。しかし、大きなトラウマを経験したあとに、自分の人生がさまざまなポジティブな方法によって前進したとは、最初はなかなか信じられないでしょう。

心理学者はおびただしい数の事例から、そのようなトラウマのプラス面を観察しています。たとえば、家族を亡くした人やガン患者、脳卒中を発症した人、エイズ感染者などからです。**実際に、「愛する人を失った人の70%～80%がその経験から何かしら得るものがあった」と報告されています。**

たとえば、いまでは誰もが知る定評のある研究ですが、その当時は画期的とみなされた研究結果から、乳ガンの生存者である女性たちが発病後に人生が変わった、それも「よい方向へ変わった場合がほとんどだった」という報告があります。実際、インタビューに応じた女性の3分の2がそう答えています。

では、乳ガンの患者が得た「恩恵」とはいったい何なのでしょうか？　ガンと診断された女性たちは、自分にとって大切なものを見直し、人生でほんとうに重要なものを考える必要に迫られました。最も多かったのは「仕事よりも家族を大事にすること」でした。そして自分にとって一番大切な人間関係にもっと時間をかけ、家事などに費やす時間を減らそうと決めたのです。

この研究結果からもわかるように、人生で起こるネガティブな出来事におけるプラス面を理解することは、とても有効なコーピングの方法となるのです。その方法の1つには、喪失やトラウマのなかからも、価値を見いだすことが含まれています。ショッキングな出来事を経験したあと、人間関係がこれまで以上に深く、意味のある、有意義なものになったと、その経験を話す人もいます。

トラウマや喪失などの困難を乗り越えた人々に共通していたのは、新鮮でよりポジティブな視点を手に入れた、ということです。それは人生の尊さをあらためて理解し、もっといまを生きなければならないと感じることともいえます。家族を失った人にとっては、次のような新しい発見があるでしょう。「健康で精いっぱい生きられることは、ほんとうに恵まれたことなんだ。私は家族や友人、自然や人生そのものに感謝する。人々のなかに善意が見える」と。

ネガティブな出来事におけるプラス面を理解することは、幸福度に影響を与えるだけでなく、健康状態にも影響を与えます。つまり、心が身体に驚くべき影響を及ぼすことがわかっているのです。

たとえば、ある研究では、30歳〜60歳の間で心臓発作が起きた人にインタビューをしました。**心臓発作によって自分は長生きできると信じるようになった人、家族の大切さをあらためて認識した人、多忙なスケジュールをもっとゆったりしたものに変えようと決心した人など、発作が起きてから7週間の間に発作のプラス面に気づいた人は、8年後に発作が再発した割合が低く、それまで以上に健康になっている傾向がみられました。**対照的に、心臓発作を他人のせいや「ストレスが多すぎたからだ」などと自分の心の状態のせいにした人は、以前よりも健康状態が悪くなっています。

トラウマで人は変われる——心的外傷後成長

フリードリヒ・ニーチェの「私を殺さないものは、すべて私を強くする」という言葉を聞いたことのある人は多いでしょう。苦痛や喪失、トラウマなどの経験のおかげで、私たちがいっそう強くなることは確かです。あるいは、少なくとも、思っていたよりも自分は強くて、機知に富んでいるとみなすようになるでしょう。

83歳になる父親がガンで亡くなるまで介護し続けたある女性は、介護の経験から気づいたことをこんなふうに述べていました。

自分たちが望む介護をしてもらうため、施設の医療関係者にときには指示をしなければならないこともありました。怒りを表わすことを好まず、争いなど耐えられない私のような人間でも、必要だったからやらざるをえなかったのです。私が感謝の気持ちとともに「自分には能力も強さもある」と思えたのは、成長するしかなかったからです。

心理学者のなかには、トラウマにプラス面を見いだすことが、真の意味での人間の変化につながると考えている人もいます。それは「心的外傷後成長」と呼ばれています。大きな喪失が引き金となって、突然新しい役割を果たさなければならなくなるので、これまでにない新たな経験をするのです。

たとえば、いつも「妻」として夫にとことん依存していた女性が、未亡人となったばかりに、突然さまざまなスキルを学ぶ気持ちになるかもしれません。難局を乗り越え、これまではできると思わなかったことを成し遂げている自分に気づき、驚くかもしれません。このような経験は間違いなく、新たな自己認識につながり、自信が高まって、自分自身の成長にまでつながるでしょう。

これは「自分が変わること」といえるのでしょうか？　私が入手したデータから、その答えは「YES」だと判明しています。自然災害で家を失った、離婚した、性的暴力を受けた、未熟児が生まれたなど、さまざまなトラウマに対する人々の反応が研究されてきました。そんなトラウマを乗り越えた人たちに共通する、「自分が変わった」という経験は次のように述べられています。

- 自分には耐え忍んで勝利をつかみとる能力があるのをあらためて信じられるようになった
- 人間関係がよくなった。誰がほんとうの友だちで、心から信じられる人なのかがわかった

・親しい付き合いのなかで、以前よりも相手に気持ちよく接することができ、苦しんでいる人に思いやりをもてるようになった
・人生観がさらに深く洗練されたものになり、以前よりも満足感が高くなった

とくに最後にあげた言葉は、自分に起こったことであれ、自分以外の人に起こったことであれ、死すべき運命に直面せざるをえなくなったときのトラウマがきっかけとなって、経験することが多いものです。

そして、そのように**哲学的な、あるいはスピリチュアルな人生観を抱くようになる過程を通して、「認知を変える力が強くなった自分」がいることを実感するようになったという報告があります。**「心的外傷後成長」についての研究から、困難や災厄に直面している人には、大きなあと押しとなるよい報告があります。それは、そのような状況に遭っている人は、単に生き延びるとか回復するだけでなく、**以前よりも生き生きとさえなれる**、ということです。

私は研究者として、これまでのキャリアのなかで、千とはいわないまでも何百ものさまざまなグラフを見てきました。いつも手もとにあるグラフが1つあります。

［ 心的外傷後成長について ］

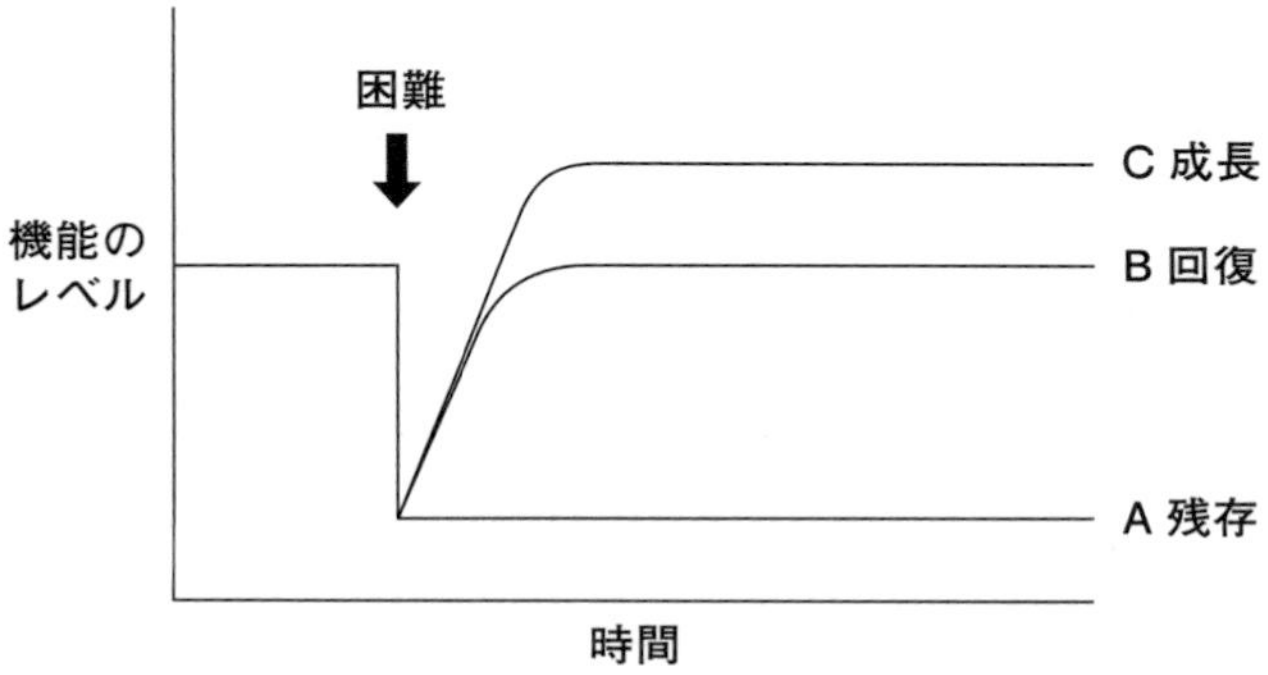

最近、そのグラフを見たら、あらためて興奮を覚えました。上掲の図がそれで、すなわち「残存」「回復」「成長」に関わる大きな問題に直面したときに選ぶことができる3つのコースを表わしたものです。

Aの「残存」には、永久的に機能障害のある人も含まれます。このコースは、トラウマを経験したあと、ただ生きているだけの人、愛情や仕事や余暇を素直に楽しめないほど幸せを感じなくなり、意欲をなくした人を表わしています。

Bの「回復」はトラウマの後遺症に苦しんでいる人、おそらくしばらくは生産的な仕事ができず、満足な人間関係も結べなかったけれども、やがてもとの状態に戻る人を表わしています。

最後に、Cの「成長」はトラウマを経験した直後は、後遺症に苦しんでいるけれども、ついにはもとの状態に戻るばかりか、それ以上に成長している人を表わしています。このような人が「自分が変わった」という経験をしています。

では、あなただったら、どうすれば乗り越えられるでしょうか？　ここに転移性のガンを患った、ある女性教授の例があります。

手術、放射線療法、骨髄移植手術、化学療法とさまざまな治療を受けている間も、ずっと彼女は活発な生活を送り続けていました。学生に教え、研究を行ない、委員会に出席し、出張するばかりかスキーやスキューバダイビングにもでかけたのです。腫瘍が大きくもならなければ小さくもならない、という事実にガンの担当医が怪訝《けげん》そうな表情をして、「ガンの腫瘍がこんな状態を示すことはないですよ。これほど長い間、変化がないはずはない」といったとき、彼女は笑いながら答えました。

「私が猛スピードで人生を送っているから、腫瘍は追いつけないんじゃないでしょうか」

彼女はスーパーウーマンのように見えるかもしれませんが、痛みがあることも、恐怖や不安を感じることも認めています。でも、ガンにかかったあとの人生がいっそう意味のあるものになった、というのです。いまや彼女はポジティブなものであれ、ネガティブなものであれ、直面するすべてのものが、自分の糧となるチャンスを与えてくれると思っています。

私はここにあげた「成長」している人々の描写をあなたが読むことで、意気消沈するのではなく、意欲をかきたてられることを願っています。トラウマに対処するための目標を高く設定すればするほど、成功する可能性が高くなるのです。病気が回復することの大切さは言うまでもありませんが、自分の成長はさらに素晴らしいのではないでしょうか。

とはいえ、「心的外傷後成長」は必ずしも楽しくて気楽な状態を指すのではないことを覚えておいてください。それは「幸福」についても同様です。じつは、病気から生き延びた人のほとんどが強さや成長を感じるのと同時に、相当な苦悩も経験しています。これまで以上に充実して有意義な人生に至るまでの道のりは、石ころだらけで、でこぼこの骨の折れるものかもしれません。悲劇や喪失にはいいことなど何もありません。しかし、それを受けとめ、立ち上がろうと努力していれば、価値あるものが生まれてくるのです。

「まわりからの支援」による効能

シルビアは23歳のとき、娘のシエラを事故で突然失い、仲間に慰めと支援を求めました。シルビアだけでなく、誰かと死別すると、人には「グルココルチコイド」と呼ばれるストレスホルモンの上昇がみられます。そのホルモンの上昇を、親しい人との関係が抑えてくれるのです。この現象は人間だけでなく、ヒヒにもみられます。

まわりの人の支援を求めること。緊張や苦痛やトラウマを感じているときに、ほかの人間が慰めてくれるとか、話を聞いてくれることは、コーピングの方法として最も効果的なものの1つです。先述しましたが、人はまわりの支援のおかげで幸せになり、不安や落ち込みが減るだけでなく、身体にもいい影響を与えられます。トラウマになった経験を誰かに話すと、その困難な状況に耐えられるようになって新たな視点を得ることができ、やがて人間関係が強くなり深まっていくでしょう。

何か問題が起こったとき、しつこく湧きでてくる不安を感じ、くよくよと思い悩んで苦しんだことはないでしょうか？　そのようなときに理解のある友人に話したおかげで重荷が明らかに軽くなったという経験はありませんか？

もちろん、あなたが求めたときに、信頼したすべての人が支援の手を差し伸べてくれるわけではありません。もし、あなたが秘密を打ち明けた人が、敵意をあらわにしたり、けなしたりして、あなたをよりみじめで不安な気持ちにさせ、さらに思い悩むことになったら、もっと頼りになる相手を見つけてください。**「社会的支援」があるかどうかと同じくらい、打ち明ける相手の質が重要なことも、研究で裏づけられています。**

「悲劇的なこと」からも意味を見いだす

重い病気や家族の死、地位や職を思いがけなく失う、犯罪の犠牲になるなど、トラウマとなる可能性がある出来事によって、人は自分の信念や自らの基盤を揺り動かされてしまいます。「なぜ、自分にこんなことが起こるの？」と、その人は尋ねるかもしれません。

西欧の文化では、世界はほとんどコントロールできる予測可能なものだと信じられていることが少なくありません。善人には悪いことなど起こらず、人は当然の報いを受けるし、受けたものにふさわしい行動をとるとされています。

ですから、善人に悪いことが起こると、世界とは公正でコントロールできて、善意に満ちたものだという想定が幻想になってしまいます。実際に、トラウマとなる出来事のせいで、自尊心が損なわれ、夢が破れるケースはよくみられます。

その結果、つらい出来事に対処することになった人は、それまでの想定や信念を考え直し、喪失したことやトラウマに対して、何らかの意味を見いだそうとするかもしれません。これは苦しくて大変なプロセスです。意味がないと思われる出来事に、どうやって意味を見いだせばよいのでしょう?

人はさまざまな方法で、喪失のなかに意味を探そうとしていることが研究の結果わかりました。たとえば、家族を亡くしたある人が「人生に対する私の基本的な態度は『物事には始まりと終わりがあり、遅かれ早かれ誰にでも終わりが訪れるものだ』ということです」といったように、人生とは短くてもろいものだと認めること、「父が病気になったのは、そうなる運命だったから」というように悲劇を運命によるものだと、とらえられることなどがそうです。

トラウマに意味を見いだすための、ほかの方法もあります。それは**「何の理由もなく問題が起きる場合もあると認め、ネガティブな出来事にも恩恵がある」と考えるもの**です。たとえば、死によって愛する者の苦しみは終わったと考え、おかげで人生や自分自身について多くのことを学べたと思うなどがそうです。また、喪失やトラウマを、「彼女の死は、僕が人生を変えることを彼女が望んでいたからだろう」というように、何か重要なサインが送られたと解釈する人もいるかもしれません。

そもそもトラウマとなる出来事に意味などなく、偶然に起こっただけだと思えることもしばしばあるでしょう。けれども、そこに意味を見いだそうとする人のほうが困難に対処できるのです。

喪失のなかに意味を見つけることの恩恵は、身体の健康にも影響を与えます。**友人やパートナーをエイズで失ったＨＩＶ感染者で、その死に何か意味を見いだした人の免疫システムは良好で、２年〜３年以上、パートナーよりも長生きしたことが別の研究でわかっています。**

「意味を見いだす」という作業は、「友人や家族とすごす時間を増やすべきだ」「人生を精いっぱい生きるべきだ」「もっとリスクを負うべきだ」など、自分や自分の人生に対して新たな視点を得られるだけでなく、精神面での成長ももたらします。

トラウマに有効な3つのコーピング法

もし、あなたが幸せになるために「ストレスや悩みに対処する」を選んだとしたら、次の3つのアドバイスから1つを選んで、実行してみてください。

「書く」というプロセスを大切にする

20年ほど前、心理学者のジェームズ・ペネベーカーは「トラウマになる経験や動揺した経験について何かを書き記すことで、健康や幸せに影響があるかどうか」という調査をしました。彼が開発した研究の手順は、私も含めた大勢の研究者がいまも採用しています。

ペネベーカーの代表的な実験の参加者は、実験室に招き入れられると、紙の束を渡され（あるいは、最近なら、パソコンの画面の前に座らされ）、絶対に秘密にするという条件で、「人生で最も悲惨だった、あるいはつらかった経験の1つについて書くように」と指示されます。さらに「その経験を詳しく表現し、自分の反応や、心の奥底にある感情をあますことなく書き記すように」と促されます。そうしたライティングの作業は15分～30分続きます。

参加者は家に帰って、その後の3日間～5日間にわたって続きを書くように求められます。この実験の対照グループとなる参加者たちも同じ分量のライティングの作業を指示されますが、彼らが書くのは当たりさわりのない話題、たとえば、毎日の日課、自分の靴について、自宅の居間のレイアウトについてなどです。

心理学の世界では「トラウマとなる過去の出来事に関して心の奥底にある感情を書けば、多くの恩恵がもたらされる」という結果が次々とでています。対照グループに比べて、試練やトラウマなど心の奥にある思いや感情を掘り下げながら書き留めて3日間をすごした人々は、その後、以前よりも病院へ行く回数が減り、免疫システムが向上した、という結果が示され、落ち込むことや苦悩することも減ったと報告されています。さらに学業や仕事の成績が上がり、失業していた人も、その後の就職率が高くなったのです。このような影響はさまざまな人に現われました。健康な人も病気の人も、若者も老人も、貧しい人も裕福な人も、そしてヨーロッパや東アジア、北アメリカに住む人にも同じ結果がでたのです。

多くの研究者たちは最初のうち、感情的なカタルシスのおかげで、トラウマに関する感情を書くことが効果的なのだろうと考えていました。つまり、書く行為により、はけ口が見つかって感情が解放されるため、トラウマの抑制が解消されるのだろうと。

しかし現在、この仮説は幅広い観点から疑問視されています。なぜなら、**「書く」というプロセスがもたらす効能によって、人はトラウマを理解し、受け入れられるようになり、意味を理解できるようになるからです。**また、**書くことを通じてトラウマのなかに意味を見いだせると、それについてあまり考えなくなり、考えたとしても頻度が少なくなるという効果があることもわかりました。**

「書く」ことが、それほど特別で効果的な行為であるという事実に、私はかなり驚きました。仮に、あなたが失恋をした、悲惨な暴行を受けた、あるいは自分自身のことではなく、健康で活動的な母親がアルツハイマーを患ったと想像してみてください。

おそらく、あなたはそのような出来事が起こったら、自分では何かほかのことに集中していると思っていても、じつはくよくよ考えているはずです。そして頭の中に勝手に入り込んでくるイメージや考えに悩まされるかもしれません。

しかし、そのようなとりとめのないイメージや考えも、書き記すことで、自分のなかで体系化されてまとまり、理路整然とした1つの話になっていきます。言語とは、もともと非常に構造化されたものです。言語化することによって、ある経験に骨組みや意味がしっかりと構築され、苦痛をともなう混沌とした状態だった思考やイメージが、はるかに対処しやすく、コントロールしやすいものとなるでしょう。

書くことでトラウマのなかに意味や解決策を見いだせるようになると、トラウマに対する感情的な反応はさらに扱いやすくなります。そして、自分の経験について説明したり、語ったりすることによって、トラウマを受け入れやすくなるでしょう。

さらに、書くことには、外側から自分の考えを記録する、という意味もあります。たとえばワードソフトを使って文章にするにしても、日記に書いて感情や思考や記憶を自分の外側から記録することで、内側に背負っていた重荷を降ろすことができ、悩みを断ち切れるかもしれません。

そのような点からも、コーピングの方法として、まずは書くものを手にしましょう。そして、パソコンでもノートでも、そのへんにある紙切れでもかまいません。「これまでの人生で最もトラウマとなった経験について心から考えたことや感じたこと」を残らず4日間続けて書いてみてください。

4日間ずっと同じ出来事や経験について書いてもよいですし、毎日、違うトラウマについて書いてもかまいません。最低でも、毎日15分は書いてください。そして必要な限り、何日でも続けて書いてみましょう。ブログで始めてもいいでしょう。とにかく忍耐強く、根気強く続けて、成果が現われるのを見守ってください。

トラウマを書いていくと、すぐにわかることですが、感情を書き記すという行為には終わりがありません。感情を正直に、そしてあますことなく表わそうと努力し続ける限り、喪失やトラウマについてどんなことを書いてもいいのです。

「トラウマ」に恩恵を見いだす3つのステップ

次に紹介する2番目のコーピングの方法は、基本的には人に導いてもらうかたちをとります。これは親友に協力してもらい、会話をすることでも実践できます。全部で3つのステップを踏み、最終的な目標は苦悩のなかに恩恵を見いだすことです。

最初のステップは、書くことを通じてでも、話すことを通じてでもかまいませんので、**「喪失やトラウマのせいで多大な苦悩や苦痛がもたらされたこと」**を認識してください。それから、喪失やトラウマを経験している間の自分の行動や反応のなかから、誇れるものを考えましょう。もし、結婚生活で失敗して落ち込んでいる場合、あなたを頼りにしている人々の前では、少なくとも勇敢に仕事に取り組み続けたのなら、それが誇れるものです。

2つ目のステップでは、**「喪失やトラウマを経験した結果、自分がどれくらい成長したか」**を考えてみましょう。新たな視点で人生をとらえられるようになった（たとえ、ネガティブな視点でも）と感じましたか？　以前よりも思いやり深くなったとか、忍耐強くなった、寛容になった、偏見にとらわれなくなったと思いましたか？

最終段階として、**「トラウマや喪失があなたの人間関係にどんなポジティブな影響を与えたか」**を考えてみましょう。人間関係が何らかの点で強くなりましたか？　いっそう親しい付き合いになった、腹を割って話せる関係になった、あるいはもっと協力的な関係になりましたか？

反論を通じたコーピング法

最後に紹介するコーピングの方法は、うつ病のための認知療法をもとに考えられたものです。悲観的な考え方について反論し、異議を唱えるという効果的な方法で、A

ＢＣＤＥで考えます。

具体的には、Ａ（Adversity）は「困った状況」、Ｂ（Belief）は「思い込み」、Ｃ（Consequence）は「結果」、Ｄ（Dispute）は「反論」、そしてＥ（Energize）は「元気づけること」を意味するＡＢＣＤＥの５つの項目について話し合ったり、書きだしたりする方法です。そのステップを次にあげます。

Ａ　「困った状況」　あなたが直面している悪い出来事や、問題を書きだしてください――例「親友から３週間も電話が来ない」

Ｂ　「思い込み」　この問題を引き起こした思い込みを突き止めてください――例「彼女は私を嫌っているに違いない」「彼女は私のことを退屈だと思っているのだろう」

Ｃ　「結果」　この問題の結果について、あなたがどう感じ、どう行動するかについて書きだしてください――例「私はみじめで孤独感を味わっている」「私は友人との関係がいつもうまくいかない」

D　「反論」　ネガティブな思い込みに対して反論し、問題に対するポジティブな理由を考えてください——例「たぶん、親友はとても忙しいのだろう（彼女は仕事でとても大きな契約を抱えていると、いっていた）」「もしかしたら彼女も落ち込んでいて、私からの電話を待っているのかもしれない」

E　「元気づけ」　できるだけ不安がらずに、もっと希望がもてるように、あなたを元気づけて気持ちを奮い立たせることができる、より楽観的な説明を考えて書いてください

基本的にこの「ＡＢＣＤＥモデル」は、あまりにも悲観的な考え方に支配された状態のままにならないように、考え方のフレームを変えるためのものです。Ａ〜Ｅまですべてのステップを実践することで、さまざまな項目がどのようにつながっているかがわかるでしょう。

悪い出来事に対する反応の大部分は、どうしてそんな悪いことが起きたのか、それが自分にとってどんな意味があるのか、という思い込みや解釈によって決定されます。もっと楽観的な解釈をすれば、元気づけられ、反応や見解（結果）が変わってくるでしょう。

7 人を許す

私がスタンフォード大学で博士課程の学生だった26歳ごろのことです。エイミー・ビールという女性が、南アフリカのケープタウン近くのググレッという黒人居住区で暴徒によって乗っていた車から引きずりおろされ、刺殺されました。彼女はスタンフォード大学で国際関係論の学士号を取って卒業し、女性の権利に関する研究でフルブライト奨学金を取得し、南アフリカの人種差別と闘おうとしていました。

それは、彼女が帰国して家族や長年付き合っている恋人に再会するはずだった2日前のことでした。エイミーは知りませんでしたが、恋人は彼女にプロポーズしようと考えていたそうです。この悲劇的な出来事に、私の知人の何人かは取り乱し、とりわけエイミーと同年代の子どもをもつ親は動揺していました。親たちはエイミーの両親の気持ちになって考えようとしました。その試みは苦渋に満ちたものでした。

エイミーの両親は、事件の2年後、娘が殺された黒人居住区を訪れ、殺人犯の家族を慰めるため、彼らの何人かと会ったのです（えっ、殺人犯の家族を慰めるため？）。エイミーを殺害した罪で、4人の若者が懲役18年の刑に処せられていました。エイミーの両親であるビール夫妻は、その4人が「真実和解委員会」の前で証言するのを目撃するために南アフリカを訪れました。若者たちは悔恨《かいこん》の念を表明し、恩赦を願いでました。ビール夫妻は若者たちが釈放されるように力を貸しました。これによりビール夫妻は、怒りや苦悩、憎悪を葬り去ることができたのです。

ビール夫妻が南アフリカへの旅から帰国して間もなく、夫であるエイミーの父親は亡くなりましたが、母親はまた同国を訪れました。今度は4人の殺人犯の1人、ントベコ・ペニという若者に許しを与えるためでした。南アフリカの貧しくて人種差別のある黒人居住区で育った彼は、自分は自由のために戦う若き戦士だと自覚し、子どものころから、白人は敵だと教え込まれていたのです。

エイミーの母親はントベコを許しただけではありませんでした。彼に仕事と、未来を与えたのです。その仕事は、ケープタウン郊外の黒人居住区で活動を行なっている「エイミー・ビール財団」でＨＩＶやエイズを認識させるための指導や社会的に同等で同年代の人の教育に携わる「ピア・エデュケーション活動」に取り組むというものです。さらに彼はエイミーの母親とともに世界を旅して、許しと和解についての自分たちの話を伝える活動をしています。エイミーの母親は、今ではントベコが家族の一員だとさえいっています。

一見すると、この話は例外的なケースのように思われるかもしれません。エイミーの母親のような途方もない許しの心をもちたいと思う人もあまりいないでしょう。けれども、彼女から学べることがあるのは、次に紹介する研究が示唆してくれます。

「許す」とは和解することではない

私は、人生でのさまざまな不運にどのように対処したらいいかをこれまで述べてきました。不運のなかには、誰かに虐待されたり、傷つけられたり、攻撃されたときに生じる、苦痛をともなう試練があります。ケガや虐待は肉体的なものかもしれませんし、性的なものや感情的なものの場合もあります。侮辱や腹立ち、裏切りをともなうかもしれません。そんな被害を受けた人間の最初の反応がネガティブなもので、相手にも同様の被害を与えてやりたいと思うのは自然なことでしょう。

この場合の典型的な2つの反応は、「加害者を避けること」と、「復讐を願うこと」で、そうした反応がネガティブな結果を引き起こすことは明らかです。加害者から距離をおこうとしたり、また、報復したいと考えたりすることによって、人間関係を傷つけ、壊し、社会全体に害を与えるかもしれません。歴史的にも、そして今日の世界を見ても、復讐に駆り立てられることが、殺人やレイプ、略奪、さらに戦争やテロ、大虐殺と、おびただしい数の罪悪や恐怖の原因となっています。

しかし、私が本書の中心においているのは、社会ではなく、あなたという「個人」です。個人という視点で考えた場合、「許す」ことにはどんな意味があるのでしょうか？　そして、「許す」ことについて学び、実践する価値はあるのでしょうか？　「許し」を与えることは、私たちがしばしばとりかねない、復讐のサイクルを混乱、回避させてしまうかもしれません。

「許し」は、大半とはいわないまでも、世界中の多くの宗教に支持されています。一般的な考え方は、神によって「許し」を与えられているのだから、人間はこの世での罪を許されるべきだというものです。「許し」には、回避や復讐に駆り立てられる気持ちを抑えたり、やわらげたりする力があり、理想としては、その感情をもっとポジティブな、または善意のある態度や感情、行動に変えることが期待されています。

「許し」について研究している心理学者は、一般的な人が使っているのとは少し異なった意味で「許し」をとらえています。「許し」とは、和解のことではありません。つまり、必ずしも罪人との関係を再構築する必要はないのです。あるいは、法律用語でいう「恩赦」とも同義ではありません。また、「罪を大目に見る」ことでもないのです。さらにいえば、「許して忘れる」というのは間違った考え方です。なぜなら、「許し」には、傷つけられたという記憶を薄める力はないからです。実際に、被害にあった場合、心から許すことは、被害について深く考えることと関わりがあり、被害を忘れることは、逆に「許す」というプロセスを難しくさせてしまうのです。

では、**誰かを「許した」かどうかはどのようにしてわかるのでしょうか？　それは考え方が変わったことを経験したときにわかります。**たとえば、危害を与えられた相手を傷つけてやりたいという気持ちが少なくなり、その人に優しくしてあげよう（あるいは、自分の人間関係にとってプラスになることをしよう）という気持ちが増えるような場合です。

次の言葉にどれくらい賛成できるか考えてみてください。これは、ある「許しのスケール」から拝借したものです。

・私は彼／彼女に思い知らせてやるつもりだ
・私は彼／彼女が傷ついてみじめになるところを見たい
・私は彼／彼女など存在していないかのように暮らしている
・私は彼／彼女とできるだけ距離をおいている

最初の2つは復讐という行動を選んだもので、あとの2つは回避行動をとったものです。ここにあげた言葉に共感すればするほど、許すためになすべきことはまだまだたくさんあるということになります。

「許す」とは自分のために行なうこと

研究によって得られた根拠や観察事例からも、自分を傷つけ、攻撃し、被害を与えた相手を許すべきだという理由はいくらでもあります。この強力な根拠について述べる前に、私が1つだけ強調したいことがあります。**「許し」とは、自分のために行**

なうものであって、あなたを傷つけた人のために行なうものではないということです。

許せない行為というものも確かにあります。「許し」についてはさまざまな人が言葉を残していますが、どれも次のようなメッセージを伝えています。「恨みや憎しみにしがみつくことは、あなたが憎んでいる相手よりも、あなたを傷つけることになる」というものです。

実験に基づいた研究はこの洞察を裏づけています。**「許し」を与えた人々は、相手を憎む、落ち込む、敵意を抱く、不安になる、腹を立てる、神経過敏になるなどの傾向が少なくなります。彼らはより幸福で、より健康になり、さらに感じがよく、いっそうおだやかになる、というのです。**

また、「許す」ことで、人の気持ちがさらによくわかるようになり、信心深くなります。悪意のある人を許した人は、人とさらに親密な関係を築くことができるようになります。

最後に、人を許せないという思いは、いつまでもくよくよと考えたり、復讐にこだわったりすることとも密接に関わっています。でも、「許し」を与えれば、人は前に進んでいけるのです。ここにあげたことは、どれも意外なものではないでしょう。

『許す』という能力を訓練すれば、身体や心の健康が向上するかどうか」を調べる実験がこれまで行なわれています。その実験の1つは、特別な対人関係によってかなり傷つけられたと感じている65歳以上の女性を、「許しを与えるグループ」と「討論グループ（対照グループ）」のどちらかに無作為に分けるもので、参加者は8週間にわたって顔を合わせました。

「許しを与えるグループ」に入っていた女性たちは、「許し」を学ぶことによって自制心が強くなり、不安な気持ちが減少し、自尊心が高まったと報告しました。そして実験が終わって数か月後でさえ、「ネガティブ感情」が以前より減少し、自尊心が高くなっていたのです。「許し」について考え学ぶ期間を長く与えられれば与えられるほど、受ける恩恵も大きくなりました。さらに興味深いこととして、男性よりも女性のほうに効果が現われたのです。

「許す」ことによって、苦悩を経験しているのが自分だけではないことを知り、人間的な感情を分かち合う気持ちが深まり、個人的な人間関係が強化され、他者とのつながりがさらに強くなります。**実際に研究からわかっているのは、許した人を思**

いだすだけで、許した人を「私たち」と考えるようになり、他人への親しみが高まり、助けてあげたいという気持ちを覚えることです。

いかに「許す」か

本書で述べた、これまで以上に幸せになるための方法のなかで、「許し」は最も実践が難しいものだと私は考えています。けれども、よくいわれるように「苦労なくして、得るものはない」のです。「許す」ことで手に入れられる収穫はとてつもなく大きいでしょう。

これから紹介する「許す」ための具体的な方法は、記録を書き留めたり、手紙を書いたりするかたちで行なってもよいでしょうし、会話というかたちをとってもかまいません。頭の中だけで想像力を用いて行なっても結構です。もし、幸せになるための方法の1つ「人を許す」が、あなたの性格や目標やニーズに合っているなら、とりあえず次の活動から1つだけ選び、全力を尽くして実践してみましょう。

「自分が許されること」に感謝する

7 人を許す

他人を許せるようになる前に、まずはあなた自身が許されたときのことを感謝するトレーニングをしてみましょう。自分が誰かに何か害を与えたことを思いだしてくださ い。もしかして、両親に不愉快な態度をとったり、恋人を裏切ったり、友人を避けたりしたことなどもあるかもしれません。

もし、家族や友人、恋人が許してくれたとしたら、それをあなたにどのように伝えたでしょう？　あなたの反応はどんなものだったでしょうか？　どうすると「ほんとうに許してくれた」と思えるのですか？　あなたを許したことによって、その人たちが恩恵を受けたと思いますか？　この経験によってあなたは何かを学んだり、自分に何らかの変化を感じたりしましたか？　最後に、いまこの瞬間、この経験についてどう考えていますか？　このトレーニングによって「許す」ことの恩恵を理解することができ、あなた自身が「許し」を与えるときのよい参考となるでしょう。

許されることの大切さがわかる、もう1つの方法は「自分自身が許しを得ようと努力すること」です。過去にしろ、現在にしろ、自分がした過ちに対して謝罪の手紙を書いてみましょう。自分が加害者になる場合もあることを認識し、受け入れることで、あなたの人生で加害者となっている人の気持ちを理解できるかもしれません。

この手紙では、自分がとった行動（あるいは、必要だったときに何の行動もとれなかったこと）について述べ、それが間違いだったと認めてください。その行動のせいで他人に害を及ぼしたことや、その人との関係が悪くなったことについて書きましょう。

そんな行動をとったことを謝罪してください。「申し訳ありません……」という直接的な謝罪でもいいし、その相手との関係が貴重であることを述べて、「やり直したい」という願いを伝えるものでもかまいません。あなたは態度をあらためることを誓い、相手に何らかの償いをしたい、相手との関係を再び築くにはどうしたらいいか尋ねたいと思うでしょう。

謝罪の手紙を実際にだすかどうかはあなたしだいです。あなたがもはや相手と関わることがないとしたら、手紙などだせない場合もありますし、リスクがあるような場合は、手紙をだすのは賢明でないかもしれません。

「許している状況」を想像する

「許していること」を想像するトレーニングをしてみましょう。最初に、あなたを虐待したり怒らせたりした特定の人物を設定します。次に、想像力を働かせて、その人の感情や状況を理解し、「許し」を与えている状況を思い浮かべます。感情移入するとは、加害者の目や耳を通じて状況を眺め、あなたに与えた不快な行動のみで相手を判断するのではなく、1人の人間として見ることです。

「許し」を与えるには、あなたが苦しみや怒り、憎悪の感情を解放し、もっと寛大で慈愛に満ちた考え方をすることが必要です。そのうえで、想像力を働かせて、自分や相手の思いや感情、行動を細部まで考えようと努力しなければなりません。

たとえば、仮にあなたを捨てた父親を許す、という場面を想像する場合、彼にどんなことをいうでしょうか？　どんな感情を覚え、その感情はどれくらい強いでしょうか？　どんな順番で思いが湧きあがってくるでしょうか？　あなたはどんな表情をするのでしょうか？　身体にはどんな感覚が生まれるでしょうか？

うまく想像できれば、実験の参加者が経験したのと同じことをあなたも経験するかもしれません。**参加者は感情移入し、「許している状況」を想像するトレーニングによって、自分の思考をそれまでよりもうまくコントロールできるようになったと感じました。また悲しみや怒りの感情が減って、生理的ストレス反応を測定したと**

ころ、心拍数も減少し、血圧が下がり、あまりしかめっ面をしなくなったのです。

「許しを与える手紙」を書く

このトレーニングは、手紙を書くことで怒りや苦悩、相手を責める気持ちを解放するというものです。「許しの手紙」を書く相手は、あなたを傷つけるとか、不当な扱いをした人です。あなたに害を及ぼしたり、虐待するなど、絶対に許せなかった人について、じっくりと腰を据えて思いをめぐらしてみましょう（もはや、この世にいない人という場合もあるかもしれませんが）。

その人について、あるいは苦痛や腹立ちを覚えることについて、いつまでもこだわってはいませんか？　そのせいで幸せな気持ちや平穏な気分になれなかったり、勝手に浮かんでくるマイナスのイメージや考えから自由になれなかったりしていませんか？　もし、答えが「YES」なら、最もよい方法の1つが、この「許しを与える手紙」を書くことです。

あなたが危害を加えられたり、攻撃を受けたりしたことについて具体的に書きましょう。そのときの苦しみを表現し、いまもそのせいで苦しんでいることを明らかにします。相手が自分にしたことに対して、「このようにしてくれたらよかったのに……」と思うことを書いてください。最後に、許しと理解を表わす言葉を書き記します。

次にあげるのは、「許す」ことに成功したさまざまな人々に私が出会い、見聞きした実際の内容です。

- 私はアルコール依存症の父を許します
- 私が落ち込んだときにそばにいてくれなかった恋人を許します
- 私の車に追突した男性を許します
- 私を利用した友人を許します

「許しの手紙」を書くことは大変かもしれません。相手の行動はとても許されないものだと思ったり、許す価値がない人間だとみなしたりするかもしれません。自分の引きずっている気持ちを解放しようと思って考え始めたのに、「ネガティブ感情」に打ち負かされそうになることもあるかもしれません。そんなときは、手紙をひとまず脇において、数日後か数週間後にまたあらためて書いてみましょう。

もう1つの方法として、「許し」を与えることにともなう苦痛がいくらか少ない、別の相手（あるいは別の行為）を選ぶというものもあります。「許す」という行為には、たくさんの努力だけでなく、意志と動機が必要です。練習を積み重ねなければなりません。そうすることで、ときが経つにつれて、「許す」のが難しかった相手へと対象を変えていけるでしょう。

「許しを与える手紙」を書くうえでの障害を乗り越えるために、手助けとなる方法があります。それは、「許す」ことに成功した人について知ることです。「許し」を与えることで力を得ている人に、手紙や電話で、許した経験や、どうやって許せたかについて尋ねてください。または、「許す」ことを実践してきた著名人に関する本を読むのもいいでしょう。たとえば、マハトマ・ガンジー、ネルソン・マンデラ、マーティン・ルーサー・キング・ジュニアなどです。

共感してみる

「共感」とは、他人の経験を「わがこと」のように感じ、相手の感情や思考を理解することです。自分を傷つけた人への共感を学び、実践することが重要なのは、「共感」が「許し」と大きく関わりがあることが知られているからです。相手の考え方を理解し、気にかけて考えることがうまくできるようになれば、やがてその相手を許せるようになります。

日常生活で「共感」について実践する方法の1つは、あなたには理解できない行動を誰かがとるたび、それに注目することです。たとえ理解できないと思える人でも、その人の思考や感情、意図をくみとろうとしてみてください。なぜ、あの人はあんなことをしたのだろう？　その行動は説明できるだろうか？　可能なら、本人に尋ねてみてください。そうすれば、そこから何かを学べるかもしれません。

相手を大目に見てあげる

共感のほかに、「許し」を与える助けとなる重要な要素は、加害者をポジティブな視点から、あるいは寛容な視点で見てあげることです。相手に寛容になるために効果的な方法は、あなたが書いた「許しを与える手紙」に対して、可能ならば謝罪の手紙など、「返事がほしい」と加害者に宛てて書くことです。

相手はあなたの行動についてどう思っているでしょうか？　これも1つのテクニックであり、まさにこの状況での加害者の立場に自分をおいて、「なぜ、あんな行動に駆り立てられたのか？」「許しを与えられたいと思っているのかどうか？」を想像してみます。

あなたは相手の説明を受け入れるでしょうか？　その説明が筋の通った、適切なものだと思うでしょうか？　加害者を信じられますか？　加害者からあなた宛ての手紙を記録してみることで、相手に対する認識や状況が変化するのを感じるかもしれません。あなたをこれほどまでに苦しめた状況を、新たな視点から見られるようになる可能性もあります。

「許し」の心を育てるうえで、なぜ謝罪は効果があるのでしょうか？　そこに共感が生まれるからです。そして、人間らしさを感じるからでもあります。あなたを苦しめ、傷つけ、被害を与えた人が謝るとき、その人はもろくて不完全な面を見せることになります。謝罪には、「加害者があなたを傷つけたときに何を考えていたか？」という説明が入る場合も多いです。どんな理由であれ、1つの状況を以前よりは加害者の視点で見られるようになるはずです。そのおかげで、「許し」を与えやすくなるでしょう。

あまりくよくよと考えない

私は「考えすぎない、人と比較しない」（PART2・3）でくよくよ考えることが有害だと述べました。ずっと、くよくよと思いわずらっていたら、あなたは不安に襲われ、悲観的で精神的にも不安定な状態が続き、それこそ不幸になってしまうでしょう。

思いわずらうことは、「許し」を与えるうえで大きな障害になるという事実もわかっています。加害者についてあれこれ考えたり、加害者のことがどうしても気になったりする人は、苦痛や怒りをいつまでも抱え、相手をあまり許そうという気にならない傾向があります。

過去の出来事をじっくり考えることは、いってみれば、実際に攻撃することの代償となる行為ともいえます。一見すると、じっくり考えることで、気分がいっそうよくなり、パンチングボールを打ったり、スポンジをかぶせた子ども用のバットを振り回したりして怒りを鎮め、ストレスを解消するのと同様の効果があると考える人もいるす。

かもしれません。しかし、このような考え方、いわば心理学者が「カタルシス理論」と呼ぶものがまったく間違いであることが、長年にわたる研究結果からわかっていま

じつをいうと、そうした行動のせいで敵意は減るどころか、増えてしまうのです。というのも、加害者のことを思いだすたびに、苦痛や相手を責める気持ちや、反感や憤りといった、以前に抱いていた感情がすべてまたよみがえってくるからです。

「被害を受けた」「攻撃された」という思いや残像が頭から離れず、日常生活に支障をきたすほどになった場合は、何らかの手を打つべきです。「考えすぎない、人と比較しない」で述べたテクニックを使ってもいいかもしれません。くよくよ考えることにストップをかけても、「許し」を与えることに直結するわけではありませんが、これは欠かせない最初のステップなのです。

「幸せがずっと続くための行動習慣」として、あなたが「人を許す」ことを選択したのなら、困難ではありますが、やがては報われる有意義な道を選んだことになります。それまでの激しい怒りや恨みの感情をまだ抱いていると気づいたら、「許す」という行動を思いだしてください。

8 熱中できる活動を増やす

『ニューヨーカー』誌に、洒落の利いた3コマ漫画が載っていました。1コマ目では、ある男性が会社のデスクに座りながら、自分がゴルフをしているところを思い浮かべています。2コマ目では、同じ男性がゴルフをしながら、自分がセックスしているところを想像しています。そして3コマ目では、その男性が女性とベッドに入りながら、仕事のことを考えているのです。

この漫画の男性と同じように、私たちはしばしば気持ちがよそにそれてしまい、現在のことを楽しんだり味わったりして「いまを生きる」ということに集中する習慣を身につけていない場合がよくあります。

しかし、考えてみれば、いま現在こそが本当に確実なものです。この章では、「いま」を充実して生きるための方法を紹介していきます。ここで紹介する方法を実践すれば、遺伝や生活環境を超えた、自らの「意図的な行動」で変えられる40%を活用して、これまで以上に幸せな人生へと変わる最初の一歩を踏みだせるでしょう。

たとえば、絵を描くことや、文章を書くこと、会話、木工細工、釣り、ネットサーフィンなど、これまであなたは何かに没頭するあまり、時間が経つのをすっかり忘れてしまった経験はありませんか？　そのときあなたは、とても空腹だったとか、長い間座っていたせいで背中が痛くなっていた、またはトイレへ行きたかったことさえ忘れていたのではないでしょうか？　自分がいまやっていること以外は何も意識していなかったのではありませんか？

もし、このような問いへの答えが「ＹＥＳ」なら、あなたは**「フロー」**と呼ばれる状態を経験していたことになります。心理学界の重鎮であるミハイ・チクセントミハイによって発見された**「フロー」は、何かに没頭した状態や、現在のことに心から熱中している状態を指します。自分がやっていることに完全に没頭し、集中しているため、我れを忘れている状態です。**そのような活動はやりがいがあって夢中になれるものであり、自分のスキルや専門技術を伸ばしてくれるでしょう。

「フロー」の状態になると、人は自分が強くなったと感じ、チャレンジを楽し

むことができ、能力をフルに使っている感覚をもち、物事をコントロールしていると実感し、やっていること以外のものをまったく意識しなくなると報告されています。ただ、それをやりたいがために、やっているのです。

「フロー」という概念は、1960年代にチクセントミハイが「創造的なプロセス」について研究しているときに生まれました。作業に没頭している画家たちにインタビューをし、彼らを観察しているときに、チクセントミハイは驚きました。絵を描いている間、しばしば画家たちは空腹や、不快な症状、疲労も忘れていましたが、絵を描き終わったとたん、描いた絵への興味を失ってしまったからです。こうした画家たちが、絵を描くプロセス自体を報酬とみなしているのは明らかでした。画家たちに絵を描くという経験をどう自覚しているかを語ってもらうと、「自分が流れていくという感覚をもつ」とのことでした。そこでチクセントミハイは、これを「フロー（流れ）」と名付けました。

チクセントミハイは、**素晴らしい人生、幸福な人生というものは、フローによって、つまり「自分がやっていることに完全に没頭する」ことによってつくられる**

と述べています。「フロー」の状態をつくりだす鍵は、スキルと挑戦との間にバランスがとれていることです。ロッククライミングでも、税金の計算でも、高速道路をドライブすることでも、その挑戦があなたのもっているスキルや専門技術のレベルをはるかに超えていたら、不安を感じたり、いらだちを覚えたりしてしまうでしょう。その一方で、取り組もうとした活動があまりにも簡単なものなら、飽きてしまうに違いありません。

「フロー」とは、自分の能力より少しレベルの高い課題にチャレンジするときに起こるものなのです。自分がやっていることから「フロー体験」を引きだすには、適切なチャレンジを見つけるという能力に負うところが大きいのです。

じつをいうと、どんなに単調で退屈に思えるものでも、ほとんどの活動で「フロー体験」をすることはできます。たとえば、バスを待つことや、工場の組み立てラインでの仕事、講義を聴くことでさえも。私はデータを分析しているときに「フロー体験」をすることがよくあります。気がつくと5時間も経っているという場合もありますが、それは私にとって5分くらいにしか感じられません。

その一方で、セーリング、アクション映画やダンス発表会の鑑賞など、わくわくさせられる魅力的な出来事を経験している間でさえも、「フロー体験」をしない（それどころか退屈したり、不安になったりする）という人もいます。

どのようなときに「フロー体験」ができるかを知ると、より幸福な人生を送れるでしょう。

「フロー」の素晴らしいプラス面

なぜ、フローは、幸せになるために効果的なのでしょうか？

1つ目の理由は明白です。**「フロー」は本質的に楽しくて充実感を覚えるものであり、長続きすると喜びが増す性質があるから**です。人工的に高揚感をつくりだすものや、単純に快楽的な喜びを与えるものと違って、「フロー」は自然な高揚感を与えてくれます。これはポジティブで、創造的で、コントロール可能な経験であり、自分自身や社会全体に対して、罪悪感や恥ずかしさなどをもたらすことはありません。

2つ目の理由は、**「フロー」の状態がもともと実りあるもので、ごく自然にそれを繰り返したい気になるから**です。けれども、そこには矛盾するように思える点があります。スキー、文章を書くこと、スピーチ、ガーデニングなど、新しいスキルをマスターしてしまうと、「フロー」は減少するのです。なぜなら、一度マスターしてしまうと、目の前の作業はもはや刺激的ではなく、努力が必要なものでもなくなってしまうからです。

したがって、**「フロー」の状態を維持できるように、私たちは、より挑戦しがいのある活動をたえず試すことです。**そのためにも、精神を集中する鍛練や、精力的に身体を動かすことに取り組まなければならないのです。また、さまざまなスキルを伸ばし、使う機会を見つけなければなりません。これは素晴らしいことです。私たちがつねに努力して成長し、より熟練した、奥行きのある存在になろうとすることを意味しているからです。

才能のある10代たちを4年にわたって追跡したある調査があります。**13歳のときに「フロー」の源泉となる才能（音楽や数学、サッカーなど）があるとみなされ、学校での活動中に「フロー」をたくさん経験した子どもたちは、10代の間、自分の才能を活かす活動に熱心に取り組む傾向が強くみられました。**おそらくそんな10代たちは才能を伸ばし続け、能力や関心も高めていくでしょう。

「フロー体験」のおかげで、私たちは人生に関心をもち（人生に無関心になるのではなく)、活動を楽しみ(退屈だと思うのではなく)、物事をコントロールしているという感覚をもち(無力感を覚えるのではなく)、強い自信を感じる(自分は無価値だと思うのではなく)ようになります。このようなすべての要素のおかげで、人生は有意義なものとなり、豊かさや緊張感がもたらされます。そしてその人生には、幸福感も添えられるのです。

「フロー体験」の増やし方

1990年、私は大学院の2年生だったときにフローの概念を知りました。チクセントミハイの『フロー体験 喜びの現象学』(世界思想社)のおかげで、それまでまったく知らなかった種類の「フロー」の世界が私に開かれました。それは多くの可能性やチャンスを秘めた世界でした。

「フロー体験」をするには、心も身体も限界まで高めて、これまでのものとは異なった、新しくて価値のあることを達成しようと努力し、一瞬一瞬のプロセスに、さらにいえば人生そのもののなかに恩恵を発見する能力が必要です。次にあげる、おすすめの方法から少なくとも1つを選び、日々の暮らしに取り入れてみてください。

「関心を向けるもの」をコントロールする

毎日の生活のなかで「フロー体験」の回数や長さを増やすためには、物事に完全に没頭して、夢中になる必要があります。それが手紙を書くことであれ、クライアントの代わりに電話することであれ、あるいはゴルフをするとか、あなたの専門技術を必要とする仕事をしている場合であってもです。

では、いったいどうすれば、「フロー体験」を増やせるのでしょうか？　秘訣は「関心を向ける」ことにあります。「心理学の父」といわれるウィリアム・ジェームズ（作家のヘンリー・ジェームズの兄）がかつてこんなことを書きました。

「私の経験とは、私が関心を向けることに同意したもののことである」

これは革新的な考え方でしょう。**あなたが注目し、関心を向けるものこそが、あなたの経験です。それこそ、まさにあなたの人生といえるのです。**自分が関心を向けられるものは限られているので、どんなものに、どのように関心を向けるかを選ぶことが大切です。

「フロー状態」に入るには、まず目の前の課題に全神経を注ぎましょう。何かをすることに一心不乱に集中しているときは、たとえば「いま何時だろう？」とか、「今回はこの前みたいに順調ではないな」というようなほかのことではなく、目の前の課題にだけ関心を向けます。

「フロー状態」を維持するには、挑戦するレベルを選ぶことも大事です。もし、挑戦する対象があまりにも低いレベルで、あなたが退屈したり関心をもてなかったりしたら、ほかに注意がそれてしまうでしょう。逆に、挑戦する対象のレベルが高すぎて、緊張やストレスを感じることになったら、不安になるはずです。

会話で「フロー状態」に入る

これはあなたの仕事やライフスタイルによっても異なりますが、多くの人は1日のかなりの時間を誰かとの会話に費やしているでしょう。そうやって誰かと話しているとき、よく「フロー状態」を経験しますか？　会話に夢中になりすぎて、現実とは別の世界に入り込んだように感じたり、時間が経つのを忘れたり、まわりの景色や音にも気づかなかったりすることはありませんか？　もし、こうした質問に対する答えが「NO」ならば、会話から「フロー状態」に入るために考えられた、次の方法を実行するといいかもしれません。

電話や、直接顔を合わせて行なわれる一対一の会話中、相手の話していることと、相手の言葉に対する自分の反応に気持ちを傾けてください。ここで、あまり急いで返事をしてはいけません。むしろ相手が考えを広げられるような余地を与え、「それからどうなったの?」とか、「なぜ、そんなふうに考えたのですか?」などと短い質問で話を掘り下げていきましょう。

このプロセスをスムーズに進める方法の1つは、会話をする際に「相手についてもっと知る」という目標を自分に課すことです。「この人は何を考えているのだろう?」「自分は、この人について何か新しいことを知っただろうか?」と。

もし、あなたが相手の話に耳を傾けるよりも、自分が話すことに夢中になってしまうと、この方法は最初のうちは、やりにくく、ぎこちないと思うかもしれません。でも、慣れてくれば、時間が経つにつれて会話から「フロー状態」に入りやすくなるはずです。

「仕事のプラス面」を見いだす働き方をする

仕事をしている人を対象にした興味深い研究があります。それによると、**人の働**

き方は、「労働とみなす」「キャリアとみなす」「天職とみなす」という3つのうちのどれかに当てはまるそうです。

働くことを「労働とみなす人たち」は、本質的にそれが必要悪であり、目標達成のための手段（生計を立てるために必要なもの）で、ポジティブでもないし、見返りのあるものでもないと考えています。ですから、彼らが働くのは、仕事から離れた時間を楽しむお金を得るためです。

一方、働くことを「キャリアとみなす人たち」は、自分が成長するためのものとして仕事をとらえています。キャリアのために働く人々は、仕事を人生でのポジティブで重要な部分とはみなさなくても、昇進するチャンスや昇進したいという野心をもっています。彼らはより多くの時間やエネルギーを仕事に注ぎます。自らがつくりだすチャンスによって、さらに高い社会的なステータスや権力や自尊心という見返りを得ようとするのです。

最後に、仕事を「天職とみなす人たち」は、働くことを楽しみ、自分がやっていることに充実感や社会的な意義を見いだします。金銭的な見返りや出世のために働くのではなく、働きたいから働いているのです。彼らの残りの人生からも、仕事は切り離せないでしょう。

職業によっては、キャリアや労働というよりは天職になりやすいものもあるかもしれません。おそらくそれは真実でしょう。たとえば、芸術家や教師、科学者、神経外科医などは仕事を楽しみ、自分の仕事によって世の中がもっとよくなると信じる傾向があります。けれども、こうした職業だけが天職になるわけではありません。**実際に、人は自分の仕事に対して、何より関心をもち、意味が得られるものとしてとらえると、驚くほど能力を発揮することが研究結果から示されています。**

たとえば、ある病院の清掃担当者28人にインタビューを行なったところ、清掃の仕事が嫌いで、レベルの低いスキルしか必要とされないものと感じ、求められる最低限の仕事しかしていない人がいるとわかりました。その一方で、それとは対照的に、清掃という仕事を重要で意義のあるものととらえている人もいました。

後者に属する清掃員たちは、自分の仕事を、患者や来客や看護師たちに毎日を暮らしやすくさせるものだと考え、訪れた患者に院内を案内し、その人にとってよい1日となるようにするなど、社会的な交流を活発に行なっていました。だからこそ、彼らは清掃という仕事が好きで、その仕事にはかなりのスキルが必要とされると判断していました。それこそ、仕事で「フロー状態」を体験していたのです。

彼らは取り組むべきことを自分で決めていました。たとえば、最短の時間で効果的に仕事をやり遂げることや、病院をもっと快適な状態にすることによって患者が早く治るための手助けとなることなどです。また、壁にかかった絵画の位置を直すとか、野の花を摘んできて飾るといった、決められた仕事以外のこともやっていました。

また、美容師やエンジニアなどほかの職業でも、仕事の意義を強く感じ、心から楽しんでいたり、仕事で「フロー状態」に入っている人を見かけます。

これまでと違った視点で、「自分の仕事にはどれだけのプラス面があるか」を考えてみることはとても価値があります。

もし、「フロー体験」をしやすい特定の活動を発見できたなら、とても幸運なことです。それと同時に、有意義だとみなされている活動でも、「やりすぎ」になりやすいことも心に留めておいてください。もし、あなたが自分の近しい人々の訴えを頻繁に無視していることに気づいたら、それが「やりすぎ」の警告のサインです。

9

人生の喜びを深く味わう

親は子どもに「いい子にしなさい」とよくいいます。そうすれば道徳的にも立派な大人となり、責任感のある人になれるからと。教師は生徒に「しっかり勉強しなさい」といいます。そうすればよい成績をとって、一流の大学に行き、まともな仕事につけるからと。上司は部下たちに「一生懸命に働いて、目標を高くもて」といいます。そうすれば給料が上がるし、昇進できるからと。お年寄りはまだ現役で働いている友人に「退職後の黄金の日々は近い」といいます。

これらの言葉が表わすように、人はいまを生きることはめったになく、現在の喜びを味わう時間もないようです。一番大切な事柄は未来に起きると信じているからです。明日が今日よりもいいと自分を納得させて、幸せになるのを先延ばしにしているのです。

人生でポジティブな経験を味わうことができる能力は、「幸福」の最も重要な要素の1つといえます。不愉快な苦痛をともなう症状を克服したあとや、死や大変な恐怖と隣り合わせになった直後は、「幸せ」を心から味わうことができる人がほとんどでしょう。歯の痛みが治ったら、痛みが消えたことが何よりうれしいはずです。危うく死にかけたあとや、気がかりな診断結果がなんともなかったときも、あなたは人生の素晴らしさに感謝し、安心できると感じるかもしれません。

喜びを味わうには、**過去の要素、現在の要素、**そして**未来の要素**があると考えられます。

古きよき時代を思い出して、過去を味わうでしょう。初恋、結婚、合格通知、採用試験に受かったことを知らせる電話、夏のドライブなど。

いまを心に留め、楽しむことで、現在を味わうでしょう。たとえば、同僚とランチをとり、祖母の物語に耳を傾け、バスケットボールでシュートし、好きな本や歌、仕事のプロジェクトに没頭する。このような方法で現在の幸せを味わうことは、「フロー」や「感謝」とかなりの部分が重なっています。

そして最後に、これから訪れるポジティブな出来事について期待し、空想することによって未来を味わえるでしょう。これは楽観的な思考で実現できます。喜びを高めて維持する方法によって、過去や未来の喜びを現在にもたらしているのです。

研究者たちは、「味わうこと」を「喜びを生みだし、強化し、長続きさせることができる思考や行動」として定義しています。たとえば、道端に咲いているバラに気づかずに通りすぎるのではなく、「立ち止まって、バラの香りをかぐ」行動をとれば、喜びを味わっていることになります。また、自分や友人の成功の余韻に浸り、成功したことを誇りに思ったときも、あなたは喜びを味わっているのです。

ただし、「喜びを味わう状態」と、「フロー状態」にはいくらか違いがあります。喜びを味わうためには「このバラはなんていい匂いなんだろう！」というように経験したことから離れて見直す必要があるのに対して、フローはその経験自体に完全に没頭することが求められます。

はるか昔のことに焦点を合わせるにせよ、現在や未来のことに注意を向けるにせよ、「喜びを味わう」という習慣は幸福感と深く関わっていることが、経験に基づいた研究から判明しています。

さらに、「喜びを味わう」ことは、ほかの多くのポジティブな性質とも関連しているのです。たとえば、**いくつかの研究から、喜びを味わおうとする傾向にある人々は、より自信に満ちており、外向的で、満足していて、希望をなくしたり、神経過敏になったりする可能性が低いことがわかっています。**

また、幸福度が高まるすべての方法と同じように、ほんとうの喜びを味わうためには努力も意欲も必要です。勝手に入り込んできて、なかなか消えない過去や現在（会話、まだやっていない課題、解決されていない問題など）や未来（ＴＯ ＤＯリスト、計画など）に関することを考えると、喜びを味わっている心のゆとりがなくなる場合がよくあります。ポジティブな経験に思いを向け直して味わうためには、相当な努力が必要です。

さらに、これもすでにわかっていることですが、「快楽順応」というものがあるせいで、最初はわくわくする経験に思えたものも、だんだんと喜びを得られなくなっていきます。

たとえば、通勤途中で見る雪をかぶった山々の光景や、町の広場で聴くバグパイプの演奏、新しい革のジャケットの匂いなど。ときが経つにつれて、そんな光景や音、香りはただの背景となり、気にもならなくなっていきます。そのようなものを再び認識しても、当たり前のものだと思わないようにするためには、強い意志の力が必要です。次の項では、そのための具体的な提案をいくつか紹介します。

「喜びを味わう気持ち」を育む方法

もし、「人生の喜びを深く味わう」ことが、自分にとって幸せになるための最適な行動習慣なら、とりあえずこの項から1つだけ方法を選び、ただちに取りかかりましょう。

ありふれた経験を楽しむ

「喜びを味わう」という方法に取り組むうえで、最初に挑戦すべきは、ありふれた日常の経験からどうやって喜びを認識し、獲得するかを学ぶことです。

「喜びを深く味わうことを習慣にすれば、どれほど明確な効果が得られるか」を調べた最近の研究があります。その研究の参加者たちが指示された行動をもとに考えてみましょう。

ある研究では、精神的に落ち込んだ参加者に「1日に1回、数分間を費やして、それまで急いで済ませてきたこと（食事、シャワーを浴びること、その日の仕事を終えること、地下鉄の駅まで歩くことなど）を味わってみるように」と指示しました。そして参加者は、「その出来事をどんなふうにしてこれまでとは違う経験にしたか」ということと、「それを急いで済ませたときと比べてどんな感じがしたか」について書きだすように求められました。**この実験の結果、定期的に喜びを味わう練習を課せられた参加者は、幸福度が目覚ましいほど高まり、落ち込むことが少なくなりました。**

この「喜びを味わう」という方法について考えてみましょう。あなたは日々の生活のなかにある喜びに気づき、味わっていますか？　それとも、そんな喜びを急ぎ足で通りすぎているのでしょうか？

もし、後者であれば、その喜びが生まれたときに、十二分に堪能しようと心に決めてください。たとえば、朝食に食べるパイやおやつをじっくりと味わいましょう。何も考えずに、ただ食べるのではなく、その香りや甘さ、歯ごたえを意識してみてください。家や職場で課題を終えたときも、「TO DOリスト」にある次の課題に漫然と行動を移すのではなく、物事を達成したという感情にじっくりと浸りましょう。

家族や友だちと喜びを味わい、思い出にふける

ポジティブな経験をほかの人と分かち合った場合は、さらに喜びを味わうことができます。一緒に日本庭園を訪ねたこと、山の頂上まで登ることができたハイキング、暖炉の前でジャズに耳を傾けたこと。その経験に自分と同じ価値を見いだす相手がいると、そのような経験自体で得られるものよりも、もっと喜びは大きくなります。

誰かと喜びを味わったり思い出にふけったりするという行動の長所は、ほかの人と経験をともに分かち合えることです。**一緒に思い出にふけること。つまり、他人と記憶を分かち合うことによって、喜びや達成感、気晴らし、満足感、誇りといった「ポジティブ感情」もたくさん生まれることが研究によってわかりました。**

これは、年配の人にはとくに顕著な傾向です。**実際、年配の人は思い出にふけることに時間を費やせば費やすほど、よりポジティブな影響を受け、より道徳的になると報告されています。**このような研究から、**誰もが、とりわけ人生経験が豊富な年配の人が、回想する行為から「ポジティブ感情」を引きだせることがわかっているのです。**

自分自身を「過去」に移動させる

「ポジティブな思い出にふける能力」とは、いわば「異なる時代や場所へと意のままに自分自身を移動できる能力」ともいえます。その能力は、自分が最も必要としているときに喜びや慰めを与えてくれます。

私は、ストレスにさらされたり、落ち込んだり、退屈したりするときはいつでも、マウンテンバイクに乗っている自分のイメージを心に呼び起こすという人を知っています。想像力というスキルは、日々のトレーニングによって磨きをかけられるのです。

ポジティブなイメージや記憶を思いだす、ある実験をみてみましょう。その実験の参加者たちは、最初に幸せな思い出や個人的な思い出の品（写真やプレゼント、おみやげなど）のリストをつくるようにと命じられました。それから週に2回、ポジティブな思い出にふけるようにと指示されました。研究者たちが予測したように、**定期的に思い出にふけった参加者は、著しく幸福度が高まりました。そして引きだされる記憶が鮮明であればあるほど、いっそう幸福感を味わえたのです。**

「ポジティブな思い出」は、さまざまな方法で幸福度を高めることができます。過去の経験のポジティブな面に注目すれば、人は理想の姿や夢を手に入れたように感じ、自分らしさを確認できるのかもしれません。

たとえば、過去の経験や人生の転機を思いだしているうちに、過去と現在のつながりを認識し、自分についての洞察を深め、自分の個性が素晴らしいと気づくようになる場合もあります。さらに、さまざまな経験をポジティブに再現して語ることで、自信が高まり、ポジティブな自己イメージをもてるでしょう。

このような考え方の裏づけとなる最近の研究からは、「ポジティブな思い出にふけったあと、29％の人が新たな視点を手にすることができ、現在の問題について自分なりの考察ができるようになった」と報告されています。また、19％の人がポジティブな影響があったことを報告し、18％の人は「現在から逃れることができた」と報告しています。何の影響もなかったと主張している人はわずか2％でした。この研究で最も重要なのは、こうした質問に対する回答者が、**「過去の幸せだった出来事やイメージを思いだせば思いだすほど、現在の生活を楽しめるようになった」**と報告していることです。

「マインドフル」な状態になる

哲学やスピリチュアルな世界では、昔から**「マインドフルネス（意識を集中し、偏りや心の乱れのない状態になること）」**を育てることが、心身の健康にとって重要な要素だと強調されています。たとえば、禅宗の修行では「心を無にして、いまこの瞬間に生きること」を常に説いています。

「マインドフルネス」の効果を語るさまざまな事例をもとに、心理学者たちはこの現象を研究室で実験し始めました。

ロチェスター大学で行なわれた一連の研究は、強いマインドフルネスの状態をつくれる人々、つまり、いまこの場のことに全力で意識を向け、まわりの環境をはっきりと認識できる人たちを対象にしたものでした。そのような人々がポジティブな心の状態のお手本になるのです。平均的な人たちに比べて、彼らは幸福で、楽観的で、自分に自信があり、自分の人生に満足している傾向があって、落ち込むことや怒り、不安、敵意、自意識過剰、衝動的、神経過敏といった傾向はあまりみられませんでした。

さらに、**現在の経験にいつも意識を集中している人々は、「ポジティブ感情」をしばしば抱き、自己満足や自分が有能だという気持ちを覚え、積極的に人と交流します。一方、つねにマインドフルネスの状態にあるわけではない人たちは、**

病気になったり、身体に不調を訴えたりする傾向が多いことがわかりました。

では、現在のことにどうやって、意識を傾ければいいのでしょうか？　研究者たちは「マインドフルネス」の状態を習慣化するためのトレーニングを開発しています。**8週間にわたる、「マインドフルネス」に基礎をおいた標準的な介入によって、心身の健康が高められ、悩みや心理的な苦痛が減り、病人の場合は身体の不調が軽減したことがわかっているのです。**この介入では、リラックスすることを学ぶストレッチや、決まったポーズをとりながら呼吸に意識を向けること、身体の感覚や思考や感情を意識するといった具体的なテクニックを教えています。このようなテクニックの多くは瞑想のトレーニングに組み込まれています（PART2・12参照）。

「喜びを味わうためのアルバム」をつくる

たとえ、たった1日でも、私は出張するたびに小さなアルバムを一緒にもって行きます。そのアルバムには、さまざまな年齢のときの私の子どもたちの写真が貼ってあります。私は飛行機のなかで、ホテルの部屋で、そして会議に参加しているときにも、何度となくそのアルバムを見ます。見るたびに幸せな気分が高まるのです。

あなたも、喜びを味わうための思い出の写真をアルバムにまとめてみましょう。あなたの好きな人（家族や友人、恋人）やペット、好きな場所や物（有名な絵などの写真）を載せてみてください。または大学の合格通知、ラブレター、お気に入りのレシピ、大好きな俳優に関する記事など、ほかにも幸福感を引きだしてくれるものや、あなたにとって意味のあるものを入れてもいいでしょう。このアルバムは定期的に見てください。しかし、その喜びに慣れることを避けるため、ときどき見る程度にしましょう。

「喜びを味わうためのアルバム」は、ポジティブな経験の記憶（心の中のイメージ）をよみがえらせる方法として役に立つものです。気持ちをかき立ててくれる何かをとりわけ必要としているときにも、このアルバムを開いてみましょう。

「ほろ苦い経験」を探す

「ほろ苦い経験」とは、さまざまな感情が入り混じったもので、たいていの場合、うれしいことと悲しいことが混在しています。そのような出来事は、何かがもうすぐ終わってしまうという事実によって生まれる場合がほとんどです。たとえば、海外での冒険の旅からもうすぐ家に戻ろうとしていること、親しい同僚が転職してしまうことなどもそうです。そこから物事のはかなさを十分に心に留めておけば、自分に残された時間をより有効に使い、それまで以上に喜びを味わうことができるでしょう。

「ほろ苦い経験」のせいで悲しくなるとはいえ、私たちを駆り立てるものには、このような悲しみもあるのです。休暇や同僚の存在を当たり前のものと思うのではなく、それらのポジティブな面を理解するようになります。「いまが最後のチャンスだ」と思うようになるのです。

ある研究者は、「いくつかのほろ苦い性質や、はかない性質に人々の目を向けることによって、喜びを味わう気持ちを育てる」という実験をしました。つまり、「ほろ苦い経験のほとんどは、いずれ終わってしまう」という感情が幸福度に影響を与えることを指摘したのです。

その研究者は、もうすぐ大学生活が終わろうとしている大学4年生を集めて、ある実験に参加してもらいました。参加した4年生たちは2週間にわたって、週に2回、大学での経験（友人や大学生活など）について書くように指示されました。さらに、それと並行して、ほろ苦さを感じるほうのグループである学生たちは、卒業が間近に迫っている（つまり、彼らには「大学生活はあと約1200時間ほどしか残されていない」）という、事実に注目することを求められました。対照グループとなる学生たちは、卒業がまだ先である（つまり、「1年の10分の1が残っている」）という事実に注目することを求められたのです。

卒業が迫っていることを考えるグループでは、あまり時間が残されていないからこそ、大学生活を大切に思う気持ちが生まれ、現在を味わおうとするのではないかと研究者は予測しました。対照的に、「卒業ははるか先のこと」と考えるように仕向けられたグループは、大学生活を楽しむ時間がたっぷり残されていると思っているので、現在を味わおうという気にはならないだろうと予測されたのです。

結果は、こうした予測を裏づけるものでした。**対照グループと比べて、「卒業は間近だ」というほろ苦さを感じた学生のグループは幸福度が高まり、友人とすごしたり、写真を撮ったり、大学のサークルに参加したり、景色のいい道を通って学校に行ったりというように、喜びを味わおうとする行動をとったのです。**

この実験からもわかるように、「ほろ苦い経験」から尻込みしてはなりません。ある意味では、人生で味わう経験はどれもほろ苦いものなのです。どんなに素晴らしいことも、そして悪いこともいずれは終わりがきます。この真実を受け入れたら、あなたは歩いている途中で立ち止まって道端に咲いているバラの香りをかぐようになるかもしれません。

書くことは「現在」に向かない

心理学者のなかには、「書くことを通じて喜びを味わいなさい」と助言する人もいるでしょう。おそらく日記をつけて、忘れがたい過去の経験や、現在のわくわくする時間について書き留めるようにと。でも、私はこの方法をおすすめしません。「書く」というのは、思考を組み立てて、記録として残し、原因を突き止め、体系化された段階的な解決策を考えることを強いるからです。

先述したように（PART2・7「人を許す」）、ネガティブな経験をしたあとで、それを乗り越える手助けとしては、書くことは効果的な方法です。けれども、ポジティブな出来事を「乗り越える」ことなど誰もしたくはないでしょう。

人生での最良の経験を「思いだす」ことでその出来事を何度も繰り返し心に浮かべ、味わうと、「ポジティブ感情」は長続きし、幸福度が高まります。それと対照的に、人生でのポジティブな出来事について「書き記す」と、そうした出来事を体系的に分析せざるをえなくなり、その出来事に感じていた喜びが減少し、罪悪感や不安などネガティブな感情すら生まれるかもしれないのです。ですから、ポジティブな経験は、書くことを通じて喜びを味わうのではなく、過去の経験を思いだして味わい、その出来事をまわりの人と分かち合ってください。

最後にお伝えしておきたいのは、「人生の喜びを深く味わう」という方法の使い方しだいでは「いまを生きる」という行動をとりすぎる可能性もあることです。何でもバランスが大事で、「いまこの場で物事に熱中すること」と、私が次の章で論じているように「目標を達成するために全力を尽くすこと」とのバランスをとってほしいのです。

10

目標達成に全力を尽くす

1932年、オーストラリアの精神科医のW・ベラン・ウルフは、自己中心的で目的をもっていない患者たちの悲しみや苦しみに悩まされ、こんなふうに彼の哲学を語りました。

「真に幸せな人間を観察してみるといい。彼らのやっていることはボートをつくり、交響曲を作曲し、息子を教育し、庭でダリアを育て、ゴビ砂漠で恐竜の卵を探すことだ」

ベラン・ウルフのいうとおりです。新しい工芸品のつくり方を習うことでも、キャリアを変えることでも、道徳心のある子どもを育てることでも、自分にとって意味のあることに懸命になっている人は、夢や野心がない人よりもはるかに幸せなのです。幸福な人に出会うと、何らかの目標や計画をもっていることに気がつくでしょう。

生涯にわたって仕事に関する目標に打ち込む人もいますし、家族との暮らしや社会的な生活を意味のあるものにしようと全力を傾ける人もいます。**価値を見いだし、やりがいのある活動に取り組むプロセスは、目標の実現と同じくらい満足感をもてることが研究から明らかになっています。**

実際、何年も全力で取り組んだことが達成されたあとに、虚脱状態に陥る人が多いことはさまざまな事例から判明しています。ロサンゼルス・フィルハーモニー管弦楽団の本拠地であり、建築学的にみても最高水準のウォルト・ディズニー・コンサート・ホールをつくり上げるために、10年もの歳月をかけて尽力した音楽監督のエサ＝ペッカ・サロネンはその喜びの気持ちを語っています。しかし一方で、「これ以上に心を揺さぶられるものがないことが悲しい。不可能な夢が実現したいま、次は何をすればいいのか？　この夢を上回るものがあるのだろうか」と話しています。

大半の人は、著名な作曲家たちが直面する産みの苦しみのような問題は経験しませんが、**一般的に「有意義な人生の目標に向かって努力することは、幸福を持続するために最も大切な方法の1つ」だとわかっています。**

では、幸福になるためのこの方法を、自分独自の状況にどう当てはめればいいのでしょうか？　おそらく、目標はたくさんあっても、意欲や情熱が欠けているかもしれません。そのような場合、まずは不足している情熱や、やる気を育むべきです。

もしかしたら、間違った目標を目指している場合もあります。自分に課した目標は、「金持ちになれ！」「マイホームを手に入れろ！」「外見を磨け！」などというように、大勢の意見の押し売りかもしれないのです。その目標を追うこと自体は悪くありませんが、「ずっと続くほんとうの幸せ」を、もっと手にすることができるかもしれない目標を見逃してしまう可能性があります。ですから、**まず優先すべきは、「長期間にわたって幸せになれる目標」を見きわめること、それに向かって努力することです。**

全力を尽くすと、６つの恩恵がある

そもそも目標の追求が、幸せになるためにどうしてそれほど重要なのかを考えてみてください。この疑問に対する答えを見つけるには、人生に何の夢も目標もない人がどうなるか思いめぐらすことです。何も目標がない人は、道を見失い、進む方向もわからず、行動を起こす意欲もなければ、生きがいもないでしょう。

第1に、**目標達成に全力を尽くすと、何よりもまず人生の目的が見つかり、自分の人生を自らがコントロールしている感覚が得られます。**自分が価値をおく行動が、ミュージシャンになることであれ、赤ん坊をもつことであれ、何かを心待ちにする気持ちになるのです。

第2に、**意味のある目標をもつことで、人は自尊心が高まり、自信をもてて、自分は有能だと感じるようになります。**さらに、どんな「サブ目標（大きな目標を達成する途中にある目標）」を達成しても、高揚した気分になれます。喜びや自尊心をもてるようになることは、幸福度が高まるためだけでなく、努力し続ける意欲をもつためにも必要です。

あなたの身近にいる「最も不幸な人」を思い浮かべてください。彼らはキャリアを変えることや服装を変えることにすら、考えられないほど無感動で退屈し、やる気がなく、熱意に欠けているのではありませんか？　目標に向かって努力していれば、ときに飽きることも、苦労をすることもありますが、それにともなう高揚感は価値あるものです。

第3に、**目標を追求すると、日々の生活で行動しやすい環境や意義が生まれま**

す。管理職のような典型的なビジネスパーソンでなくても、行動するための環境や意義は大切です。そのおかげで、責任感が生まれ、締め切りを守って計画を立てられるようになり、新しいスキルを身につける機会や人との社会的交流の機会ができます。

目標の追求は誰にとっても有益ですが、とりわけ年配者や引退した人や、障害や健康上の問題があって、かつてはできたことができなくなった人には価値をもたらすでしょう。そのような状況にいる人も、たとえば、友情や家族の絆を強くする、文化的なイベントに加わる、社会的な大義のための募金をする、オンライン講座に参加するなど、自分自身の目標を追求すると、やりがいなど感情面での恩恵を授かることができるでしょう。

第4に、**目標達成に全力を尽くすことの恩恵は、時間の使い方をマスターするのに役立つことです。**たとえば「世界の全大陸を制覇する」というような高い次元の目標を見つけ、「次の旅先は南アメリカ大陸にする」など、より小さなステップやサブ目標に分け、手帳などを用いて達成するためのスケジュールを立てる。これはまさに人生をシンプルにし、向上させるスキルです。

「自分が危機的な状況にいるときに、目標に向けて努力を続けるのは賢明なのだろうか、そもそも可能なのか？」と疑問をもつ人もいるかもしれません。これも研究結果からわかっており、それは可能なばかりか、**目標達成に全力を尽くせば、より大きな問題にも対処できるのです。**そのことが、目標を追求することで享受できる恩恵の5番目です。

そして、**目標を追い求めるなかで、教師やクライアント、友人、同僚、パートナーなど、あなたのまわりにいる人を引き込むことができます。**これが最後の恩恵です。「社会的なつながり」は幸福をもたらします。先述（PART2・「5 人間関係を育む」）したように、人間は「どこかに属したい」という強い欲求をもっているので、人間関係を築き、社会的グループやネットワークに加わることで幸せになるだけでなく、たえず成長し、生き残っていけるのです。

どんな目標を追求すべきか？

「夢を追うことは、幸せになるための重要な秘訣だ」ということには、説得力のある根拠があります。でも、ここで1つの疑問が浮かぶかもしれません。夢の内容や、夢を追い求めるための方法は幸せになることと関係があるのでしょうか？

単刀直入にいえば、関係があります。**あなたが追い求めている夢や目標の種類や重要な人生の課題（ライフタスク）しだいで、幸せになれるかどうかが決定されるのです。**あなたの人生における夢や目標に、これから述べるような性質があるかどうかを考えてみてください。

「目標」は自分で選ぶ

これはすでにわかりきったことに聞こえるかもしれませんが、自分にとって必要で、努力に値すると思う目標の実現に懸命になれば、自分が選んでいない目標に取り組むよりも幸せになれます。

さまざまな文化における心理学の研究によると、最優先する人生の目標が本質的に報われるものなら、それを追い求めることでさらに多くの満足感や喜びを得られることがわかっています。もともと自分にとって満足感も意義もあるからこそ、夢や目標を追い求めるわけですが、その夢や目標によって、人間として成長し、コミュニティに貢献できるようになります。

たとえば、休暇中の目標とするものは、きっとあなたがほんとうにやりたい活動の

1つでしょう。人は仕事から離れると、より価値があり、より努力も必要な課題に取り組むものです。

建築学の講座を学ぶためにローマへ旅をする、トライアスロンの大会にでるためのトレーニングをする、ワイナリーの経営を学ぼうと研修を受けるなどもそうです。結局のところ、努力をした恩恵を受けるのは自分であり、努力しろと発破《はっぱ》をかけることができるのも自分しかいません。というのも、努力をすることに意義があり、楽しいし、喜びを得られるからです。

これとは対照的に、他人にすすめられた目標は、他人があなたに求めるものを反映しています。

お金を儲ける、うぬぼれ心を煽る、権力や名声を求める、ごまかしや同僚の圧力に屈するなどのように、表面的な理由のために追い求める目標です。人は報酬（富を得ることや社会的に認められること）を手に入れるためや、罰（恥をかくことや、収入を失うこと）から逃れるために必死で努力するように、目標をしばしば目的達成の手段にします。金銭や美しさ、名声などの追求を非難するのは価値観の問題だともいえそうですが、ここでの私の意見は研究にのみ基づいたものです。

「自分で選んだ目標」を追うともっと幸福になれる、というのは事実です。なぜなら、刺激的で楽しいものだからです。さらに、人生における基本的な生理的欲求が直接満たされます。それは食べ物やセックスなどの欲求ではなく、「自己決定への欲求（自分の行動をコントロールできる感覚）」「有能感の欲求（まわりの出来事に対処できる感覚）」、そして「関係性の欲求（人間関係に満足している感覚）」です。**本質的な目標を追求すると、ほかの基本的欲求をすべて満たせることを、研究者は示しています。**

たとえば、あなたの目標が、ボストンマラソンに出場するため、それに見合う力をつけることだとします。マラソンのトレーニングはつらいし、苦しみをともなう場合もありますが、あなたは努力していくなかでランナーズハイを楽しむでしょう。ランニングによって、自立や何かを習得している感覚を手に入れ、同じイベントに向けてトレーニングする人とのつながりを得ることができる。その高揚感はマラソンと直接関係のない結婚生活や仕事にさえよい影響を与えるでしょう。一石二鳥どころか、3つも4つも恩恵を享受できるのです。

「どのような目標が自分に最適なのか？」を知るには、ある程度の自己認識や、心の知能指数が必要とされます。自分なりの価値観を理解し、優先するものや望むものが明確になっていれば、自分にぴったりと合う活動や人生の課題に出合った瞬間に、「これだ！」とわかるでしょう。

「接近目標」と「回避目標」

大きなものであれ、小さなものであれ、いま、あなたにとって最も重要で意味のある目標を考えてみてください。この目標は、望ましい結果、たとえば「新しい友人を3人つくる」などのような「接近目標」でしょうか。それとも、望ましくない結果を避けるもの、たとえば「ガールフレンドとの口論を避ける」などのような「回避目標」でしょうか？

興味深いことに、同じ目標でも、健康的な食事を心がけて元気になるという「接近目標」にも、太らないようにするという「回避目標」にもなりえるのです。何かを避けるための目標を言葉で表現すること、つまり**「回避目標」を主に追い求める人は、「接近目標」を主に追い求める人よりも不幸で、不安を感じ、苦悩が多く、健全でないことを示す研究が次々と発表されています。**

「回避目標」を追い求める傾向がある人は、対象が何であれ、あまり成果をあげられません。その理由として考えられるのは、毎日3回、健康的な食事をとるなどのように、「接近目標」に通じる唯一の道は、わりと簡単に見つかるのに対し、「回避目標」には、間食につながりそうな障害をすべて避けるなどのように、いくつもの道が存在することが多いからでしょう。

「回避目標」に焦点を当てれば、ネガティブに偏った観点で物事を見るようになり、脅威となりそうなことや失敗しそうなことに敏感になりすぎて、自らが予想した通りの悪い結果になりかねません。罪悪感に縛られたくないという思いが裏目にでて、たちまちほんとうに罪悪感を覚えるかもしれないのです。

「環境の変化」より、「新しい活動」を大事にする

「自分の環境をよりよくしようとすること」と「新しい活動を始めること」では、どちらの目標のほうが幸福度を高めると思いますか？

これも研究の結果、明らかにされています。たとえばハイビジョンテレビを買う、フロリダへ引っ越すなど環境を変えようという目標を設定し、努力をすると、確かに

幸福にはなれるものの、同時に「快楽順応」を経験するリスクがあります。言い換えると、人は新しい環境にもすぐに慣れてしまい、以前の幸福度と同じレベルの幸せをまた手に入れるために、もっと大画面のハイビジョンテレビを、絶景を見渡せるフロリダの家をというように、より大きな喜びを求め始めるのです。

その一方で、野生の生物を観察するクラブに入る、献血運動のボランティアをする、絵画教室に通うなど、新しい活動を追求するプロセスなら、たえず新しい挑戦、新しい機会を得られ、さまざまな体験を味わえます。このことからも、**「新しい活動」には、ポジティブな出来事をいくつももたらし、いつも幸せな気分にする力があることがわかります。そして、その活動に価値を見いだせるため、より幸福度が高まるのです。**

ケン・シェルダンと私は実地調査を行ない、こうした現象を実験で証明しました。実験の参加者たちは「最近、意識して追い求めている目標を2つ書きだすように」と指示されました。1つは、もっとよいアパートに引っ越す、思いがけない収入を得るなど、ポジティブな「環境の変化」をともなうもの。もう1つは、大学院の合格を目指して勉強を始めるなど「新しい活動」に取り組むものです。

その調査の結果、参加者たちは**「ポジティブな変化をともなう活動よりも、ポジティブな環境の変化のほうにすぐに慣れてしまった」**と私たちに打ち明けてくれました。さらに6週間後には、「活動の変化」も「環境の変化」も参加者に以前よりも幸せをもたらし、12週間後では、幸せがずっと続いたのは「活動の変化」のほうだけだという結果がでました。その理由は、参加者がポジティブな「環境の変化」に慣れても、「活動の変化」には適応しなかったからだと私は確信を得ました。**「新しい活動」を大事にすることによって、まさしく「ポジティブ感情」が生まれ、持続的な幸福へとつながっていくのです。**

「目標」を追い求めるプロセスで大切なこと

目標にはさまざまなものがあるのと同様に、達成する方法もいろいろあります。目標を追い求めるためにベストを尽くすプログラムを続けていくうえで、これから紹介するアドバイスは大いに役立つでしょう。

「目標」を探すトレーニング

もし、あなたがこの項を読んで、目標を考え直すどころか、自分には考えるべき目標のリストさえないことに気がついて困っているとしたら？　専念したいものが何か、追い求める価値のある目的が何かわからなかったら？　それでも絶望しないでください。自分にとって最も意味がある目標を見つけるために役立つトレーニングがいくつもあるからです。

まずは、「この世を去ったあとで自分が残したいと思うもの」をじっくりと考え、書きだしましょう。たとえば、孫やひ孫にどんなふうに思いだしてもらいたいかを想像するのです。個人宛の手紙や、死亡記事の形式を参考にして、子孫に知らせたいと思う自分の人生や価値観、業績を要約して書きましょう。このようにすると、目標は自然にはっきりとしてくるはずです。書いたものを定期的に読み直し、ほんとうに大切なものを思いだしてください。

情熱の注ぎ方

心の底に届くような「動機づけ」がなされたとしても、目標を追い求めるのは決して簡単なことではありません。数学者や衣装デザイナーになる、あるいは子どもがほしいなど、夢をかなえるには、相当な量の単調でつまらない仕事や大変な仕事、障害やストレスを乗り越えなければなりませんし、個人的な犠牲を払ったり、失敗したりする場合もあります。

実際に、ほとんどの活動では、スキルを向上させるのにかなりの練習や忍耐、労力が必要です。リスクを負わねばならないときもあります。だから、目標に全力を尽くすことが重要な理由は明らかでしょう。**何よりも大切なのは、情熱や熱意や使命感をもって目標に取り組むこと**です。

というのも、一見すると「何かに全力を注ぐ」という選択は、自由を制約するような印象がありますが、じつは自由な意志で決めることができ、そうでなければならないからです。努力しようと心に決めることで、「これは大変すぎる。あきらめたほうがいいかもしれない」などという自信の喪失から逃れられるだけでなく、「馬車馬みたいに働いてばかりいないで、私たちとパーティーへ行きましょうよ！」といった社会的な圧力からも守られます。夢をかなえようと懸命に努力をするとき、人は自分の運命をコントロールし、自分自身を見抜く力を手に入れているのです。

ご存知かもしれませんが、**約束は人前でするほうが効果的です。**これも研究の結果からわかっています。「投票に行くつもりだ」と、調査員にいう市民は実際に投票する傾向にあります。スクラントン大学のある研究によれば、たとえば、「タバコをやめる」「人間関係をよりよいものにする」「菜食主義者になる」というような新年の決意を人前でした人のほうが、そうしなかった人よりも、じつに10倍も目標を達成することに成功しているそうです。

特定の目標についての誓約を人前で口にすれば、達成する可能性が高まります。なぜなら、私たちは首尾一貫した人間だと、自分でも思いたいし、人からも思われたいのはもちろんのこと、実現できない恥ずかしさや決まりの悪さを感じたくないからです。たとえば、「私は管理職に就くつもりだと宣言したからには、その通りに実現した」といえるように。

「予言」は自己実現を助ける

「私は医者になれる」「子ども時代のトラウマがあっても、私はいい親になる」「僕は彼女をデートに誘えるさ」など、自分を信じて楽観主義者でいるなら、努力を続けることで、どんな目標もいずれは実現できる確率が高くなるでしょう。

たとえば、**「新年に大事な目標を達成しようと決意した人」を調べたところ、「今年こそ変化を起こせる」と自信をもっていた人のほうが、そうでない人よりも、時間が経ってもその決意を維持できることがわかりました。**これは**「予言の自己実現」**と呼ばれていて、信じることによって信念が確かなものになり、文字通り予言が実現するのです。

「何か行動するだけで、気持ちのもち方が変わる」という根拠を、社会心理学者は山ほど集めています。たとえば、誰かを助けることによって「支援をすることは価値のあるものだ」と感じられるようになり、社会的な意義のために資金を調達することでその大義名分をもっと信じられるようになるのです。ですから、たとえ、まだ疑いの念が残っていても、まずは目標に向かって行動を起こしましょう。行動そのものによって疑念は弱まり、ときには一掃されます。

たとえば、「人間関係を育むこと」が目標の場合、まずは新しい友だちを1人つくる、「イタリア語の習得」が目標の場合、イタリア語で初歩的な会話ができるようになる、というように、いったん目標に向かって前進できれば、喜びを感じ、自分の進歩に満足し、より成功に近づくでしょう。その結果、目標に向かう「上昇スパイラル」を描くことができるのです。節目ごとの成功を自分に意識させると、将来の成功や幸福を手にするチャンスもさらに高まるでしょう。

「柔軟な対応」は貴重なスキル

「行動や目標に柔軟に対応できる能力」は、じつは貴重なスキルといえます。結局のところ、障害や制約やチャンスが突然現われたら、自分の願望を変えるか、適応させるしかないからです。

たとえばここ数年間、あなたが取り組んできた主な目標が「孫をはじめ、娘の家族とすごす時間を増やす」だとしましょう。けれども、これまで娘は近くに住んでいたのに、もうすぐあなたの家から車で2時間くらい離れた別の町へ引っ越すことを知ったとします。

心理学者の研究によれば、ある状況をコントロールする方法として、人は**一次的コントロール**と**二次的コントロール**のどちらかをとるそうです。一次的コントロールとは、娘が引っ越すという例だと「引っ越さないように娘を説得するか、自分が引っ越す」など、つまり状況を変えようとするものです。二次的コントロールとは、目標自体を変える、つまり状況に対する視点を変えるのです。**「自分の目標を新しい状況に適応させることができれば、もっと幸せになる」ことが研究からわかっています。**たとえば、総合的な高いレベルの目標はそのままでも、サブ目標は変えられるかもしれません。「孫をはじめ、娘の家族とすごす時間を増やす」というのが総合的な高いレベルの目標だとすると、それは変えずに、サブ目標を「孫とインターネット上で会話ができるようにウェブカメラを買って使い方を学ぶ」「娘たちが新たに住む町まで列車で行く方法を見つける」などと変えるのです。新しいチャンスに出会うときにも、それと同じロジックが当てはまります。柔軟になるとは、新しい見込みや可能性に対して、目を開き、耳を傾け続けることです。そうすれば、これまで以上にチャンスを活かせるようになり、そのチャンスから幸福を引きだせるのです。

ですから、週末の貴重な時間の大部分を占めるような、新しいことを勉強するなら、まずは目標に対する取り組み方から考えましょう。二次的コントロールを効果的に用いることによって、制約や脅威を、挑戦やチャンスとみなせるようにもなります。さきほどの「娘の引っ越し」を例にすれば、娘の家族が遠くへ引っ越すことで、娘の家を訪ねるために車の運転を習う気になるかもしれません。1つのドアが閉まっても別のドアが開くものです。

「目標」に向かって前進する5つのステップ

高いレベルの目標に向かって進んでいくには、その目標を低いレベルのものや具体的なサブ目標に分けなければなりません。

モントリオールの研究者たちは、早期退職者が住む地域で、退職者が自分自身の目標をもち、達成するための手助けをしたいと考えました。そこで研究者たちは介入を行ない、参加者たちに毎週2時間、「人生の目標を達成する方法を学ぶためのワークショップ」を約3か月にわたって実施しました。

まず、1人にグループリーダーになってもらい、小規模なグループに分けました。対照グループと比べて、ワークショップに参加した退職者は、介入後にかなり幸福を感じ、じつに半年がすぎても幸せな状態がずっと続きました。この介入は華々しい成功を収めたのです。「目標の認識と達成を教える介入」の成功を踏まえて、それが何をもたらしたのか、5つのステップから考えてみましょう。

最初のステップでは、参加者は「もっと社交的になる」「ペットを育てる」など自分の願望や計画についてのリストを作成し、さらに「友人はもう私と一緒にいたがらないだろう」「私にはペットを飼う余裕がない」など、その目標についての根拠のない思い込みをあげました。

2つ目のステップでは、参加者は自分が最優先する目標をいくつか決め、かなり長い間それについて考えました。その目標にはどれくらいの労力が必要なのでしょうか？　目標を達成する課程でどれだけ楽しめるでしょうか？　そんなさまざまな疑問について考えるのです。

3つ目のステップでは、彼らは目標を1つだけ選び、具体的な言葉で表現し、それに全力を尽くしました。たとえば、「スペイン語を勉強する」という目標なら、「流暢に話せるようになり、多少は読み書きできる能力もつける」と具体的に表現するようにしたのです。みなさんも実際に、自分の目標を書き、いつも目につくところに貼り、家族や友人に宣言してみてください。

4つ目のステップでは、目標を実際の行動にまで発展させました。「いつ」「どこで」「どんな行動をするか」です。「スペイン語を勉強する」という目標なら、スペイン語の問題集を最後までやる、月曜の夜、語学学校の講座を受講するなどです。ここで重要なのは、障害となるもの（退屈、時間が足りない、フラストレーション、家族の反対など）を予測し、それに対する戦略（たとえば、頭を切り替える、家族に心の準備をしてもらう、活力があるときに勉強時間を確保するなど）を立てることです。

5つ目のステップでは、参加者たちは困難や苦労があっても努力を続け、同じグループに参加した人から精神的に支えられながら目標を実行しました。ただし、実際に目標の修正や変更が必要なこともありました。「その目標は本当に優先度が高いのか？」と疑問を抱くこともあったのです。

たとえば、参加者の1人であるミセスMは、5か月前に夫が亡くなったこと、気力がなくなって自分が進む方向を見失ったこと、最近、退職したことなど、さまざまな困難を抱えながら今回の実験を始めました。しかし、目標を追い求めることに集中できるようになると、その結果、以前にも増して幸福を感じたというのです。

最初に、ミセスMが優先したい目標としてあげたのは、異なった4つの目標でした。具体的には、「自分の才能を意味のあることのために使う」「自信と自主性を取り戻す」「仕事か慈善活動を通じて、自分自身を取り戻す」「新しい友だちの輪を広げる」というものです。

そこから、最後の目標を選んで取り組みました。彼女は計画を立てる段階で目標を具体的な項目に小分けしました。「退職者のための朝食会にでる」「まわりの人と参加できる新しい活動を探す」「電話がかかってくるのを待つのではなく、こちらから人々に連絡をとる」というように。

目標を追い求める過程で彼女が直面した障害は、途中で投げだしたくなってしまう気持ちだけでなく、人生における2つの大きな喪失、つまり夫と仕事を失った悲しみがいつまでも消えないことでした。けれども、目標に向かって進むなかで、彼女は前向きな考え方に励まされ、ワークショップの仲間に物理的にも精神的にも支えられ、さらに、心理療法のカウンセリングを受けようと決心しました。

彼女は「新しい友だちの輪を広げる」という目標をはじめ、「かつてのように、エネルギーに満ちあふれて、決断力があった自分を取り戻す」という、より大きな目標を追い求めました。ワークショップのリーダーは「ミセスMは称賛すべき勇気を示した」といいました。実験が終わるころには、「目標の75％を達成した」とミセスMは報告したからです。さらに、「かつての自分を取り戻す」ことも確実に前進していると強く感じ、その努力を続けるなかで、以前よりも幸せになったというのです。

このことからも、**「目標を追い求めるために、全力を尽くして情熱を注ぐこと」は、幸福度が高まるうえで大事**だと理解できたはずです。夢や目標、自分がやりたいことのビジョンをもつことからスタートし、具体的なサブ目標に小分けにし、目標を断念しそうな疑念や困難をあらかじめ見きわめ（そしてそれに備えて）、前進すればいいのです。

幸福とは、目標を追い求めることから生まれるのであって、必ずしも目標を達成した結果から生まれるものではない、ということを覚えておいてください。

11 内面的なものを大切にする

スピリチュアルなものや宗教の研究を躊躇する心理学の研究者は多いでしょう。表面的には、科学と宗教はお互いに関わりがないようにみえます。神について研究室で調べることも、神聖なものを数値化することもできません。けれども、信仰心を実験でテストすることや偽りだと証明することができなくても、信仰心をもち、宗教的なものが生活の一部となり、神聖なものを探し求めるということの結果について研究できないわけではありません。

実際、トラウマとなる出来事を経験したあと、信仰心のある人のほうが信仰心をもたない人よりも回復状態がよく、健康で幸福を感じることが、進歩しつつある心理学によって裏づけられています。

ある研究では、乳幼児突然死症候群で赤ん坊を失った親たちに、赤ん坊が亡くなって3週間後と1年半後の2度にわたってインタビューをしました。礼拝に頻繁に出席し、信仰は自分たちにとって大切だと報告した親は、信仰心を示さなかった親よりも落ち込みが少なく、子どもを亡くしたあとの1年半を積極的に切り抜けられました。状況に適応するために、宗教がもたらした恩恵には2つの背景があります。1つ目は、教会を通じて優れた「社会的支援」があったこと。そして2つ目は、子どもの死は受け入れがたいものですが、そこに何らかの意味を見いだせたことです。

「心身の健康」に宗教的なものが与えること

ほかの研究からも、信仰をもたない人と比べて、宗教活動を行なう人のほうがさまざまな疾患をもちながらも長生きし、一般的に健康的であることがわかりました。たとえば、心臓病の大がかりな手術を受けた人が信仰から力や慰めを得ると、半年後の生存率がほぼ3倍になったそうです。ただし、その研究にも理由が明確にはわからない、という問題がありますが。

明らかなのは、信仰心がある人のほうが健康的な行動をとることでしょう。実際、多くの宗教では過度の飲酒やドラッグの使用、乱交、喫煙などの不健全な習慣を禁じています。信仰心をもつ人は、ふだんから節度ある態度を心がけ、調和のとれた家庭生活を大切にしています。信仰心のある人々の身体が健康な理由はこれで説明がつくかもしれません。

では、彼らが信仰心をもたない人よりも幸福で、人生に満足し、危機への対処が上手な理由についてはどうでしょうか？

たとえば、週に数回、礼拝に出席すると報告している人の47％は自分が「とても幸せ」だと答えているのに対し、月に1回以下しか礼拝にでない人の場合は28％という結果がでています。教会や寺社、モスクなど生活と結びつきの強い宗教的な組織に属することで、そこから得られる社会的支援や一体感が効果をもたらすのでしょう。なぜなら、礼拝、慈善事業やボランティア活動、奉仕活動への取り組みなど、それにともなうさまざまな活動によって、共通点の多い人々が1つにまとまるからです。

そのような理由から、信仰の厚い人が信仰をもたない人よりも幸せなのは、宗教的な信念や聖典などの本質による影響というよりも、信仰によって同じような精神の持ち主や思いやりがある人との交流が生まれるという単純な事実とおそらく関係がありそうです。

何より交流や支援という点で、信仰の厚い多くの人が享受している**「究極の支援関係」**を無視できません。「究極の支援関係」とは、礼拝などにあらたまって出席しなくてもいい、つまり「神」との関係です。

信仰している人にとって、この神との関係は、困難なときに慰めを得られる源泉となるだけでなく、自信が与えられ、無条件に愛されて、大切にされているという感覚を与えてくれるものでもあります。困ったときは神が手を貸してくださると信じていれば、平和でおだやかな気持ちになれるのです。

もう1つ、神との支援関係によって「すべてのことには目的がある」と感じることが、日常の出来事においても、トラウマ的な出来事においても、意味を見いだす力になります。これは困難な時期にとりわけ重要になります。家族が病気になったり、亡くなったりすると、とくにそれが思いがけない場合や早すぎる場合、宗教との関係なしには自分でも納得できなくなり、この世の公平さや正義に関するあなたの基本的な前提がかなり脅かされるかもしれません。

長男を亡くした母親が、のちに2人目となる健康な男の子を産んだとき、長男の死の意味をこんなふうに見いだすことができるでしょう。

「神のなさることすべてに理由があるといわれる。それはまぎれもなく真実よ。だって、『長男がいたら、こんなに愛していたはず』と思うほどに次男を愛しているから」

たとえば、ガンの化学療法を受けている患者たちを調査したところ、「ガンを神がコントロールしてくれる」と信じていた人は、そうでない人に比べ、より高い自尊心をもち、幸福を感じ、おだやかで、活動的で、他人とうまく付き合えるなど、状況にいっそう適応できると、看護師のレポートで報告されました。

ネガティブだとかトラウマ的な出来事でなくても、ありふれた日々をすごしているときにも、人生に意義を見いだすために、宗教や魂の救いが助けになることは間違いありません。

なぜ、人生には意義が必要なのでしょうか？　それは苦しみやつらい仕事がムダなものではなく、人生には目的があると感じたいからです。そして、意義を見いだせることで、自尊心が高まるからでもあります。そのおかげで、私たちは信念やアイデンティティを確認し、自分が属している、志が同じ人たちのコミュニティに満足するのです。

スピリチュアル（精神的）なものがもたらす恩恵

では、「スピリチュアル（精神的）なもの」と「信仰」との違いは何でしょうか？この2つは重なる部分も多いのですが、まったく同じものではありません。「スピリチュアル」とは、「聖なるものを求めること」と定義されています。つまり、人間よりも大きな存在を通じて、人生における意味を探し求めることといえます。スピリチュアルなことを信じている人は、神や神に関連した概念を、聖なる力とか究極の真実ととらえています。

また、神や神に関連した概念を信じていない人でも、自分の身の回りにあるものを神聖化していることがあるでしょう。たとえば、もしあなたがいまの自分の仕事を天職だと思っているなら、わが子を恵みとみなすなら、愛を永遠のものと理解しているなら、肉体を神聖なものと信じているなら、人生のある部分にスピリチュアルな面を吹き込んでいるといえます。何かを神聖化することで、意欲や意義、満足感が得られるのです。

スピリチュアルなものが健康や幸福度に与える強力な影響を、もはや科学者も無視できなくなっています。統計の結果を見れば、うなずかざるをえません。米国だけでも、約95%もの人が神を信じているのです。

幸福度が高まるために、あなたが「内面的なものを大切にする」という方法を選んだなら、自分なりのやり方でその恩恵を活かして、人生をよりよいものにしていってください。

12 身体を大切にする——瞑想と運動

宗教に関する従来の研究の限界の1つは、ほとんどすべての研究がユダヤ教、キリスト教の信仰に集中していることです。東洋の宗教（ヒンズー教、仏教、道教）は、それとは異なった観点を与えてくれます。東洋の宗教の中核に明確に存在しているのは、「瞑想による精神性の向上」です。

じつは、同じ「瞑想」と呼ばれる名称でも、禅の瞑想、超越瞑想、ヴィパッサナー瞑想、集中瞑想、マインドフルネス瞑想、観想瞑想など異なるカテゴリーから成り立っています。瞑想はあくまで個人に根ざした経験であり、実践する方法も多種多様です。瞑想中の目的地となるべき、いくつかの重要な要素を専門家は次のようにまとめています。

・判断を下さない――超然として何の評価も下さずに、「今、ここ」を公正な目で観察する
・頑張りすぎない――（目標へと前進する過程ではなく）目標の達成のみに専念しすぎない
・忍耐強くなる――急き立てず、強制せず、しかるべきときに成果が現われるのを待つ
・信じる――自分自身を信じ、人生がうまくいくと信じる
・心を開く――初めて目にしたかのように、どんな小さなものにも関心を向ける
・手放す――考えることから自由になる（これはいわゆる「何ごとにも執着しない」状態）

「瞑想」には、どのような効果があるのか？

「瞑想を実践することがいかに重要か」ということが、研究室や実地調査によってかなり調べられていると知り、正直、私は驚きました。**人が幸せになるうえで「ポジティブ感情」をもつために「瞑想」がさまざまな効果を与えることが、おびた**

だしい数の研究から明らかになっています。「瞑想」は生理機能にも、ストレスにも、認識能力にも、身体の健康にもポジティブな影響を与え、自己実現や道徳的な成熟にも効果をもたらしているのです。

瞑想中の人間の身体を調べた研究者たちは、「瞑想」によって生理的安静状態（たとえば、呼吸数が減ること）がはっきりと現われ、気づきや覚醒が高い状態（たとえば、血流の増加、ほかにも脳内の物質が増加する）になることを確認しました。

私が個人的に気に入っている「瞑想」の研究は、健康な労働者がマインドフルネス瞑想の8週間のトレーニングを受けるというものです。8週間後、瞑想を実践した人々は対照グループと比べると、右の前頭前葉よりも左の前頭前葉の活動に増加が見られました。この発見は、ほかの研究でも明らかになった**「定期的に瞑想を行なうことで、より幸福になり、不安や落ち込みが少なくなること」**を見事に裏づけたのです。

さらに同じ研究において、「瞑想」した人々は、体内に注射されたインフルエンザのワクチンに強い免疫反応を示し、右脳と左脳への影響が非対称になればなるほど、免疫反応がいっそう強くなりました。驚いたことに、「瞑想」を短期間しか行なわない場合でも、脳が活性化され、免疫システムにも影響がでるのです。

「瞑想」で生理学的作用が変化することが、健康によい影響を与えているのかもしれません。「瞑想」による介入は、心臓病や慢性的な痛みや皮膚の疾患がある患者だけでなく、うつ病や不安、パニック障害、薬物濫用など、さまざまな心の病いの患者に効果的だとされています。

興味深い多くの研究から、「瞑想」は知性や創造性のようなカテゴリーのものをはじめ、年配者における認識の柔軟性のように向上が難しそうなタイプに対しても効果があることが判明しました。

2つの異なる実験からわかったことで、**「瞑想」を学び、実践するプログラムに参加した大学生たちは、対照グループに比べて、知能テストだけでなく、通常の試験でも大きく成績が向上した、という結果がでたのです。医学生を対象にした別の研究では、「マインドフルネス瞑想」の実践を指示された学生は、対照グループの学生よりも「精神的に素晴らしい経験をしたことで、他者に共感できるようになった」、また「ストレスの多い試験期間中でさえ、不安感も落ち込みも少なかった」と報告しました。**

このような研究結果をみると、「瞑想」は万能薬のように思われます。その効果が1つひとつの事例からしかわからないものなら、私は懐疑的だったかもしれません。しかし何年にもわたった実験の結果のデータをみると、「瞑想」というテクニックには明らかに強力な効果があることを納得させられます。

「瞑想」を見事に習慣化した人は、日々の自分のあり方として、まるで身体のトレーニングでもするかのように瞑想をしています。「自分が幸せな秘訣は瞑想にある」と断言している私の女友だちはこういいました。

「毎朝20分間瞑想するの。それは聖なる時間だから、いっさいの邪魔が入らないようにしているわ。そうすれば一日中、どんどん精神的に集中でき、寛大でいられる。神経質になったり、いらだったり、緊張したりせずにね。満足感がずっと続くのよ。瞑想できない日はまったく違う、最悪の日になってしまうわね」

人はさまざまな理由から「瞑想」をします。心の平安を得るため、超現実を探るため、病を癒すため、創造力や直観を解放するため、そして幸せを実現するためにも。

簡単な「瞑想」のやり方

「瞑想」のやり方を指導している人は、「くつろげる場所に1人で背筋を伸ばして座り、瞑想を行なうように」とアドバイスしています。目を閉じ、呼吸に集中してください。キャンドル、音楽、自分の呼吸など、特定の物や音に意識を集中しましょう。「20分後には食事をしなくちゃ」「なんだか喉が痛くなってきた」などの考えが頭の中をよぎったら、一度考え終わってから、呼吸に意識を向け直してください。

鍵となるのは、自分の考えがよそにそれていることに気づいたら、心の中に目を向け、とらわれている状態から自分を「切り離す」ことです。考えや空想、計画、思い出に自分の頭の中を支配されてはなりません。これにはトレーニングが必要です。普通、初心者は一度に数秒くらいしか心を「平静な」状態のままにしておくことができません。心が空になったと思ったとたん、また何か考えだしていっぱいになるのはよくある経験です。

まずは5分間〜20分間、瞑想できる時間をつくり、毎日実践してみましょう。いつも瞑想できる場所が用意できると理想的です。狭くても広くても、心を鼓舞する言葉や写真、装飾品がある場所でも、何もない場所でもかまいません。とにかく、くつろげるところがいいでしょう。さらにいえば、まったく邪魔が入らない場所がおすすめです。

「瞑想」は多くの恩恵をもたらしますが、努力せずに手に入るわけではありません。幸福度が高まるために「瞑想」を選んだとしたら、気持ちを高めるうえでも、まずは「瞑想」に関するインターネットのサイトを見たり、瞑想教室に通ったりするのもいいでしょう。

身体を動かす効用

1999年、『アーカイブス・オブ・インターナル・メディシン』誌に、「運動」に関する印象的な研究報告が掲載されました。研究者たちは、臨床的うつ病に悩まされている50歳以上の男女を集め、無作為に3つのグループに分けました。

1番目のグループは4か月間、有酸素運動をするように指示され、2番目のグループは4か月間、抗うつ剤（ゾロフト）を投与されることになり、3番目のグループは有酸素運動と抗うつ剤の併用を指示されました。命じられた有酸素運動は、週に3回、指導を受けながら45分間行なうもので、サイクリングかウォーキングかジョギングを中度から高度の負荷で実行することになっていました。

驚いたことに、4か月間の実験が終わるまでに3つのグループとも「うつ症状が消えたのを感じ、機能障害が軽くなり、幸福感や自信が増した」と報告されました。その結果、有酸素運動はゾロフトと同じくらいうつ病に効果があり、運動とゾロフトの併用も効果があることがわかりました。けれども、運動のほうがはるかに費用はかかりませんし、苦痛はあるとしても、普通は副作用もありません。

おそらく、さらに意外な結果となったのは、半年後、うつ病が「軽くなった（治った）」参加者のうち、薬の投与を受けたグループにいた人よりも、半年も前に有酸素運動をしたグループの人のほうがうつ病を再発する率が少なかったことでしょう。

運動すると気分がよくなることはよく知られています。しかし、**運動の心理的な効果が抗うつ剤に勝るという事実**には、研究者である私でさえ驚きました。この研究では、運動によって参加者の自尊心や達成感が高まったのでしょうか？　それとは反対に、抗うつ薬を飲んでいた参加者は、自分が頑張ったから自尊心や達成感が高まったのだとはあまり思わなかったのでしょうか？「薬のおかげでうつ病が治った」

VS「病気がよくなったのは、私が運動を一生懸命にやったからだ」というどちらの構図になるかは別にして、いずれにしても運動が心身の健康に効果的なことを裏づける多数の研究の好例です。

運動をすれば、不安感やストレスは減り、とりわけ心臓病やガンによる死亡が減少し、一般的には死亡率が低くなるといわれています。また、**糖尿病、大腸ガン、高血圧などのさまざまな疾病のリスクも減り、骨や筋肉や関節が丈夫になって、生活の質が向上します。**さらに、**運動は睡眠の質も向上させ、歳をとったときに認識機能障害にかかりにくくなり、体重のコントロールにも一役買ってくれるのです。**

最後に、長期にわたる介入からもわかったこととして、**運動はあらゆる活動のなかで、最も効果的に幸福度を高めてくれる方法です。**

「運動」をすると、なぜ幸せになれるのか？

心理学者の多くは、「運動によって心身の健康にプラスの影響がでる理由をいくつか説明できる」と考えています。

第1に、これは私が述べたばかりですが、自尊心と習熟度という点で説明がつきます。スポーツや運動療法を始めると、自分の身体や健康をコントロールしている気持ちになります。**フロー体験ができ、ポジティブな気持ちが増えて、不安や悩みが追いだされるからです。**運動して数時間後にはポジティブな波及効果が表われ、ストレスに満ちた気持ちが小休止するでしょう。

第2に、**このような視点で「運動」をみると、「瞑想」に近い性質が数多く見受けられるのです。実際に、この2つの活動が、不安感を減らして気分を向上させるホルモンを増加させるので、理想的な効果を与える場合が多いことはすでに証明されています。**

もちろん、「運動」と「瞑想」にはかなりの違いがあり、最も顕著なのは、「運動」がいわば興奮状態にある感情（エネルギー、熱意、活力）を生むのに対して、「瞑想」は興奮状態にない感情（安らぎ、平和、落ち着き）を生むことです。けれども、そのような感情はどれもポジティブなものであなたをよい気分にさせるだけでなく、厄介ごとや心配ごとから気持ちをそらしてくれます。

第3に、**誰かと一緒に運動すると、人間関係を築けるため、まわりの人々から**

の支援が強くなり、友情が深まるのです。さらに、孤独感や孤立感も少なくなります。以前、イングランドのバーミンガムでサッカーに夢中になっていた人が、「スポーツを始めたおかげで、現在の心の病を患っている自分とは別の、新しい社会的なアイデンティティをもつ存在になれるときがある」と話してくれました。

運動して気分がよくなる理由は、生理的なものもあるでしょう。運動すれば、何かを成し遂げることで満足感を覚えるだけでなく、心血管耐性や柔軟性や力の向上も含めて、体力が向上したことによる恩恵も経験できます。前よりも重い物をもち上げられるようになるかもしれませんし、年齢が高くなるにつれて起こる、健康上の問題も避けられるかもしれません。これだけでも、幸福度が高まるでしょう。実際に、「運動」によって、より幸福を感じる伝達物質であるセロトニンのレベルが、抗うつ剤のプロザックの効果と同じレベルまで上がることが証明されています。

最後に、じつは、「運動」には2種類の効果があることにも触れるべきでしょう。1つ目は、**運動をするだけでたちまち高揚感を得られること。**2つ目は、**長期間、運動を継続していると体調が改善されること**です。

運動して気分が悪くなったときは？

どんな種類のものでも、激しい運動をすると気分が悪くなることもあるかもしれません。それはあなたに合わないのでしょうか？　いいえ。でも、まずは日々の運動のスケジュールを変えましょう。そして、自分のライフスタイルや体力や性格に合った運動を見つけてください。

雨に濡れるのが嫌なら、雨の日にジョギングをしてはいけません。競争が嫌いなら、競技のチームに入ってはダメです。あなたが社交的な人なら、ランニングの仲間をつくるか、ゴルフクラブに入るというのもいいでしょう。

さらにこれは大事な点で、運動して気分が悪くなるとしたら、おそらくやりすぎのはずです。最大心拍数の測り方を学び、最初の運動をするときは、最大心拍数の60%を超えないようにしてください。やり遂げられないようなレベルから日々のトレーニングを始める人があまりにも多く、意欲を失い、いらだって不快に感じ、結局はやめることになりがちです。

研究者は、平均的な人を研究の対象にする場合が多く、運動中に楽しいと感じる人もいれば、楽しくないと感じる人もいる理由はまだ突き止められていません。けれども、なぜ運動をすると気分がよくなるのか、悪くなるのかは自分でわかるはずです。自分にしかわからない具体的な理由を見つけてください。

運動は自分のためになる。誰もがこの言葉を見聞きしてきたはずです。でも、定期的に運動すればもっと幸せになるといった人、いや、保証した人を知っていますか？ **定期的に運動をすれば、これまで以上に幸せになれることを私が保証します！**

「幸せな人」のように振る舞うと幸せになる

「幸福度が高まる12の行動習慣」を話し終えるにあたって、**「幸せな人のように行動する」**という最後にふさわしい方法を紹介しましょう。驚いたことに、**ほほ笑みかけたり、何かに没頭したり、活力や熱意があるふりをするなど、幸せであるかのように振る舞うと、幸福の恩恵（相手からもほほ笑みが返ってくる、友情が深まる、仕事や学校で成功を収める）を手にするだけでなく、実際により幸せになれるのです。**

「幸せそうにしていると、幸福の恩恵を得られる」という通説は、何十年にもわたる研究で裏づけられており、とりわけ「顔面フィードバック仮説」によって立証されています。

「顔面フィードバック仮説」とは、幸せそうな表情（あるいは逆に、恐怖に駆られた表情や嫌悪の表情）をすれば、少なくとも、ある程度は、そのとおりの気持ちになる、ということです。この考え方によると、顔（身体や声も）が脳にシグナル（フィードバック）を送り、特定の感情を経験していることを知らせて、あなたが感じるように仕向けるそうです。

もし、心理学の入門講座を受けたことがあれば、こんな実験について学んだかもしれません。それは被験者にフェルトペンを口にくわえてもらう実験です。フェルトペンを歯の間に挟むと微笑しているような顔になり、すぼめた口にくわえてもらうと顔をしかめているようになります。しかし、被験者はフェルトペンをくわえることによって、自分が何らかの影響を受けるとは気づかず、その実験のほんとうの理由も教えられていません。その代わりに、「『ザ・ファーサイド』［訳注（アメリカの一コマ漫画）］」という漫画をいくつか読んで、どれくらいおもしろいと思うか伝えなさい」と指示されました。その結果、微笑に似た顔をするよう仕向けられた被験者（そのことを知らなかったのですが）は、しかめっ面をするように仕向けられた被験者よりもその漫画をおもしろいと思ったのです。

このように**多くの研究から、幸せそうな表情や態度をつくると、喜びを経験するうえで効果があることがわかっています。**実際のところ、その効果はさほど大きなものではありませんが、訓練を積み重ねた俳優に、「本物のほほ笑みらしく見えるように表情を変えて」と指示すると、彼らはポジティブで幸福な気分になるという報告もあります。その俳優たちの心理は、ほんとうに幸福だというよりも、幸福なように感じるというものだそうですが。

永遠のほほ笑みか、永遠のしかめっ面か？

「人は歳をとるにつれて、自分の性格にふさわしいシワを顔に刻んでいく」ことを知っていますか？　**とても幸せな老人の顔には幸せそうな表情が刻まれ、生涯にわたって悲しんできた（または怒ってきた）老人の顔からは悲しい（または怒った）表情が消えないように見えます。これは科学的にも裏づけがある事実です。**

たとえば、口輪筋を何度も収縮させていると、目の両隅が収縮します。頬《ほほ》が上がって皮膚が鼻梁《びりょう》（鼻すじ）のほうに寄り、目もとにシワができ、ほほ笑みに特徴的なシワの寄った目となります。では、これとは反対に「悲しいシワ」や「怒ったシワ」がなくなれば、ほんとうにもっと幸せになれるのでしょうか？　もし、「顔面フィードバック仮説」が正しいのなら、その答えは「YES」です。

この説を直接的にテストした実験が行なわれたのは、それほど昔のことではありません。臨床的にうつ状態の10人が実験に参加しました。その10人は、薬でも心理療法のセラピーでも治療の効果が現われなかった患者でした。言い換えると、何をやっても効果がなかった人たちです。参加者は36歳～63歳までの女性ばかりで、2年間～17年間、うつ状態でした。

参加者全員に筋肉を麻痺させるボツリヌス毒素A（別名ボトックス）をシワ（鼻梁や眉間、眉の少し上）に注射しました。2か月後、10人中9人の参加者はもはやうつ状態でなくなり、10人目はもっと効果がでました。確かにこれは予備的研究の結果ですが、驚異的な発見です。**人はシワがなくなると、幸せそうだと他人から見られ、実際に以前より幸せになったと感じるのは、疑いのない事実です。**

笑うと、もっと幸せになる

もちろん、研究室の外の現実世界でも、あなたがほほ笑めば、まわりの人もほほ笑み返してくれます。そしてあなたがほほ笑むと、さらにポジティブな反応を示してくれるでしょう。ほほ笑みをきっかけに会話が生まれ、人間関係が築かれ、彼らは助けや慰めを与え、あなたの新しい親友になったり、あなたの将来の子どもの親になったりするかもしれません。幼い子どもの笑顔は、面倒をみている人の愛情や愛着を呼び覚まし、その子をずっと大切にして幸福を守ってあげたい、という気持ちにさせるでしょう。

「ポジティブ感情」を表現する母親の幼児は、やはり「ポジティブ感情」を表わし始めます。この考えは、社会思想家のエーリヒ・フロムが「母親はただ『よき母親』であるだけでなく、幸福な人間でもあらねばならない」といったことにも通じます。

ある研究で、配偶者を半年前に亡くした人にインタビューし、結婚生活について回想してもらうことになりました。インタビューの間、自然に笑顔で答えていた人は、伴侶との死別にも取り乱すことなく対処でき、生活のなかで多くの楽しみを経験し、怒りを感じることが少ないとわかりました。まるで笑いが、彼らを苦悩から「引き離す」のを助けたかのように他人とポジティブな関係を築けていることが報告されました。

要するに、**ほほ笑みや笑いは、「ポジティブ感情」をおだやかに高めてくれるのです。さらに、小さな高揚感がきっかけとなり、人間関係が強力な「上昇スパイラル」を描き、その結果、不安や苦悩が減り、もっと大きな幸福と喜びがもたらされるのでしょう。**

ですから、突き進みましょう。ほほ笑み、声をあげて笑い、自信に満ちて、楽観的で、社交的な人間として振る舞いましょう。あなたは逆境に対処し、難局を乗り越え、たちまち人との関係を築き、友人をつくり、人によい影響を及ぼし、もっと幸せになるはずです。

PART 3

意図的な行動が「習慣」として続く5つのコツ

短期間だけ幸せになるのなら、1日限りの禁煙や一時的に机をきれいにしておくことがたやすいのと同様に、割合に簡単なことです。

難しいのは、新しいレベルの幸福感を持続させることです。これまでに、（おそらく何度も）人生を変えようと試みたけれど、「ちっともうまくいかない」ことに気づいた人ならよくわかるでしょう。かつて人生をうまく変えられた人も、それが長続きしなかったのはなぜでしょうか？

このPART3では、幸福度が高まり、幸せがずっと続いていくのが可能であることを説明していきます。そのためには5つのコツの実践が条件になります。目標をもって行動すれば、自分でコントロールできる幸福の40％の部分を活かす力を手に入れることができます。「40％」という幸福の大きな部分を自らの手でよりよいものにできるのです。

「幸福度が高まる12の行動習慣」を続けるコツとは何なのでしょうか？　幸福になるための12の行動を上手に習慣化させる方法がもっとよく理解できれば、効果的に実践できるのではないでしょうか。

ここでは、本書の中心となるプログラムを成功させるための行動の重要なメカニズムについて述べていきます。ちなみに、科学的な論文に基づいた5つの方法をまとめて紹介するのは本書が初めてでしょう。

1
「ポジティブ感情」をより多く体験する

まず、「ポジティブ感情」に注目してみましょう。たとえば、あなたは物質的な面でまずまず満足している状態にあるとします。望むものをすべて手に入れることはできないでしょうが、頭の上には屋根があり、食べるものには不自由せず、身体に合った暖かい服を着て、収入はある程度保障されているとします。そこへ幸運にも突然、1000万円が転がり込んできたらどうしますか？　そのお金から得られる幸福を最大にするには、どのような使い方をすべきでしょうか？

これは決してふざけた質問ではありません。その質問の答えこそ、**「ある人を幸せにし、幸せな時間を多くつくりだす特定の行動や態度がどんなものか」**という核心に迫るものなのです。

実際に、うれしさ、喜び、満足、安心感、好奇心、関心、活力、熱意、気力、スリル、プライドなど、たえず「ポジティブ感情」が生まれることこそ、幸福の特徴といえるでしょう。人は誰でも「ネガティブ感情」に耐えねばなりませんが、**幸福な人は、あまり幸福でない人よりもポジティブな心の状態を経験する頻度が多いのです。**「ポジティブ感情」が幸福な人間をつくる、といってもいいでしょう。

「幸福度が高まる12の行動習慣」をじっくり吟味してみると、どれも人生で一時的にせよ、幸福度が高まるものを増やし、ポジティブな経験を次々に生みだせそうなことがわかるでしょう。しかし、「ポジティブ感情」はたいていの場合、長続きしないので、多くの人はあまり重視しません。でも、これは間違いです。心理学者のバーバラ・フレドリクソンがその研究結果を雄弁に語ったように、**「ポジティブ感情」はただ気分をよくするだけではありません。あなたの視野を広げ、社会的、肉体的、知的スキルを強化してくれるのです。**

「ポジティブ感情」は「上昇スパイラル」を引き起こします。たとえば、エアロビクスをやったあと、あなたは生き生きとしているでしょう。それによって創造力が高まり、あなたはパートナーを魅了する新しいアイデアを思いつき、そのおかげで2人の絆がより強いものになり、満足感や責任感が強くなり、さらに感謝する心や許す心が増え、その結果、楽観的な傾向が強くなり、仕事の失敗による心の痛みもやわらぐ、というようにさまざまなことがスパイラル的につながっていくのです。

ですから、もし「棚からぼた餅」で大金が急に転がり込んだとしたら、毎日、または毎週起こるたくさんの楽しいことや気分が盛り上がるもの（昼食に高価な寿司を食べる、毎週マッサージを受ける、定期的に生花を届けてもらうなど）にお金を使ったほうが、結局のところあなたが絶対にほしいと思い込んでいる１つの大きな買い物（たとえば、新型の最高級のジャガーなど）にお金をすべて費やすより、幸せになれるでしょう。この例からも、あなたはもうおわかりだと思います。**新しい車にはすぐに慣れてしまいますが、幸せがたえまなく湧き起こる状態に慣れることはないのです。**

けれども、なぜ私たちは、人生で重要なものは大きくて劇的な出来事（災害、海外旅行、結婚式、離婚など）だと相変わらず強く信じ込んでいるのでしょうか？　そのような劇的な出来事は私たちの記憶に残り、じっくりと考えさせるものだからです。**人は人生での特別で重要なエピソード、つまり３６４日のありふれた日ではなく、とても悪いことが起きた（あるいはとてもいいことが起きた）１日だけに注目し、**

記憶する傾向があるのです。

でも、ありふれた日に経験する「ポジティブ感情」を過小評価してはいけません。なぜなら、きちんとその意味を理解できると、あなたの視点はガラリと変わり、ついさっきまで存在さえも知らなかった新たな可能性に心が開かれるからです。

「ポジティブ感情」が幸せの原点

一時的にすぎない「ポジティブ感情」は、名誉や誠実さ、人生の意味などと同様に求める価値があるものなのでしょうか？

じつはこの問い自体、誤解を与えやすいものです。この質問はいわゆる快楽の喜びと、心や精神、魂が満たされる状態とを対立させる誤った分け方だからです。

実際には、「ポジティブ感情」はあくまでもポジティブな感情であり、喜びは喜びで、充実感は充実感です。

ヘリコプターに乗ったときのスリルと、精神の目覚めの恍惚《こうこつ》感とを比べられるでしょうか？　高地の砂漠で喉が渇いて飲むレモネードの喜びと、自分の赤ん坊の初めての笑い声を聞いたときの歓喜とを比べられますか？　困っている友人を助けることであれ、優れた専門知識を身につけることであれ、人生の意味をつくりあげる経験はどれも幸せな時間です。

ですから、どんな喜びもバカにしてはいけません。くだらないテレビ番組にも、天体物理学についての講義に没頭することにも喜びは見いだせます。どちらのタイプの喜びも幸せな人生を送るために、「ポジティブ感情」がもつ、さまざまな恩恵を引きだしてくれます。

おびただしい数の研究から証明されており、原因は何であれ、**幸せな気分になれば、人々は生産的で、行動的で、健康で、友好的で、創造的になるのです。**つまり、「ポジティブ感情」は、(重要なもののために努力する気持ちを強くしながら)私たちが目標を達成するための助けになるだけでなく、人生の意味や目的を見つける力にもなります。

「ポジティブ感情」の源泉はどこにある？

快楽がもたらす喜びは、苦労して手に入れた喜びと同じくらい知的で、社会的で、身体的な面で効果を促しますが、たちまち消えてしまうだけでなく、罪悪感や「ネガティブ感情」を残します。

一方、本書で述べた「楽観的になる」「人間関係を育む」「ストレスや悩みに対処する」など「12の行動習慣」から得られる喜びは長続きし、繰り返し起こり、自分を強くするものです。この幸せになるための行動習慣が持続する理由の1つは、快楽とは異なり、簡単に手に入れることができないものだからです。「瞑想」「考えすぎない」「親切にする」にも、あなたはそれなりの時間や労力を捧げたはずです。また、いずれかの方法を実践できたのなら、再び実践する能力もあるでしょう。

このような行動を起こす能力や、「自分には責任感がある」と意識することが強力な高揚感をもたらします。「ポジティブ感情」を生みだすのが自分自身だからこそ、喜びを生み続け、幸せを与え続けてくれるのでしょう。「ポジティブ感情」の源泉は自分自身にあるので、再生が可能なのです。

2

「タイミング」をはかり、行動に変化を起こす

以前に紹介した「幸福の構成を表わす円グラフ（39ページ）」は遺伝による設定値に戻るため、これまでより幸せになろうと取り組んでも、自分の努力による効果に慣れてしまえば、最終的にはうまくいかないことを予測しています。だからこそ、すでに述べたように、もっとお金を稼ぐことや転職をすることなど、自分の環境を変えようとする方法は、結局のところあまり意味がないのです。

では、幸せになるための行動にも慣れてしまわないのでしょうか？　たとえば、「親切にする」「目標達成に全力を尽くす」などの行動はどうでしょう？　これにもやはり慣れるものですが、次に紹介するポイントを大切にするかどうかで、話は違ってきます。

「タイミング」こそ重要なポイント

行動というものは、じつは気まぐれです。行動は不定期に、間をおいて起きます。たとえば、あなたが意識的に「楽観的になる」ことを心がけたとしましょう。あなたは憂うつな気分で目を覚ました朝や、苦手な上司からEメールをもらうたびに楽観的になろうとするかもしれません。あるいは、毎週日曜日の夜に、将来の「最高の自分像」について記することで、楽観的な心を育むことを選ぶかもしれません。

いずれにしても、幸福になるための行動は、ユーモアと同様に「タイミング」が重要です。したがって、**適切な頻度や期間を考え、最大の満足感や安らぎ、喜びが得られるタイミングで行動することが大切になります。言い換えれば、慣れないようにと「タイミング」を選ぶのです。**

私の友人に、親類を訪ねる前には瞑想して感謝を示す、上司に対処するときは目標の達成に専念して考えすぎないなど、特定のタイミングで行なう効果的な対処法をリストにしてもち歩いている人がいます。そして機会が訪れた際には、リストを参考にするのです。そうすれば、どの行動にも最適なタイミングが見つかるでしょう。つまり、タイミングに合わせて行動に集中する頻度を変えれば、新鮮で意義深いものとなり、「ポジティブ感情」も持続されるわけです。

では、どうすれば、「最適なタイミング」で行動できるのでしょうか？　私の研究室での実験から、「最適なタイミング」をつかむアイデアがいくつか生まれています。

先述したように、ある研究では、週に3回、自分に与えられた恩恵を数えるよりも、毎週日曜日の夜だけに数えるほうが幸福度の増加がみられました。もう1つの研究では、1週間ずっと人に親切にするよりも、月曜日に親切な行為を5つするほうが、幸福感が高まると証明されました。

どちらの実験の結果もあなたに当てはまるかもしれません。実験の結果は、平均的な人のケースを表わしています。それによると、**平均的な人の場合、恵まれている点を日曜日だけ数え、週に1日だけ親切な行為を5つすると、最も幸せになれるという法則になっています。**

ただし、この法則は「感謝をする」や「親切をする」という方法と、完全には当てはまらないかもしれません。また、幸せになるための別の行動（「ストレスや悩みに対処する」「楽観的になる」「人を許す」「熱中できる活動を増やす」など）とも合致しないかもしれません。自分がピンとくる幸せになるための方法を、うまくいくまでさまざまなタイミングで試してください。

行動に「変化」をつけると、効果は何倍にもなる

定期的に、他人にやさしく、寛大に接するには、毎週さまざまな行動をとる必要があります。ある日は悲しんでいる友人を訪問し、翌週は自分の当番でなくても皿洗いを引き受けることになるかもしれません。これと同じことが、「感謝の気持ちを表わす」とか、「目標達成に全力を尽くす」など、いまあなたが取り組んでいるほかの方法にも当てはまるでしょう。

このように行動が変化すれば、私たちは行動にすぐさま慣れずに済みます。「幸福度が高まる12の行動習慣」の効果を高めるためにも、変化をつけることが重要なのです。**変化があると、行動に飽きることはありません。**

たとえば、仕事でいくつかのプロジェクトに交互に注意を払う、ランニングのルートや時間、スピードを変えるとか、ソフトウェアやウェブサイトをいろいろと試すことなどによって、あなたの行動は、本質的に楽しく、多くの恩恵をもたらし、「フ

ロー体験」に入ることができるものとなるでしょう。

さまざまな行動をとることの大切さは、経験からも実験からも証明されています。先述した、私の研究室で「親切」に関する実験を行なったときのことです。10週間以上にわたって、家事をする、姪の宿題を手伝うなど親切な行為をいろいろと選べる機会を与えられた参加者たちはいっそう幸福になり、その後も幸福なままでした。けれども、毎週同じような行動をとった参加者たちの幸福度は変わりありませんでした。

それと似た研究結果を、「肥満王」と呼ばれる生物学者、ロバート・ジェフリーもだしています。彼は目を見張るほど効果的な肥満対策を開発し、その方法がうまくいくのは約半年間だということにすぐ気がつきました。彼のクライアントたちは、半年経つと肥満治療の効き目がなくなるか、飽きて続かなくなってしまいました。その結果、彼は肥満治療に刺激を与え、効果的にするために、対策の内容を一新しました。そしてクライアントがこれまでとは異なった、新しい減量方法に取り組めるように奨励したのです。

このことからも、行動にあれやこれやとちょっとずつ付け加えながら、ときには定期的に一新し、ときには自分自身にとってサプライズとなるように工夫してみてください。

「幸せ」を見つけるための行動は、一種の冒険やリスクを負いながらも、新しいことに挑戦し、進化を遂げるための回り道だと考えましょう。幸せになるための行動を同時にいくつか選び、1つがうまくいかなければ、別のものを楽しんでみてください。

3 「社会的なつながり」を大切にする

ほとんどの人は、幅広い人間関係を結び、「社会的なつながり」をもっています。誰でもまわりの人を頼りにしていますし、目標も他者からの助けや協力なしでは達成できないでしょう。「幸福度が高まる12の行動習慣」をうまく回していくための３つ目のコツが、**「社会的支援（ソーシャルサポート）」**なのは当然かもしれません。

心理学者が用いているこの「社会的支援」という専門用語は、他人が提供してくれるあらゆる支援や励ましを表わしており、とりわけ有意義でしっかりした人間関係を築いてきた相手からの支援を指しています。

たとえば、幸福度が高まるためにあなたの取り組んだ行動が、定期的に「感謝の気持ちを表わす」「考えすぎない」「運動をする」の３つの方法だったとしましょう。同じ行動をとる仲間がいるなど、あなたを認めてくれる親しい人がいることで、効果がかなり違ってきます。

「社会的支援」をするパートナーは、感謝を伝えるための新しい方法を提案してくれるといった情報面でのサポート、ジムまで車に乗せて行ってくれるといった具体的なサポート、安心感や慰めやインスピレーションを与えてくれる感情面でのサポートなどをしてくれるかもしれません。

すでにPART2の6で学んできたように、「社会的支援」は人生での困難や逆境を切り抜けるなど、人を助けるうえでも、計りしれないほど貴重なものです。友人がいる人は、まったく友人がいない人よりも問題にうまく対処できるでしょう。

あなたが慢性的な持病、破局、解雇の恐れに悩まされていても、思いやりのある友人や家族に話すことで、苦痛がやわらぎ、問題に取り組む力をもらえるかもしれません。不安や悩みを人に打ち明けた際に、相手も似たような経験をして乗り越え、成長したと知ったら、ストレスは減ります。

打ち明ける相手が1人であれ、数人であれ、家族であれ、あるいは心理療法のカウンセリングのグループであれ、一般的に自分の目標に向き合っていることを理解してくれる人がいることは大切です。感情面のサポート、具体的なサポートは気持ちに寄り添ってくれます。

「社会的支援」は目標に進んでいく過程であなたの意欲をかきたて、導いてくれる役割を果たします。そして最終的には、「社会的支援」のおかげで、仕事、人間関係、個人的な成長を含めた幅広い範囲にわたって、目標を達成することが可能になるのです。

4

動機・努力・コミットメント

すでにおわかりでしょうが、幸福度が高まる1つの重要な鍵は、**全力を尽くして、ひたむきに努力すること**です。より大きな幸せを手に入れるための4つのステップは、フランス語の習得やキャリアを変えることなど、どんな目標の達成にも必要なものとそれほど変わりません。

1　幸せになるために、まずは計画的に行動することを決意する
2　学ぶべきものを学ぶ
3　毎週、あるいは毎日、努力する
4　長い間、おそらく生涯にわたって、その目標に全力を注ぐ

1つ目と2つ目のステップは、本書や類書を手に取る前に、あなたもすでに実行したことがあるかもしれませんが、これは大切なステップです。なぜなら、人生の新しい扉を開こうとする際にともなう達成感や可能性にはとても強い力があって、あなたを夢中にするからです。そのことを考えるだけでも、人生が変わりそうだと感じるでしょう。

3つ目と4つ目のステップの「努力すること」と「全力を尽くすこと」は、とても重要であると同時に最も困難なことかもしれません。しかし、その2つがなければ、あなたの幸せをつかむ旅は、結局、長続きせずに終わるでしょう。1日だけは幸福になれるかもしれません。あるいは1週間、もしかすると1か月は以前よりも幸せかもしれませんが、長続きはしないでしょう。

「意欲をもって全力を尽くすこと」の素晴らしさ

意欲や何かを成し遂げようとする気力、ひらめき、決意、学習、努力、全力投球、これらは4つのステップすべてに欠かせないものです。

新しいチャレンジに対する熱意やアイデアが自分に満ちあふれていると気づいたと

き、成し遂げるための強い意欲に駆られているとわかるでしょう。何かをやっているときに強い意欲があるのは、その経験（または結果）が興味深く、挑戦しがいがあり、楽しいものになると心から信じているからです。

「意欲のある人間のほうが幸せになり、いっそう成功するかどうか？」ということについて、私は協力者と一緒に実験をしました。たとえばある実験では、幸福度を高めたい人を募集すると明言して、「あなたは幸せになりたいですか？　これこそがそんなあなたのための研究です！」というように参加者を集め、一般的な心理学の実験に参加した人と比較しました。

その結果は特筆すべきものでした。定期的に「感謝の手紙」を書くことを求められた場合も、「最高の自分像」についての記録をつけることを指示された場合も、**意欲のある参加者の幸福度は目覚ましく高くなったのです。**一方、意欲がなかった参加者の幸福度はわずかに高くなっただけか、変わらないかでした。私たちが行なった「幸福」に関するほかの実験でも、感謝を示すことや楽観的になることを参加者に実践してもらったところ、さきほどの実験結果を裏づけることができました。

これでもうあなたも、「意欲」に隠されている、幸福になるための秘密がわかったでしょう。**何かをしようという意欲があればあるほど、人はそのために努力をするのです。**「努力をしなければ、結果がでないこと」をあなたに納得していただくには、社会心理学者を連れて来るまでもないでしょう。直観的にすぐわかるこの見解は、非常に多くの研究によって裏づけられています。実験が終わったあとも、「意欲」のあった参加者は幸福度が高まるための行動をとり続け、自分の人生に取り入れ、途中でやめた参加者よりも長期にわたってその恩恵を手にする傾向がみられました。努力も挑戦もせず、目的もなければ、失敗やためらいがあるだけです。

忙しすぎるときはどうしたらいい？

「私はストレスが多くて、1日をどうにか乗り切ることしか考えられないのよ」

私が「幸せになるための行動習慣をいくつか試してみたら」とすすめたとき、あまり幸せそうでない知人がこういいました。確かに彼女はとても多忙でした。家には10代の子どもが2人いるだけでなく、彼女自身はボランティア活動をし、不動産の仕事を始めたところでした。私は共感しました。

でも、人生における重要事項に関わることだとしたら、忙しすぎるからと見すごしてしまうでしょうか？　もし、あなたが誰かと恋に落ちたとき、仕事の時間をもっと取るために相手との関係をなおざりにしますか？　信じられないほど素晴らしい仕事に就くチャンスがきたとき、スケジュールに支障をきたすからと断りますか？　おそらくそんなことはしないでしょう。

それに、幸せになるための行動の大半は、わざわざそのために時間をつくらなければならないものではありません。**「自分の人生をどう生きるか」という方法**にすぎないのです。「幸福度が高まる行動習慣」は、もっと寛大になり、新しい視点で仕事やパートナーや子どもを見る、配偶者に優しい言葉をかける、何かをくよくよ悩んでいることに気づいたら気持ちをそらす、あなたを傷つけた人に共感する、などさまざまです。

こうした方法のほとんどは時間を奪うものではなく、丁寧に選びさえすれば、いくらか努力することで、あなたの人生にうまく溶け込むでしょう。

もし、あと戻りしてしまったら……

やる気がうせたり、やろうと思ったことを忘れたり、実行しようと決意したことや

「幸福度が高まる行動習慣」をやりそびれてしまったりする瞬間は、必ず訪れるでしょう。これは普通のことで、避けられないうえに、いかにも人間らしいことです。完璧な人間などいないのですから。

さらに、感謝の念をもたない、人を許せない、自己中心的になる、悲観的になる、心に傷を負う、無気力になる、優柔不断になるなどの事態が起こること自体、よくある、自然なことでしょう。たえず完璧な喜びを味わっている状態など、実現が不可能なだけでなく、適切でもありません。死から失敗まで、「ネガティブ感情」がついてまわる状況はじつにたくさんあり、悲しみや、忍耐など、「ネガティブ感情」はすぐに反応を引き起こす働きがあります。

いずれにしてもみなさんに覚えておいていただきたいのは、**「幸福度が高まる行動習慣」に取り組み続ける意欲をなくしたり、実際にやめてしまったりしても、救いようがない状況だと感じないでほしいことです。**人生は、ときに複雑で邪魔が入りやすいものですし、取り組んだ方法自体が適切でなかったのかもしれません。あるいは、友人からの励ましがもっと必要だったのかもしれません。でも、ここであきらめないでください。もう一度、意欲をかきたてるだけでいいのです。そしてまた正しい軌道に戻ってください。

この時点で、幸福度が高まる新しい方法を用いるのも有効でしょう。最初に選んだ行動のやり方を変えるという手もあります。**「最適なタイミングと変化」「強力な社会的支援」、そして「ひたむきに努力する」ことの3つが正しく組み合わされば、たいていの人には効果があると研究結果によって裏づけられています。**

5 「行動」は繰り返すことで「習慣」になる

幸せになり、そして幸せがずっと続くには相当な努力と決意が必要なことを、すでにあなたが理解してくれているといいのですが。こう聞くと、落ち込んだり、不安を感じてばかりだったり、緊張しっぱなしだったりして、幸せになるために必要な努力をするだけのエネルギーがあるかどうか心もとない人は、がっかりしてしまうかもしれません。

でも、よい知らせをお教えしましょう。**始めのうち、努力はかなり必要ですが、ときが経ち、何度も繰り返すうちに新しい振る舞いや行動が「習慣」になると、努力はさほど必要ではなくなるのです。**

どうすれば「習慣」になるのか？

「習慣」は誰にでもあります。よいものもあれば、悪いものもあるでしょう。多くの人は「習慣」という言葉を、たとえば指の爪を噛む、親指をしゃぶる、髪の毛をねじる、会話をさえぎるなど、いらいらする態度と結びつけがちです。一方、健康的な「よい習慣」として、たとえば、どこへ行くにもミネラル・ウォーターが入ったペットボトルを持参する、リサイクルをするなどがあるでしょう。

このような行動に共通するものは何でしょうか？　これらは文字通り「習慣的」と呼ばれる行動ですから、実行するために決心する必要がないのです。意図的な行為でもありません。私は朝、目を覚ましたとたんにベッドからでて、ランニング用の服に着替えます。「起きてランニングに行くか？　それとも、このままベッドのシーツの下にいようか？」というもはというか、まあほとんどは考えません。実際のところ、起きて着替えるまで何の決心もしていないのです。

「習慣」は、行動を繰り返すことから生まれます。研究者の理論によれば、ある行動を繰り返すたびに、その「行動」と、それが起きる「状況」との間に記憶のなかで関連性が育っていくそうです。私の朝のジョギングを例にすると、「状況」は、鳴っている目覚まし時計、寝室、ドアのそばに置いてあるランニング用の服や靴など。繰り返すことで、「状況」的な合図（鳴っている目覚まし時計）が習慣的な行動（ランニングシューズを履くこと）を反射的に促して、行動は決意して、選択するという手順から、無意識に行なわれる手順へと変わっていきます。

これを幸福になるための方法に活かすなら、ポジティブな行動（たとえば、家族との食事を楽しむとか、つらい時期でも人生に感謝するなど）をもっと頻繁にとって、その行動（楽しむとか感謝することなど）と、あなたのまわりのきっかけ（家族との食事や日々の些細な問題など）とのつながりをいっそう強めることです。そうすれば、次に家族と一緒の時間をすごすとき、愛する人がそばにいるだけで喜びを味わえるでしょう。もちろん、行動ときっかけとのつながりができるには時間がかかりますし、それなりのトレーニングを要します。想像がつくと思いますが、「習慣」にするには、時間も忍耐も必要なのです。

大事なのは、とにかく決意して、続けること

減量であれ禁煙であれ、メディアの報道や研究結果をもとにした記事には、続かなかった失敗例が山ほどあります。

実際に行なわれた臨床試験では、自分の行動を変えようとした人がもとに戻る確率が驚くほど高いことが示されています。禁煙を試みた人の86％が結局はまた喫煙を始め、減量に挑戦した人の80％〜98％にリバウンド経験がある（前の体重より増える場合も多い）そうです。

けれども、人生を変えることに成功して減量や禁煙をやり遂げた、あるいはあまり不平をいわなくなったという人を身近に知っているのではありませんか？　では、減量や禁煙プログラムに関する研究における高い再実行率と、知人や友人のかなり高い成功率という2つの事実の折り合いをどうつければいいのでしょうか？

このパラドックスを解決しようとした、社会心理学者のスタンレー・シャクターの権威ある研究があります。シャクターはコロンビア大学の職員と自分の知人、そして夏の休暇をすごしたアマガンセットの海岸にいた見知らぬ人々と話し、太りすぎや喫煙の経験のある人がたくさんいることを知りました。つまり、現実の事例証拠から、多くの人が悪い習慣を捨てて、よい習慣を身につけることに成功したとわかったのです。

実際に、シャクターは海岸やオフィスでの広範囲にわたるインタビューによって、

喫煙や肥満を自力で治した人が63％いたことを発見しました。

そこで彼は、一般的に知られている再実行率のデータが、「常習者の事例」（すなわち治療を受けに来た人々の例）の結果を表わしているため、偏ったものであることを結論づけました。自分で自分の習慣を直せる人は、治療を受けに来ません。さらに、禁煙のように何かを達成しようと試みるなかで、何度も挑戦した（そして失敗した）結果、ついに成功するのです。シャクターが発見した、63％の成功例の人々は何度も試みて、ようやく目標を達成しました。そして目標の体重になるころには、被験者にとって、その減量方法は「ほんとうの習慣」になっていたのでしょう。

「新しい健全な習慣を身につける」という本書の意図を、理解してもらえたらいいのですが。なぜなら、物事の明るい面を見る、いまを楽しむ、許すことを学ぶ、人生の大切な目標に全力を尽くすなどの行動をすることで、あなたの幸福度に大きな変化が生まれるからです。そのような行動を「習慣」にするのは、間違いなくよい考え方でしょう。

生まれつき幸せな人、あるいは幸福を構成する高い設定値をもっている幸運な人には、もともとそんな幸せになるための「習慣」が備わっているらしいと知ったら、あなたは不公平に感じるかもしれません。

というのも、彼らは楽観的になろうとか、感謝の念をもとうとか、人を許そうと努力しなくても、そのような性質が第二の天性になっているからです。けれども、幸福になるための設定値が彼らほど高くない人でも、**時間をかけて、決意を固めさえすれば、同じように「幸せになるための習慣」を身につけられるのです。**

あなたはこれまで、もしかして不幸な遺伝的性質にとらわれ、悲観的な考え方や不適切な習慣から抜けだせないと感じていたかもしれません。だからこそ、本書で紹介した「行動習慣」にチャレンジしてみてください。そんなネガティブな考え方の重荷からあなたが解き放たれることを心より願っています。

そして、幸福になるための理論を理解し、「幸せになるための行動習慣」を実践していくうちに、驚くほど自分が自由になっていることがわかるでしょう。「幸福」を構成する最も強力な要因が何かを知るだけでなく、「幸せがずっと続く」ほんとうの変化を手に入れるための、自分のなかにある力を知ることによって。

あとがき——幸せがずっと続く可能性

本書を執筆していて私はショックを受けました。私は「幸福」について30年近く研究しています。心理学というさらに広い分野については、もっと長く研究してきました。本書で述べた調査の大半を自分の手の甲のように知っていますし、残りのものもほとんどがおなじみのものです。それでも、幸せになるために人が活用できる、さまざまな行動に関するデータに没頭していて、想像以上に影響を受けました。まるで冗談のような新鮮な影響の受け方でした。

「感謝の気持ちを表わす」セクションに取り組んでいるときは、同僚に「感謝の手紙」を書くことになり（私にはめったになかったことです）、「親切にする」セクションでは、いつになく知人や友人に思いやりを示し、心配りをしたものです。「人間関係を育む」セクションの執筆中は、そこでふれた方法を私はすでに実践していると気づいて、夫は予想外の喜びを味わっていました。また、「スピリチュアル（精神的）なもの」に関するセクションを書いていたときは、精神的な人間とはとてもいえない私が人生の意義や目的などの大きな疑問について考え始め、人生での大きな出来事のいくつかに意味を読みとっていたのです。

このような数々の経験に私が心から驚いたのは、(決して目新しくはありませんが)幸福度が高まる助言に対して、自分が習熟していたからではなく、正直なところあまり実行していなかったことがわかったからです。

私は自己啓発書を買って、自分の恵まれている点を数えあげるようなタイプの人間ではありません。それでも、本書に関わったことで、そんな行動をとってみたいと思ったのです。もし、私のように自らを啓発するタイプでない人間の認識が、本書が提案している力や効果によって変わるなら、しぶしぶこの本を読んだあなたにもきっと変化が起こるでしょう。

いまにして思えば、いくつかの方法に、これまでにはなかった影響を受けた理由がわかります。すでに自分が得意としている方法――楽観主義、目標の追求、コーピング、運動――については、改善しようと思うほどの影響を受けませんでした。一方、フロー体験や人生の喜びを味わうという方法は、とりわけ説得力があって貴重なものでした。

経験からの裏づけはさておき、いまを大切に生きるこれらの行動が人を幸福にすることは、おびただしい数の事例でとっくに知っている（あなたもわかっているでしょう）のに、それほど衝撃的だったのはなぜでしょうか？　あらゆる根拠を「12の行動習慣」として集めると、どうやら魔法のようなものが働き、インパクトが大きくなるようです。

読者のみなさんにも、私と同じような経験をしてほしいと思っています。瞑想や感謝、人生の重要な目標の追求や、親切な行ないをすることによって、幸せになれることに、あなたはもう漠然と（またははっきりと）気づいているかもしれません。では、そのような行動が自分にとって効果的だと、どうすれば確信できるのでしょうか？　また、厳密にいえば、どのように実践すればいいのでしょう？　さらに、これまであなたが幸せになれる行動に打ち込んでこなかった、あるいは実践しなかったのはなぜでしょうか？

おそらく本書は、「人生を変えたい」と心待ちにしていた人にとって、1つのきっかけになるでしょう。科学的な根拠によって、「自分は幸せになれるんだ」と自信をもつはずです。もちろん、最適な方法で、熱心に努力し、幸せになるための方法を実践するならば。そのやり方がこれまでわからなかったとしても、いまは十分に理解しているはずです。

あなたはこれまでの人生で、もしかして望んでいたほど満ち足りても、幸せでもなかったかもしれませんが、いまでは「幸福に影響を与える40％をコントロールできる可能性を確信し、幸福度を変えるのは自分しだいだ」と思っているでしょう。「不幸の遺伝子」によって、不幸になることや、さらに悪いことにはうつ状態になると運命づけられているのではないことも。

本書ですすめている、「幸せがずっと続く」ための方法には、驚くほどの力があることがわかりました。私のように、年季の入った「幸福」に関する研究者にさえ効き目があるのです。本書を執筆したことで、私の人生がいくらかは予想通りに、また多くの点では予想外の方法で変化したのは疑いの余地もありません。あなたが本書を読んで人生を変え、望みどおりの人生を送ることを心から願っています。

ソニア・リュボミアスキー

監修者あとがき

本書は、原題を『THE HOW OF HAPPINESS』といい、直訳すると「幸せになるための方法」となります。この本で書かれていることは、一般的な自己啓発の本とは異なります。自分が経験したり、考えたりした方法を書いた自己啓発の本と違い、「幸せがずっと続く方法」を研究し、実験し、証明し、科学的に追求した結果をもとに紹介している心理学の本なのです。

この「幸せになるための心理学」を「ポジティブ心理学」と呼びます。「ポジティブ心理学」の本のなかでも、これほど幸せを科学的に分析し、その方法まで詳しく紹介している本はほかに見当たりません。それゆえ２００７年の刊行以来、中国語、韓国語、ポーランド語、デンマーク語などをはじめ23の言語に翻訳され、世界中で読まれているのです。

ここで「ポジティブ心理学」について、あらためて説明します。「ポジティブ心理学」とは、人がより生き生きと、よりよい生き方ができるように研究している科学的な学問です。

マーティン・セリグマンが米国心理学会の会長に就任したスピーチで、「心理学はもっと普通の人が幸福になることに利用できるのではないか」と提唱し、「ポジティブ心理学」は1998年に生まれました。従来の心理学は「みじめな状態からどうしたらゼロに戻れるか」を研究していました。心の病に焦点を当て、病気の予防や治療を研究していたのです。セリグマンは、ゼロから上に、つまり、ゼロからプラスに向かっていく方向に心理学を用いていくことを提唱したのです。

2009年の国際ポジティブ心理学会・第1回世界会議では、マーティン・セリグマンは「ポジティブ心理学」を次のように説明しています。

・強みにも弱みにも関心をもつ
・最高の人生をもたらすことにも、最悪の状態を修復することにも関心をもつ
・普通の人が満ち足りた人生をつくることにも、病気を治すことにも関わる
・みじめさを減らすだけでなく、幸せやよい生活を増やすための介入方法を開発する

「ポジティブ心理学」では、従来の弱みや病気を無視しているわけではなく、ネガティブになりがちな私たちの日々の生活に、ポジティブな面をこれまで以上に増やし、バランスをとっていくことを提唱しているのがおわかりいただけるでしょうか。

この本では、「ポジティブ心理学」の研究者であるソニア・リュボミアスキー博士たちが、幸せな人たちの行動を観察し、その行動をほかの人たちが実行したら幸せになれるかをさまざまな方法で実験した結果、効果があるとわかったことを紹介しています。この実験や統計で証明することを「科学的」といっています。科学とは「再現性がある」ということです。科学的に証明された方法を実行すれば、それを再現でき、自分に合った幸せの道を歩むことができる、といえるでしょう。

私たちの会社、サクセスポイント株式会社では、２００８年より継続して「ポジティブ心理学」を活用し、人々が生き生きと充実して働ける組織開発のためのメソッドを提供しています。

「ポジティブ心理学」では、幸せな人のほうが高い成果をあげられることが科学的に証明されており、幸せをつくり出す組織開発を私たちは「ポジティブ組織づくり」と呼んでいます。組織開発のメソッドによって、幸せになるための行動をメンバーが自ら考え、実行することで、心理的に安全で、気持ちよく働ける環境づくりをしています。そのような組織では、意見を堂々と話し合い、最適解をみんなで話し合って決めて、行動しているのです。

そこでは、『幸せがずっと続く12の行動習慣』が大いに役立っています。「ポジティブ組織づくり」は「人間関係を育てる」ことから始まり、職場のメンバーのみんなで話し合い、「感謝の気持ちを表す」ように行動を変えていきます。メンバーはお互いに素直に「感謝の気持ちを表す」ことにより、関係がよりよくなっていきます。また、メンバーは「親切にすると幸せになる」ということを理解することで、お互いにより協力するようになります。困ったときには声をかけ、助け合うことにより、関係性がよくなるだけでなく、生産性も上がるのです。

さらに、「目標達成に全力を尽くす」ために、それぞれのチームの意志で職場をよりよくする目標を立て、実行します。その結果、メンバー自らが主体的に行動する組織に変わっていくのです。自分たちでつくり上げた、ありたい姿に向かって、自分たちに合った「行動習慣」を実践することにより、お互いの関係性も生産性もよくする基盤ができるのです。以上は『幸せがずっと続く12の行動習慣』を活用したほんの一部の事例です。

「誰でも幸せになりたい。そしてその幸せは自らつくるもの。40％の意図的な行動を増やせば誰もが幸せになれる」。そんな『幸せがずっと続く12の行動習慣』の基本的な考えをもとに、この本を手に取っていただいたみなさまが、ご自身の幸せ、また、チームや組織の幸せのためにお役立ちいただけると、監修者として、これ以上の喜びはありません。

最後に、この本をつくるために大変ご尽力いただいた編集者の浦辺京子さん、日本実業出版社の川上聡さん、そして翻訳者の金井真弓さんに感謝します。おかげさまで、素晴らしい考え方をみなさまに知らせることができます。

２０２３年12月

渡辺　誠

参考文献

まえがき

Lyubomirsky, S., King, L., and Diener, E. (2005). The benefits of frequent positive affect: Does happiness lead to success? *Psychological Bulletin* 131: 803–55.

Seligman, M. E. P., and Csikszentmihalyi, M. (2000). Positive psychology: An introduction. American Psychologist, 55: 5–14.

Ivins, M. (2000, September 22). The manufactured public schools crisis. Fort Worth Star-Telegram.

PART 1

第1章：Is It Possible to Become Happier?

Diener, E. (2000). Subjective well-being: The science of happiness and a proposal for a national index. American Psychologist, 55: 34–43. Diener, E., Suh, E. K., Smith, H., and Shao, L. (1995). National differences in reported well-being: Why do they occur? Social Indicators Research, 34: 7–32.

Keyes, C. L. M. (2005). Mental illness and/or mental health?: Investigating axioms of the complete state model of health. Journal of Consulting and Clinical Psychology, 73: 539–48.

Wilson, T. D., and Gilbert, D. T. (2005). Affective forecasting: Knowing what to want. Current Directions in Psychological Science, 14: 131–34. Gilbert, T. D. (2006). Stumbling on Happiness. New York: Knopf.

Lyubomirsky, S., Sheldon, K. M., and Schkade, D. (2005). Pursuing happiness: The architecture of sustainable change. Review of General Psychology, 9: 111–31.

Lykken, D., and Tellegen, A. (1996). Happiness is a stochastic phenomenon. Psychological Science, 7: 186–89. Tellegen, A., Lykken, D. T., Bouchard, T. J., Wilcox, K. J., Segal, N. L., and Rich, S. (1988). Personality similarity in twins reared apart and together. Journal of Personality and Social Psychology, 54: 1031–39.

Stallone, D. D., and Stunkard, A. J. (1991). The regulation of body weight: Evidence and clinical implications. Annals of Behavioral Medicine, 13: 220–30.

Diener, E., Suh, E. M., Lucas, R. E., and Smith, H. L. (1999). Subjective well-being: Three decades of progress. Psychological Bulletin, 125: 276–302.

Diener, E., Horwitz, J., and Emmons, R. A. (1985). Happiness of the very wealthy. Social Indicators Research, 16: 263–74.

Inglehart, R. (1990). Culture Shift in Advanced Industrial Society. Princeton, NJ: Princeton University Press. DePaulo, B. M., and Morris, W. L. (2005). Singles in society and in science. Psychological Inquiry, 16: 57–83.【『カルチャーシフトと政治変動』 R・イングルハート著、村山皓ほか訳、東洋経済新報社、1993年】

Lucas, R. E., and Donnellan, M. B. (2007). How stable is happiness: Using the STARTS model to estimate the stability of life satisfaction. Journal of Research in Personality, 41: 1091–98. Ehrhardt, J. J.Saris, W. E., and Veenhoven, R. (2000). Stability of life-satisfaction over time: Analysis of change in ranks in a national population. Journal of Happiness Studies, 1: 177–205.

Lyubomirsky, S. (2001). Why are some people happier than others?: The role of cognitive and motivational processes in well-being. American Psychologist, 56: 239–49. Diener et al. (1999), see note 10, above. Myers, D. G. (2000). The funds, friends, and faith of happy people. American Psychologist, 55: 56–67. (4) Diener, E., and Lucas, R. E. (1999). Personality and subjective well-being. In Kahneman, D., Diener, E., and Schwartz, N. (eds.), Well-being: The Foundations of Hedonic Psychology (pp. 213–29). New York: Russell Sage. Argyle, M. (1999). Causes and correlates of happiness. Ibid. (pp. 353–73).

Lyubomirsky, Sheldon, et al. (2005), see note 7 above. Tkach, C. (2005). Unlocking the treasury of human kindness: Enduring improvements in mood, happiness, and self-evaluations. Unpublished doctoral dissertation, Department of Psychology, University of California, Riverside. Lyubomirsky, S., Sousa, L., and Dickerhoof, R. (2006). The costs and benefits of writing, talking, and thinking about life's triumphs and defeats. Journal of Personality and Social Psychology, 90: 692–708. Sheldon, K. M., and Lyubomirsky, S. (2006a). How to increase and sustain positive emotion: The effects of

expressing gratitude and visualizing best possible selves. Journal of Positive Psychology, 1: 73–82. Lyubomirsky, S., Dickerhoof, R., and Sheldon, K. M. (2008). How and why do positive activities work to boost well-being? An experimental longitudinal investigation of regularly practicing optimism and gratitude. Manuscript under review. For interventions from other laboratories, see also Seligman, M. E., Steen, T. A., Park, N., and Peterson, C. (2005). Positive psychology progress: Empirical validation of interventions. American Psychologist, 60: 410–21. Fordyce, M. W. (1977). Development of a program to increase happiness. Journal of Counseling Psychology, 24: 511–21. Fordyce, M. W. (1983). A program to increase happiness: Further studies. Journal of Counseling Psychology, 30: 483–98.

Lyubomirsky, King, et al. (2005), see foreword, note 1.

Diener, E., Nickerson, C., Lucas, R. E., and Sandvik, E. (2002). Dispositional affect and job outcomes. Social Indicators Research, 59: 229–59.

Harker, L., and Keltner, D.(2001).Expressions of positive emotions in women's college yearbook pictures and their relationship to personality and life outcomes across adulthood. Journal of Personality and Social Psychology, 80: 112–24

第2章：How Happy Are You and Why?

Lyubomirsky, S., and Lepper, H. S. (1999). A measure of subjective happiness: Preliminary reliability and construct validation. Social Indicators Research, 46: 137–55.

Ibid.

Radloff, L. (1977). The CES-D Scale: A self-report depression scale for research in the general population. Applied Psychological Measurement, 1: 385–401.

Nezu, A. M., Nezu, C. M., McClure, K. S., & Zwick, M. L. (2002). Assessment of depression. In Gotlib, I. H., and Hammen, C. L. (eds.). Handbook of Depression (pp. 61–85). New York: Guilford. 8. Chwastiak, L., Ehde, D. M., Gibbons, L. E., Sullivan, M., Bowen, J. D., and Kraft, G. H. (2002). Depressive symptoms and severity of illness in multiple sclerosis: Epidemiologic study of a large community sample. American Journal of Psychiatry, 159: 1862–68. Unützer, J., Patrick, D. L., Marmon, T., Simon, G. E., and Katon, W. J. (2002). Depressive symptoms and mortality in a prospective study of 2,558 older adults. American Journal of Geriatric Psychiatry, 10: 521–30.

Burt, V. K., and Stein, K. (2002). Epidemiology of depression: Throughout the female life cycle. Journal of Clinical Psychiatry, 63: 9–15.

Kessler, R. C., McGonagle, K. A. Zhao, S., Nelson, C. B., Hughes, M., Eshlman, S., Wittchen, H. U., and Kendler, K. S. (1994). Lifetime and 12- month prevalence rates of DSM-III-R psychiatric disorders in the United States: Results from the National Comorbidity Survey. Archives of General Psychiatry, 51: 8–19.

Klerman, G. L. (1988). The current age of youthful melancholia: Evidence for increase in depression among adolescents and young adults. British Journal of Psychiatry, 152: 4–14.

Üstün, T. B., Ayuso-Mateos, J. L., Chatterji, S., Mathers, C., and Murray, C. J. L. (2004). Global burden of depressive disorders in the year 2000. British Journal of Psychiatry, 184: 386–92.

Murray, J. L., and Lopez, A. D. (1996). The Global Burden of Disease: A Comprehensive Assessment of Mortality and Disability from Diseases, Injuries and Risk Factors in 1990 and Projected to 2020. Summary. Boston: Harvard School of Public Health: World Health Organization. 14. Schwartz, B. (2000). Pitfalls on the road to a positive psychology of hope. In Schwartz, B., and Gillham, J. (eds.). The Science of Optimism and Hope: Research Essays in Honor of Martin E. P. Seligman (pp. 399–412). Philadelphia: Templeton Foundation Press. O'Connor, R. (1999). Undoing Depression. New York: Berkley. Machoian, L. (2005). The Disappearing Girl: Learning the Language of Teenage Depression. New York: Dutton. Charney, D. S., and Nemeroff, C. B. (2004). The Peace of Mind Prescription: An Authoritative Guide to Finding the Most Effective Treatment for Anxiety and Depression. New York: Houghton Mifflin. Seligman, M. E. P. (1990). Why is there so much depression today?: The waxing of the individual and the waning of the commons. In Ingram, R. (ed.), Contemporary Psychological Approaches to Depression: Theory, Research, and Treatment (pp. 1–9). New York: Plenum.

Klerman, G. L., and Weissman, M. M. (1989). Increasing rates of depression. Journal of the American Medical Association, 261: 2229–35. Lavori, P. W., Warshaw, M., Klerman, G. L, Mueller, T. I., Leon,

A., Rice, J., and Akiskal, H. (1993). Secular trends in lifetime onset of MDD stratified by selected sociodemographic risk factors. Journal of Psychiatric Research, 27: 95–109. Lavori, P. W., Klerman, G. L, Keller, M. B., Reich, T., Rice, J., and Endicott, J. (1987). Age-period-cohort analysis of secular trends in onset of major depression: Findings in siblings of patients with major affective disorder. Journal of Psychiatric Research, 21: 23–35.

Diener et al. (1999), see chapter 1, note 10.

In 2005 the national median household income for a family of four was $46,326. DeNavas-Walt, C., Proctor, B. D., and Lee, C. H. (August 2005). U.S. Census Bureau, Current Population Reports, P60-231, Income, Poverty, and Health Insurance Coverage in the United States: 2005. Washington, DC: U.S. Government Printing Office.

Goodwin, D. K. (1994). No Ordinary Time. New York: Touchstone, pp. 42–43.【『フランクリン・ローズヴェルト（上）日米開戦への道』『フランクリン・ローズヴェルト（下）激戦の果てに』ドリス・カーンズ・グッドウィン著、砂村榮利子、山下淑美訳、中央公論新社、2014 年】

Lane, R. E. (2000). The loss of happiness in market democracies. New Haven: Yale University Press. See Figure 1.1, p.5.

Ibid.

Biswas-Diener, R., and Diener, E. (2001). Making the best of a bad situation: Satisfaction in the slums of Calcutta. Social Indicators Research, 55: 329–52.

Lopez, S. (2004, May 26). Neighbors' ire equals scale of Ovitz plan. Los Angeles Times, B1.

Sun, August 2002.

Nickerson, C., Schwarz, N., Diener, E., and Kahneman, D. (2003). Zeroing on the dark side of the American dream: A closer look at the negative consequences of the goal for financial success. Psychological Science, 14: 531–36.

Cohen, P., and Cohen, J. (1996). Life Values and Adolescent Mental Health. Mahwah, NJ: Erlbaum.

Sheldon, K. M., and Kasser, T. (1998). Pursuing personal goals: Skills enable progress, but not all progress is beneficial. Personality and Social Psychology Bulletin, 24: 1319–31.

Richins, M. L. (1995). Social comparison, advertising, and consumer discontent. American Behavioral Scientist, 38: 593–607.

Campbell, A. (1981). The Sense of Well-being in America. New York: McGrawHill.

Pryor, J. H., Hurtado, S., Saenz, V. B., Lindholm, J. A., Korn, W. S., and Mahoney, K. M. (2006). The American Freshman—National Norms for Fall 2005. Working paper, Higher Education Research Institute.

Kristof, K. M. (2005, January 14). Study: Money can't buy happiness, security either. Los Angeles Times, C1.

Kahneman, D., Krueger, A. B., Schkade, D., Schwarz, N., and Stone, A. A. (2006). Would you be happier if you were richer?: A focusing illusion. Science, 312: 1908–10.

The quote is attributed to Warren Buffett. O'Brien, T. L. (2006, September 17). Fortune's fools: Why the rich go broke. New York Times.

Wengle, H. (1986). The psychology of cosmetic surgery: A critical overview of the literature 1960–1982. Part I. Annals of Plastic Surgery, 16: 435–43. Young, V. L., Nemecek, J. R., and Nemecek, D. A. (1994). The efficacy of breast augmentation: Breast size increase, patient satisfaction, and psychological effects. Plastic and Reconstructive Surgery, 94: 958–69. Indeed, women with cosmetic breast implants have been reported to have an increased risk of death from suicide. See McLaughlin, J. K., Wise, T. N., and Lipworth, L. (2004). Increased risk of suicide among patients with breast implants: Do the epidemiologic data support psychiatric consultation. Psychosomatics, 45: 277–80.

Schkade, D. A., and Kahneman, D. (1998). Does living in California make people happy?: A focusing illusion in judgments of life satisfaction. Psychological Science, 9: 340–46.

Diener, E., Wolsic, B., and Fujita, F. (1995). Physical attractiveness and subjective well-being. Journal of Personality and Social Psychology, 69, 120–29.

Meyer, B., Enström, M. K., Harstveit, M., Bowles, D. P., and Beevers, C. G. (2007). Happiness and despair on the catwalk: Need satisfaction, well-being, and personality adjustment among fashion models. Journal of Positive Psychology, 2, 2–17.

Argyle, M. (1999). Causes and correlates of happiness. In Kahneman et al. (1999), op. cit., 353–75. See chapter 1, note 14. Campbell, A., Converse, P. E., and Rodgers, W. L. (1976).The Quality of

American Life. New York: Russell Sage Foundation. Lyubomirsky, S., and Tucker, K. L. (1998). Implications of individual differences in self-reported happiness for perceiving, thinking about, and recalling life events. Motivation and Emotion, 22, 155–86.

Frederick, S., and Loewenstein, G. (1999). Hedonic adaptation. In Kahneman et al. (1999), op. cit., 302–29. See chapter 1, note 14.

Lyubomirsky, King, et al. (2005), see foreword, note 1.

Lucas, R. E., Clark, A. E., Georgellis, Y., and Diener, E. (2003). Reexamining adaptation and the set point model of happiness: Reactions to changes in marital status. Journal of Personality and Social Psychology, 84: 527–39.

Brickman, P., Coates, D., and Janoff-Bulman, R. (1978). Lottery winners and accident victims: Is happiness relative? Journal of Personality and Social Psychology, 36: 917–27.

Riis, J., Loewenstein, G., Baron, J., Jepson, C., Fagerlin, A., and Ubel, P. A. (2005). Ignorance of hedonic adaptation to hemodialysis: A study using ecological momentary assessment. Journal of Experimental Psychology: General, 134: 3–9.

Schneider, C. E. (1998). The Practice of Autonomy. New York: Oxford University Press, p. 71. 47. Lykken, D., and Tellegen, A. (1996). Happiness is a stochastic phenomenon. Psychological Science, 7: 186–89.

Segal, N. (2000). Entwined Lives. New York: Plume.

Headey, B., and Wearing, A. (1989). Personality, life events, and subjective well-being: Toward a dynamic equilibrium model. Journal of Personality and Social Psychology, 57: 731–39.

Suh, E. M., Diener, E., and Fujita, F. (1996). Events and subjective wellbeing: Only recent events matter. Journal of Personality and Social Psychology, 70: 1091–1102.

Bilger, B. (2004, April 5). The height gap: Why Europeans are getting taller and taller—and Americans aren't. New Yorker.

Sternberg, R. J., Grigorenko, E. L., and Kidd, K. K. (2005). Intelligence, race, and genetics. American Psychologist, 60: 46–59.

Caspi, A., Sugden, K., Moffitt, T. E., Taylor, A., Craig, I. W., Harrington, H. L., McClay, J., Mill, J., Martin, J., Braithwaite, A., and Poulton, R. (2003). Influence of life stress on depression: Moderation by a polymorphism in the 5-HTT gene. Science, 301: 386–89.

Taylor, S. E., Way, B. M., Welch, W. T., Hilmert, C. J., Lehman, B. J., and Eisenberger, N. I. (2006) Early family environment, current adversity, the serotonin transporter promoter polymorphism, and depressive symptomatology. Biological Psychiatry, 60: 671–76.

Tomarken, A. J., Davidson, R. J., Wheeler, R. E., and Doss, R. C. (1992). Individual differences in anterior brain asymmetry and fundamental dimensions of emotion. Journal of Personality and Social Psychology,62: 676–87. Urry, H. L., Nitschke, J. B., Dolski, I., Jackson, D. C., Dalton, K. M., Mueller, C. J., Rosenkranz, M. A., Ryff, C. D., Singer, B. H., and Davidson, R. J. (2004). Making a life worth living: Neural correlates of well-being. Psychological Science, 15: 367–72. See also van Honk, J., and Schutter, D. J. L. G. (2006).From affective valence to motivational direction: The frontal asymmetry of emotion revised. Psychological Science, 17: 963–65.

Mroczek, D. K., and Spiro, A., III. (2005). Change in life satisfaction during adulthood: Findings from the Veterans Affairs Normative Aging Study. Journal of Personality and Social Psychology, 88: 189–202.

Nolen-Hoeksema, S. (2005). Eating, Drinking, Overthinking: The Toxic Triangle of Food, Alcohol, and Depression—and How Women Can Break Free. New York: Henry Holt. 【『なぜか考えすぎる女性のストレス脱出法』スーザン・ノーレン＝ホークセマ著、清水由貴子訳、PHP 研究所、2007 年】

This quote is from English statesman Benjamin Disraeli. Disraeli, B. (2000). Lothair. Cambridge, UK: Chadwyck-Healey, vol. 3, p. 206.

第3章：How to Find Happiness Activities That Fit Your Interests, Your Values, and Your Needs

Harackiewicz, J. M., and Sansone, C. (1991). Goals and intrinsic motivation: You can get there from here. In Maehr, M. L., and Pintrich, P. R. (eds.). Advances in Motivation and Achievement (vol. 7, pp. 21–49). Greenwich, CT: JAI Press. Brunstein, J. C., Schultheiss, O. C., and Grässman, R. (1998). Personal goals and emotional well-being: The moderating role of motive dispositions. Journal of Personality and Social Psychology, 75: 494–508. Diener, E., and Fujita, F. (1995). Resources,

personal strivings, and subjective well-being: A nomothetic and idiographic approach. Journal of Personality and Social Psychology, 68: 926–35. Higgins, E. T., (2005). Value from regulatory fit. Current Directions in Psychological Science, 14: 209–13. Brandstätter, H. (1994). Wellbeing and motivated person-environment fit: A time-sampling study of emotions. European Journal of Personality, 8: 75–93. Pervin, L. A. (1968). Performance and satisfaction as a function of individual-environment fit. Psychological Bulletin, 69: 56–68.

Deci, E. L., and Ryan, R. M. (2000). The "what" and "why" of goal pursuits: Human needs and the self-determination of behavior. Psychological Inquiry, 4: 227–68. Sheldon, K. M., and Elliot, A. J. (1999). Goal striving, need-satisfaction, and longitudinal wellbeing: The Self-Concordance Model. Journal of Personality and Social Psychology, 76: 482–97. Sheldon, K. M., and Kasser, T. (1995). Coherence and congruence: Two aspects of personality integration. Journal of Personality and Social Psychology, 68: 531–43.

Sheldon, K. M., and Houser-Marko, L. (2001). Self-concordance, goalattainment, and the pursuit of happiness: Can there be an upward spiral? Journal of Personality and Social Psychology, 80: 152–65. Sheldon and Kasser (1998), see chapter 2, note 28. Sheldon and Lyubomirsky (2006a), see chapter 1, note 15.

Lyubomirsky et al. (2008), see chapter 1, note 15.

Klem, M. L., Wing, R. R., McGuire, M. T., Seagle, H. M., and Hill, J. O. (1997). A descriptive study of individuals successful at long-term maintenance of substantial weight loss. American Journal of Clinical Nutrition, 66: 239–46.

PART 2

Before You Begin

Hills, P., and Argyle, M. (2002). The Oxford Happiness Questionnaire: A compact scale for the measurement of psychological well-being. Personality and Individual Differences, 33, 1073–1082.

第4章：Practicing Gratitude and Positive Thinking

Emmons, R. A., and Shelton, C. M. (2002). Gratitude and the science of positive psychology. In Snyder, C. R., and Lopez, S. J. (eds.). Handbook of Positive Psychology (pp. 459–71). Oxford: Oxford University Press.

McCullough, M. E., Emmons, R. A., and Tsang, J. (2002). The grateful disposition: A conceptual and empirical topography. Journal of Personality and Social Psychology, 82: 112–27. McCullough, M. E., Tsang, J., and Emmons, R. A. (2004). Gratitude in intermediate affective terrain: Links of grateful moods to individual differences and daily emotional experience. Journal of Personality and Social Psychology, 86: 295–309. Algoe, S., and Haidt, J. (2006). Witnessing excellence in action: The "other-praising" emotions of elevation, gratitude, and admiration. Manuscript under review. Bartlett, M. Y., and DeSteno, D. (2006). Gratitude: Helping when it really costs you. Psychological Science, 17: 319–25. For an accessible review, see Robert Emmons's recent book: Emmons, R. A. (2007). THANKS! How the New Science of Gratitude Can Make You Happier. New York: Houghton Mifflin.

Emmons, R. A., and McCullough, M. E. (2003). Counting blessings versus burdens: An experimental investigation of gratitude and subjective well-being in daily life. Journal of Personality and Social Psychology, 84: 377–89.

Emmons (2007), see note 2 above.

Fredrickson, B. L., Tugade, M. M., Waugh, C. E., and Larkin, G. R. (2003). What good are positive emotions in crises?: A prospective study of resilience and emotions following the terrorist attacks on the United States in September 11, 2001. Journal of Personality and Social Psychology, 84: 365–76.

Watkins, P. C., Grimm, D. L., and Kolts, R. (2004). Counting your blessings: Positive memories among grateful persons. Current Psychology: Developmental, Learning, Personality, Social, 23: 52–67.

Fredrickson et al. (2003), see note 5 above.

Malin, A. (2003, September). Maximum joy: 14 ways to feel lucky you're alive. Prevention, p. 119.

Casey, M. J. (2006, October 20). A survivor's optimism. New York Times.

Bartlett, M. Y., and DeSteno, D. (2006). Gratitude and prosocial behavior: Helping when it costs you. Psychological Science, 17: 319–25.

Algoe, S. B., Haidt, J., Gable, S. L., and Strachman, A. (2007). Beyond reciprocity: Gratitude and

relationships in everyday life. Manuscript under review.
Lyubomirsky, King, et al. (2005), see foreword, note 1.
McCullough et al. (2002), see note 2 above.
See the "What I Know to Be True" exercise in MacDonald, L. (2004). Learn to Be an Optimist. San Francisco: Chronicle Books, 51.
Miller, T. (1995). How to Want What You Have. New York: Avon.
Peterson, C. (2000). The future of optimism. American Psychologist, 55: 44–55.
Franken, A. (1992). I'm Good Enough, I'm Smart Enough, and Doggone it, People Like Me!: Daily Affirmations by Stuart Smalley. New York: Dell.
Tiger, L. (1979). Optimism: The Biology of Hope. New York: Simon & Schuster. Scheier, M. F., and Carver, C. S. (1993). On the power of positive thinking: The benefits of being optimistic. Current Directions in Psychological Science, 2: 26–30.
Scheier and Carver (1993), ibid.
Abramson, L. Y., Seligman, M. E. P., and Teasdale, J. D. (1978). Learned helplessness in humans: Critique and reformulation. Journal of Abnormal Psychology, 87: 49–74. Peterson, C. (1991). Meaning and measurement of explanatory style. Psychological Inquiry, 2: 1–10.
Snyder, C. R. (1994). The Psychology of Hope: You Can Get There from Here. New York: Free Press.
King, L. A. (2001). The health benefits of writing about life goals. Personality and Social Psychology Bulletin, 27: 798–807.
Sheldon and Lyubomirsky (2006a), see chapter 1, note 15.
Pennebaker, J. W., and Graybeal, A. (2001). Patterns of natural language use: Disclosure, personality, and social integration. Current Directions in Psychological Science, 10: 90–93. Singer, J. A. (2004). Narrative identity and meaning making across the adult lifespan: An introduction. Journal of Personality, 72: 437–59.
Segerstrom, S. C. (2001). Optimism, goal conflict, and stressor-related immune change. Journal of Behavioral Medicine, 24: 441–67.
Snyder, C. R., Harris, C., Anderson, J. R., Holleran, S. A., Irving, L. M., Sigmon, S. T., Yoshinobu, L., Gibb, J., Langelle, C., and Harney, P. (1991). The will and the ways: Development and validation of an individualdifferences measure of hope. Journal of Personality and Social Psychology, 60: 570–85.
Scheier, M. F., Weintraub, J. K., and Carver, C. S. (1986). Coping with stress: Divergent strategies of optimists and pessimists. Journal of Personality and Social Psychology, 51: 1257–64. Nes, L. S., and Segerstrom, S. C. (2006). Dispositional optimism and coping: A meta-analytic review. Personality and Social Psychology Review, 10: 235–51.
Scheier and Carver (1993), see note 23 above.
Helweg-Larsen, M., Sadeghian, P., and Webb, M. A. (2002). The stigma of being pessimistically biased. Journal of Social and Clinical Psychology, 21: 92–107.
See the "Look for the Silver Lining" exercise in MacDonald (2004), see note 16 above.
Gillham, J. E., and Reivich, K. J. (1999). Prevention of depressive symptoms in school children: A research update. Psychological Science, 10: 461–62.
Seligman, M. (1991) Learned Optimism, New York: Free Press, and Seligman (2002) Authentic Happiness, see chapter 1, note 3.【『オプティストはなぜ成功するか』マーティン・セリグマン著、山村宜子訳、パンローリング、2013年】
Aspinwall, L. G., and Brunhart, S. M. (1996). Distinguishing optimism from denial: Optimistic beliefs predict attention to health threats. Personality and Social Psychology Bulletin, 22: 993–1003. 40. Seligman (1991), p. 292; see note 38 above.
C., and Wells, A. (eds.). Rumination: Nature, Theory, and Treatment of Negative Thinking in Depression (pp. 21–41). Chichester, UK: John Wiley. Nolen-Hoeksema, S. (2003). Women Who Think Too Much. New York: Henry Holt.【『考えすぎる女たち』S・ノーレン=ホークセマ著、古川奈々子訳、ソニーマガジンズ、2004年】
Lyubomirsky et al. (2007), ibid. See also Lyubomirsky, S., Kasri, F., and Zehm, K. (2003). Dysphoric rumination impairs concentration on academic tasks. Cognitive Therapy and Research, 27: 309–30.
Festinger, L. (1954). A theory of social comparison processes. Human Relations, 7: 114–40. Taylor, S. E., and Lobel, M. (1989). Social comparison activity under threat: Downward evaluation and upward contacts. Psychological Review, 96: 569–75. Major, B., Testa, M., and Bylsma, W. H. (1991).

Responses to upward and downward social comparisons: The impact of esteem-relevance and perceived control. In Suls, J., and Wills, T. A. (eds.) Social Comparison: Contemporary Theory and Research (pp. 237–60). Hillsdale, NJ: Erlbaum. Affleck, G., and Tennen, H. (1991). Social comparison and coping with major medical problems. In Suls and Wills, pp. 369–93, ibid.

Lyubomirsky, S., and Ross, L. (1997). Hedonic consequences of social comparison: A contrast of happy and unhappy people. Journal of Personality and Social Psychology, 73: 1141–57.

Fredrickson, B. L. (2001). The role of positive emotions in positive psychology: The broaden-and-build theory of positive emotions. American Psychologist, 56: 218–26.

Carlson, R. (1997). Don't Sweat the Small Stuff—and It's All Small Stuff. New York: Hyperion.【『小さいことにくよくよするな！』リチャード・カールソン著、小沢瑞穂訳、サンマーク出版、2000 年】

Tedeschi, R. G., Park, C. L., and Calhoun, L. G. (eds.). (1998). Posttraumatic growth: Positive changes in the aftermath of crisis. Mahwah, NJ: Erlbaum.

第5章：Investing in Social Connections

Berscheid, E. (2003). The human's greatest strength: Other humans. In Aspinwall, L. G., and Staudinger, U. M., (eds.). A Psychology of Human Strengths: Fundamental Questions and Future Directions for a Positive Psychology (pp. 37–47). Washington, DC: American Psychological Association. The quote appears on p. 39.

Williamson, G. M., and Clark, M. S. (1989). Providing help and desired relationship type as determinants of changes in moods and self-evaluations. Journal of Personality and Social Psychology, 56: 722–34.

Clark, M. C., (ed.). Prosocial Behavior: Review of Personality and Social Psychology (vol. 12, pp. 238–64). Newbury Park, CA: Sage.

Trivers, R. (1971). The evolution of reciprocal altruism. Quarterly Review of Biology, 46: 35–57. 10. Piliavin, J. A. (2003). Doing well by doing good: Benefits for the benefactor. In Keyes, C. L. M., and Haidt, J., (eds.). Flourishing: Positive Psychology and the Life WellLived (pp. 227–47). Washington, DC: American Psychological Association.

Schwartz, C. E., and Sendor, M. (1999). Helping others helps oneself: Response shift effects in peer support. Social Science and Medicine, 48: 1563–75.

Glynn, S. A., Busch, M. P., Schreiber, G. B., Murphy, E. L., Wright, D. J., Tu, Y., Kleinman, S. H., and NHLBI REDS study group (2003). Effect of a national disaster on blood supply and safety: The September 11 experience. Journal of the American Medical Association, 289: 2246–53.

Esterling, B. A., Kiecolt-Glaser, J. K., Bodnar, J. C., and Glaser, R. (1994). Chronic stress, social support, and persistent alterations in the natural killer cell response to cytokines in older adults. Health Psychology, 13: 291–98.

Weitzenkamp, D. A., Gerhart, K. A., Charlifue, S. W., Whiteneck, G. G., and Savic, G. (1997). Spouses of spinal cord injury survivors: The added impact of caregiving. Archives of Physical Medicine and Rehabilitation, 78: 822–27.

Specter, M. (2005, October 24). What money can buy. New Yorker.

Baumeister, R. F., and Leary, M. R. (1995). The need to belong: Desire for interpersonal attachments as a fundamental human motivation. Psychological Bulletin, 117: 497–529.

House, J. S., Landis, K. R., and Umberson, D. (1988). Social relationships and health. Science, 241: 540–45. Kaplan, R. M., and Toshima, M. T. (1990). The functional effects of social relationships on chronic illnesses and disability. In Sarason, B. R., Sarason, I. G., and Pierce, G. R., (eds.). Social Support: An Interactional View (pp. 427–53). Oxford, UK: John Wiley. Verbrugge, L. M. (1979). Marital status and health. Journal of Marriage and the Family, 41: 267–85. Lynch, J. J. (1977). The Broken Heart: The Medical Consequences of Loneliness. New York: Basic Books.【『現代人の愛と孤独：心臓の医学心理学』J・J・リンチ著、堂野佐俊訳、北大路書房、1985 年】

The other three factors the Sardinians, Okinawans, and Seventh-Day Adventists had in common were "Don't smoke," "Stay physically active," and "Eat a plant-based diet." Buettner, D. (2005, November). "New wrinkles on aging." National Geographic, 2–27.

Berscheid, E., and Reis, H. T. (1998). Attraction and close relationships. In Gilbert, D. T., Fiske, S. T., and Lindzey, G., (eds.). The Handbook of Social Psychology, 4th ed. (vol. 2, pp. 193–281). New York: McGraw-Hill.

Rainwater, L. (1994). Family equivalence as a social construction. In EkertJaffe, D. (ed.). Standards of

Living and Families: Observation and Analysis (pp. 25–39). Montrouge, France: John Libbey Eurotext.

Easterlin, R. A. (2005). A puzzle for adaptive theory. Journal of Economic Behavior and Organization, 56: 513–21.

Gottman, J. M., and Silver, N. (1999). The Seven Principles for Making Marriage Work. New York: Three Rivers Press.【『愛する二人別れる二人——結婚生活を成功させる七つの原則』ジョン・M・ゴットマン、ナン・シルバー著、松浦秀明訳、第三文明社、2000 年】

Gottman, J. M. (1994). What Predicts Divorce: The Relationship Between Marital Processes and Marital Outcomes. Hillsdale, NJ: Erlbaum.

Drigotas, S. M., Rusbult, C. E., Wieselquist, J., and Whitton, S. W. (1999). Close partner as sculptor of the ideal self: Behavioral affirmation and the Michelangelo phenomenon. Journal of Personality and Social Psychology, 77: 293–323. Drigotas, S. M. (2002). The Michelangelo phenomenon and personal well-being. Journal of Personality, 70: 59–77.

Murray, S. L., Holmes, J. G., and Griffin, D. W. (1996). The self-fulfilling nature of positive illusions in romantic relationships: Love is not blind, but prescient. Journal of Personality and Social Psychology, 71: 1155–80.

This compelling work has been conducted by Shelly Gable, Harry Reis, and their colleagues: Gable, S. L., Reis, H. T., Asher, E. R. and Impett, E. A. (2004). What do you do when things go right?: The intrapersonal and interpersonal benefits of sharing positive events. Journal of Personality and Social Psychology, 87: 228–45.

Keil, C. P. (1998). Loneliness, stress, and human-animal attachment among older adults. In Wilson, C. C., and Turner, D. C., (eds.). Companion Animals in Human Health (pp. 123–34). Thousand Oaks, CA: Sage.

These studies on singles were compiled in a recent influential piece by psychologists Bella DePaulo and Wendy Morris, who challenge what they call the ideology of marriage and family: DePaulo, B. M., and Morris, W. L. (2005). Singles in society and in science. Psychological Inquiry, 16: 57–83. See also DePaulo, B. (2006). Singled Out: How Singles Are Stereotyped, Stigmatized, and Ignored, and Still Live Happily Ever After. New York: St. Martin's Press.【『シングルド・アウト第Ⅰ巻　アメリカ社会のシングリズムとマトリマニア』ベラ・デパウロ博士、旬馬ゆきの訳、kindle、2015 年、『シングルド・アウト第Ⅱ巻　結婚神話1～4』ベラ・デパウロ博士、旬馬ゆきの訳、kindle、2017 年】

A number of these suggestions are from McGinnis, A. L. (1979). The Friendship Factor. Minneapolis: Augsburg. The magic number of "three" was suggested by Stanford University professor Laura Carstensen.【『「人に好かれる人」になる 12 の習慣——このシンプルな知恵で人間関係がうまくいく』アラン・ロイ・マクギニス著、月谷真紀訳、PHP 研究所、2003 年】

Argyle, M., and Henderson, M. (1984). The rules of friendships. Journal of Social and Personal Relationships, 1: 211–37.

Doehring, K. M. (1989). Relieving pain through touch. Advancing Clinical Care, 4: 32–33.

第6章：Managing Stress, Hardship, and Trauma

Ozer, E. J., and Weiss, D. S. (2004). Who develops post-traumatic stress disorder? Current Directions in Psychological Science, 13: 169–72.

Billings, A. G., and Moos, R. H. (1984). Coping, stress, and social resources among adults with unipolar depression. Journal of Personality and Social Psychology, 46: 887–91.

Carver, C. S., Scheier, M. F., and Weintraub, J. K. (1984). Assessing coping strategies: A theoretically based approach. Journal of Personality and Social Psychology, 56: 267–83.

Nolen-Hoeksema, S., and Morrow, J. (1991). A prospective study of depression and posttraumatic stress symptoms after a natural disaster: The 1989Loma Prieta earthquake. Journal of Personality and Social Psychology, 61: 115–21.

Schut, H. A. W., Stroebe, M. S., van den Bout, J., and de Keijser, J. (1997). Intervention for the bereaved: Gender differences in the efficacy of two counselling programmes. British Journal of Clinical Psychology, 36: 63–72.

McQueeney, D. A., Stanton, A. L., and Sigmon, S. (1997). Efficacy of emotion-focused and problem-focused group therapies for women with fertility problems. Journal of Behavioral Medicine, 20: 313–31.

Tennen, H., and Affleck, G. (1999). Finding benefits in adversity. In Snyder, C. R., (ed.). Coping: The Psychology of What Works (pp. 279–304). New York: Oxford University Press.

Taylor, S. E., Lichtman, R. R., and Wood, J. V. (1984). Attributions, beliefs about control, and adjustment to breast cancer. Journal of Personality and Social Psychology, 46: 489–502. See also Collins, R. L., Taylor, S. E., and Skokan, L. A. (1990). A better world or a shattered vision?: Changes in life perspectives following victimization. Social Cognition, 8: 263–85.

For a review, see Taylor, S. E., and Armor, D. A. (1996). Positive illusions and coping with adversity. Journal of Personality, 64: 873–98.

The quotes in this subsection are from bereaved participants in a study reported in Davis, C. G., Nolen-Hoeksema, S., and Larson, J. (1998). Making sense of loss and benefiting from the experience: Two construals of meaning. Journal of Personality and Social Psychology, 75: 561–74. 13. Shearer, L. (2001, September). When the friendly skies are not so friendly. Georgia Magazine, 80.

Affleck, G., Tennen, H., Croog, S., and Levine, S. (1987). Causal attributions, perceived benefits, and morbidity after a heart attack: An 8 year study. Journal of Consulting and Clinical Psychology, 55: 29–35.

Tedeschi, R. G., and Calhoun, L. G. (1995). Trauma and transformation: Growing in the Aftermath of Suffering. Thousand Oaks, CA: Sage. O'Leary, V. E., andIckovics, J. R. (1995). Resilience and thriving in response to challenge: An opportunity for a paradigm shift in women's health. Women's Health: Research on Gender, Behavior, and Policy, 1: 121–42.

There are many good descriptions of this work, but a particularly good reference is Tedeschi, R. G., and Calhoun, L. G. (2004). Posttraumatic growth: Conceptual foundations and empirical evidence. Psychological Inquiry, 15: 1–18.

Langer, L. L. (1990). Holocaust Testimonies: The Ruins of Memory. New Haven: Yale University Press, p. 59. Quoted in O'Leary and Ickovics (1995), see note 16 above.

Engh, A. L., Beehner, J. C., Bergman, T. J., Whitten, P. L., Hoffmeier, R. R., Seyfarth, R. M., and Cheney, D. L. (2006) Behavioural and hormonal responses to predation in female chacma baboons (Papio hamadryas ursinus). Proceedings of the Royal Society B, 273: 707–12. Dreilinger, R. (2006, April). "No monkey, no cry." Observer, 12.

Pennebaker, J. W., and O'Heeron, R. C. (1984). Confiding in others and illness rate among spouses of suicide and accidental-death victims. Journal of Abnormal Psychology, 93: 473–76.

Levy, S. M., Herberman, R. B., Whiteside, T., Sanzo, K., Lee, J., and Kirkwood, J. (1990). Perceived social support and tumor estrogen/progesterone receptor status as predictors of natural killer cell activity in breast cancer patients. Psychosomatic Medicine, 52: 73–85. See also Kiecolt-Glaser, J. K., Dura, J. R., Speicher, C. E., Trask, O. J., and Glaser, R. (1991). Spousal caregivers of dementia victims: Longitudinal changes in immunity and health. Psychosomatic Medicine, 53: 345–62.

Spiegel, D., Bloom, J. R., Kraemer, H. C., and Gottheil, E. (1989). Effect of psychosocial treatment on survival of patients with metastatic breast cancer. Lancet, 2: 888–91.

Gilligan, C. (1982). In a Different Voice: Psychological Theory and Women's Development. Cambridge, MA: Harvard University Press.【『もうひとつの声で――心理学の理論とケアの倫理』キャロル・ギリガン著、川本隆史・山辺恵理子・米典子訳、風行社、2022 年】

Rook, K. S. (1984). The negative side of social interaction: Impact on psychological well-being. Journal of Personality and Social Psychology, 46: 1097–1108. Windholz, M. J., Marmar, C. R., and Horowitz, M. J. (1985). A review of the research on conjugal bereavement: Impact on health and efficacy of intervention. Comprehensive Psychiatry, 26: 433–47.

Janoff-Bulman, R. (1992). Shattered Assumptions: Towards a New Psychology of Trauma. New York: Free Press.

Lerner, M. J. (1980). The Belief in a Just World. New York: Plenum.

Bower, J. E., Kemeny, M. E., Taylor, S. E., and Fahey, J. L. (1998). Cognitive processing, discovery of meaning, CD4 decline, and AIDS-related mortality among bereaved HIV-seropositive men. Journal of Consulting and Clinical Psychology, 66: 979–86.

A wonderfully readable summary of this work is in Pennebaker, J. W. (1997). Opening Up: The Healing Power of Expressing Emotions. New York: Guilford.

For reviews, see Pennebaker, J. W. (1997). Writing about emotional experiences as a therapeutic process. Psychological Science, 8: 162–66. Frattaroli, J. (2006). Experimental disclosure and its moderators:

A meta-analysis. Psychological Bulletin, 132: 823–65.
Pennebaker, J. W., Mayne, T. J., and Francis, M. E. (1997). Linguistic predictors of adaptive bereavement. Journal of Personality and Social Psychology, 72: 863–71.
Pennebaker, J. W., and Seagal, J. D. (1999). Forming a story: The health benefits of narrative. Journal of Clinical Psychology, 55: 1243–54. Quote appears on p. 1244.
McCullough, M. E., Pargament, K. I., and Thoresen, C. T. (eds.). (2000). Forgiveness: Theory, Research, and Practice. New York: Guilford.
McCullough, M. E., Rachal, K. C., Sandage, S. J., Worthington, E. L., Jr., Brown, S. W., and Hight, T. L. (1998). Interpersonal forgiving in close relationships. II. Theoretical elaboration and measurement. Journal of Personality and Social Psychology, 75: 1586–1603.
For excellent reviews of this research, see McCullough and Witvliet (2002), see note 37 above, and McCullough, M. E. (2001). Forgiveness: Who does it and how do they do it? Current Directions in Psychological Science, 10: 194–97
Hebl, J. H., and Enright, R. D. (1993). Forgiveness as a psychotherapeutic goal with elderly females. Psychotherapy: Theory, Research, Practice, Training, 30: 658–67.
Worthington, E. L., Jr., Sandage, S. J., and Berry, J. W. (2000). Group interventions to promote forgiveness: What researchers and clinicians ought to know. In McCullough, M. E., Pargament, K. I., and Thoresen, C.T. (eds.). Forgiveness: Theory, Research, and Practice (pp. 228–53). New York: Guilford. Harris, A. H. S., and Thoresen, C. E. (2006). Extending the influence of positive psychology interventions into health care settings: Lessons from self-efficacy and forgiveness. Journal of Positive Psychology, 1: 27–36.
Karremans, J. C., Van Lange, P. A. M., and Holland, R. W. (2005). Forgiveness and its associations with prosocial thinking, feeling, and doing beyond the relationship with the offender. Personality and Social Psychology Bulletin, 31: 1315–26.
Witvliet, C. V., Ludwig, T. E., and Vander Laan, K. L. (2001). Granting forgiveness or harboring grudges: Implications for emotion, physiology, and health. Psychological Science, 12: 117–23.
McCullough, M. E., Worthington, E. L., and Rachal, K. C. (1997). Interpersonal forgiving in close relationships. Journal of Personality and Social Psychology, 73: 321–36.
Shapiro, D. L. (1991). The effects of explanations on negative reactions to deceit. Administrative Science Quarterly, 36: 614–30.
McCullough, M. E., Bellah, C. G., Kilpatrick, S. D., and Johnson, J. L. (2001). Vengefulness: Relationships with forgiveness, rumination, wellbeing, and the Big Five. Personality and Social Psychology Bulletin, 27: 601–10.
Remnick, D. (2006, September 18). The wanderer. New Yorker.

第7章：Living in the Present

Gregory, A. (2005, March 21). "(Man at work thinking about golf, golfing thinking about sex, having sex, thinking about work.)" New Yorker.
The best treatment of flow, in my opinion, is in Csikszentmihalyi, M. (1990). Flow: The Psychology of Optimal Experience. New York: Harper & Row.【『フロー体験　喜びの現象学』M・チクセントミハイ著、今村浩明訳、世界思想社、1996 年】
Csikszentmihalyi, M., Rathunde, K., and Whalen, S. (1993). Talented Teenagers. Cambridge, UK: Cambridge University Press.
LeFevre, J. (1988). Flow and the quality of experience during work and leisure. In Csikszentmihalyi, M., and Csikszentmihalyi, I. (eds.). Optimal Experience (pp. 307–18). New York: Cambridge University Press.
Csikszentmihalyi, M. (2000). Beyond Boredom and Anxiety. San Francisco: Jossey-Bass. (Original work published in 1975.)【『楽しみの社会学』M・チクセントミハイ著、今村浩明訳、新思索社、2000 年】
Wrzesniewski, A., McCauley, C., Rozin, P., and Schwartz, B. (1997). Jobs, careers, and callings: People's relations to their work. Journal of Research in Personality, 31: 21–33.
Wrzesniewski, A., and Dutton, J. E. (2001). Crafting a job: Revisioning employees as active crafters of their work. Academy of Management Review, 26: 179–201.
Fred Bryant and Joseph Veroff were the first to study and describe the phenomenon of savoring. For an updated and accessible overview, see Bryant, F. B., and Veroff, J. (2006). Savoring: A New Model of

Positive Experience. Mahwah, NJ: Erlbaum. Their work is also described in the following papers: Bryant,F. B. (1989). A four-factor model of perceived control: Avoiding, coping, obtaining, and savoring. Journal of Personality, 57: 773–97. Bryant, F. B. (2003). Savoring beliefs inventory (SBI): A scale for measuring beliefs about savoring. Journal of Mental Health, 12: 175–96.

Seligman, M. E. P., Rashid, T., and Parks, A. C. (2006). Positive psychotherapy. American Psychologist, 61: 774–88.

Pasupathi, M., and Carstensen, L. L. (2003). Age and emotional experience during mutual reminiscing. Psychology and Aging, 18: 430–42.

Havighurst, R. J., and Glasser, R. (1972). An exploratory study of reminiscence. Journal of Gerontology, 27: 245–53.

Bryant, F. B., Smart, C. M., and King, S. P. (2005). Using the past to enhance the present: Boosting happiness through positive reminiscence. Journal of Happiness Studies, 6: 227–60.

Humphrey Bogart says this to Ingrid Bergman in the last scene of Casablanca, before she boards a plane to Lisbon, never to see him again.

Langston, C. A. (1994). Capitalizing on and coping with daily-life events: Expressive responses to positive events. Journal of Personality and Social Psychology, 67: 1112–25. See also Gable et al. (2004), see chapter 5, note 32.

Haidt, J., and Keltner, D. (2004). Appreciation of beauty and excellence [Awe, Wonder, Elevation]. In Peterson, C., and Seligman, M. E. P. (eds.). Character Strengths and Virtues: A Handbook and Classification (pp. 537–51). Washington, DC: American Psychological Association.

Brown, K. W., and Ryan, R. M. (2003). The benefits of being present: Mindfulness and its role in psychological well-being. Journal of Personality and Social Psychology, 84: 822–48.

James, W. (1924). Memories and Studies. New York: Longmans, Green, & Co. (Original work published in 1911.)

Jon Kabat-Zinn, founder of the Stress Reduction Clinic at the University of Massachusetts Medical Center, has been a pioneer in this field. For an overview of these studies, see Kabat-Zinn, J. (2005). Full Catastrophe Living: Using the Wisdom of Your Body and Mind to Face Stress, Pain, and Illness, 15th anniversary ed. New York: Bantam Dell. 【『マインドフルネスストレス低減法』ジョン・カバットジン著、春木豊訳、北大路書房、2007年】

Liberman, V., Boehm, J. K., Lyubomirsky, S., and Ross, L. (2008). Happiness and memory: Affective consequences of endowment and contrast. Manuscript under review.

Attributed to Jim Holliday. Caen, H. (1975, April 15). [Editorial]. San Francisco Chronicle.

Wildschut, T., Sedikides, C., Arndt, J., and Routledge, C. (2006). Nostalgia: Content, triggers, functions. Journal of Personality and Social Psychology, 91: 975–93.

Epel, E. S., Bandura, A., and Zimbardo, P. G. (1999). Escaping homelessness: The influences of self-efficacy and time perspective on coping with homelessness. Journal of Applied Social Psychology, 29: 575–96.

Kessler, L. (2004, August 22). Dancing with Rose: A strangely beautiful encounter with Alzheimer's patients provides insights that challenge the way we view the disease. Los Angeles Times Magazine, 29.

For reviews, see Zimbardo, P. G., and Boyd, J. N. (1998). Putting time in perspective: A valid, reliable individual-difference metric. Journal of Personality and Social Psychology, 77: 1271–88. Boyd, J. N., and Zimbardo, P. G. (2005). Time perspective, health, and risk taking. In Strathman, A., and Joireman, J. (eds.). Understanding Behavior in the Context of Time: Theory, Research, and Application (pp. 85–107). Mahwah, NJ: Erlbaum.

For evidence that people are capable of doing both—that is, living in the present and being oriented toward the future—see Liu, W., and Aaker, J. (2007). Do you look to the future or focus on today?: The impact of life experience on intertemporal decisions. Organizational Behavior and Human Decision Processes, 102: 212–25.

第8章：Committing to Your Goals

Wolfe, W. B. (2001). How to Be Happy Though Human. London: Routledge. (Original work published in 1932.) 【『どうしたら幸福になれるか（上）（下）』W・B・ウルフ著、周郷博訳、岩波書店、1960年】【『どうすれば幸福になれるか（上）（下）』W・B・ウルフ著、前田啓子訳、一光社、1994年】

Brunstein, J. C. (1993). Personal goals and subjective well-being: A longitudinal study. Journal of Personality and Social Psychology, 65: 1061–70.

Swed, M. (2004, June 7). At Disney, a soaring tribute; Esa-Pekka Salonen's "Wing on Wing" is a stirringly heartfelt work honoring Frank Gehry. Los Angeles Times, E1.

Cantor, N. (1990). From thought to behavior: "Having" and "doing" in the study of personality and cognition. American Psychologist, 45: 735–50.

For a review, see Ryan, R. M., and Deci, E. L. (2000). Self-determination theory and the facilitation of intrinsic motivation, social development, and well-being. American Psychologist, 55: 68–78.

Kasser, T., and Ryan, R. M. (1993). A dark side of the American dream: Correlates of financial success as a central life aspiration. Journal of Personality and Social Psychology, 65: 410–22. Kasser, T., and Ryan, R. M. (1996). Further examining the American dream: Differential correlates of intrinsic and extrinsic goals. Personality and Social Psychology Bulletin, 22: 280–87. Sheldon, K. M.and Kasser, T. (1995). Coherence and congruence: Two aspects of personality integration. Journal of Personality and Social Psychology, 68: 531–43.

For two excellent reviews, see Sheldon, K. M. (2002). The self-concordance model of healthy goal-striving: When personal goals correctly represent the person. In Deci, E. L., and Ryan, R. M. (eds.). Handbook of self-determination theory (pp. 65–86). Rochester, NY: University of Rochester Press. Sheldon, K. M., and Elliot, A. J. (1999). Goal striving, need satisfaction, and longitudinal well-being: The self-concordance model. Journal of Personality and Social Psychology, 76: 546–57. 9. Elliot, A. J., and Sheldon, K. M. (1998). Avoidance personal goals and the personality-illness relationship. Journal of Personality and Social Psychology, 75: 1282–99. Elliot, A. J., Sheldon, K. M., and Church, M. A. (1997). Avoidance personal goals and subjective well-being. Personality and Social Psychology Bulletin, 23: 915–27.

Elliot, A. J., and McGregor, H. A. (2001). A 2 × 2 achievement goal framework. Journal of Personality and Social Psychology, 80: 501–19.

Strachman, A., and Gable, S. L. (2006). What you want (and do not want) affects what you see (and do not see): Avoidance social goals and social events. Personality and Social Psychology Bulletin, 32: 1446–58.

Wegner, D. M. (1994). Ironic processes of mental control. Psychological Review, 101: 34–52.

Sheldon and Kasser (1995), see chapter 3, note 2. Emmons, R. A., and King, L. A. (1988). Conflict among personal strivings: Immediate and long-term implications for psychological and physical well-being. Journal of Personality and Social Psychology, 54: 1040–48.

Carstensen, L. L., Isaacowitz, D. M., and Charles, S. T. (1999). Taking time seriously: A theory of socioemotional selectivity. American Psychologist, 54: 165–81.

Fredrickson, B. L., and Carstensen, L. L. (1990). Choosing social partners: How old age and anticipated endings make people more selective. Psychology and Aging, 5: 335–47.

Sheldon, K. M., and Lyubomirsky, S. (2006b). Achieving sustainable gains in happiness: Change your actions, not your circumstances. Journal of Happiness Studies, 7: 55–86.

Kaiser, R. T., and Ozer, D. J. (1997). Emotional stability and goal-related stress. Personality and Individual Differences, 22: 371–79.

Kahneman, D., Krueger, A. B., Schkade, D., Schwarz, N., and Stone, A. A. (2004). A survey method for characterizing daily life experience: The Day Reconstruction Method. Science, 306: 1776–80.

Sheldon, K. M., Kasser, T., Smith, K., and Share, T. (2002). Personal goals and psychological growth: Testing an intervention to enhance goal attainment and personality integration. Journal of Personality, 70: 5–31.

Bearman, P. S., and Brückner, H. (2001). Promising the future: Virginity pledges and first intercourse. American Journal of Sociology, 106: 859–912.

Greenwald, A. G., Carnot, C. G., Beach, R., and Young, B. (1987). Increasing voting behavior by asking people if they expect to vote. Journal of Applied Psychology, 72: 315–18.

Norcross, J. C., Mrykalo, M. S., and Blagys, M. D. (2002). Auld Lang Syne: Success predictors, change processes, and self-reported outcomes of New Year's resolvers and nonresolvers. Journal of Clinical Psychology, 58: 397–405. See also Brunstein (1993), see note 3 above.

Norcross, J. C., Ratzin, A. C., and Payne, D. (1989). Ringing in the New Year: The change processes and reported outcomes of resolutions. Addictive Behaviors, 14: 205–12.

For an excellent review, see David Myer's social psychology textbook: Myers, D. G. (2005). Social Psychology. New York: McGraw-Hill.

Norcross, J. C., and Vangarelli, D. J. (1989). The resolution solution: Longitudinal examination of New Year's change attempts. Journal of Substance Abuse, 1: 127–34.

Brandtstädter, J., and Renner, G. (1990). Tenacious goal pursuit and flexible goal adjustment: Explication and age-related analysis of assimilative and accommodative strategies of coping. Psychology and Aging, 5: 58–67.

Heckhausen, J., and Schulz, R. (1995). A life-span theory of control. Psychological Review, 102: 284–304.

Lepper, M. R., Greene, D., and Nisbett, R. E. (1973). Undermining children's intrinsic interest with extrinsic reward: A test of the "overjustification" hypothesis. Journal of Personality and Social Psychology, 28: 129–37.

Gollwitzer, P. M. (1999). Implementation intentions. American Psychologist, 54: 493–503.

Dubé, M., Lapierre, S., Bouffard, L., and Alain, M. (in press). Impact of a personal goals management program on the subjective well-being of young retirees. European Review of Applied Psychology. For a similar study that confirmed these findings, see Green, L. S., Oades, L. G., and Grant, A. M. (2006). Cognitive-behavioral, solution-focused life coaching: Enhancing goal striving, well-being, and hope. The Journal of Positive Psychology, 1: 142–49.

第9章 : Taking Care of Your Body and Your Soul

For an excellent review, see Ellison, C. G., and Levin, J. S. (1998). The religion-health connection: Evidence, theory, and future directions. Health Education and Behavior, 25: 700–20. Another very readable review is Myers (2000), see chapter 1, note 14.

McIntosh, D. N., Silver, R. C., and Wortman, C. B. (1993). Religion's role in adjustment to a negative life event: Coping with the loss of a child. Journal of Personality and Social Psychology, 65: 812–21.

Oman, D., and Reed, D. (1998). Religion and mortality among the community dwelling elderly. American Journal of Public Health, 88: 1469–75. Koenig, H. G., Hays, J. C., George, L. K., Blazer, D. G., Larson, D. B., and Landerman, L. R. (1997). Modeling the cross-sectional relationships between religion, physical health, social support, and depressive symptoms American Journal of Geriatric Psychology, 5: 131–44. Oxman, T. E., Freeman, D. H., and Manheimer, E. D. (1995). Lack of social participation or religious strength and comfort as risk factors for death after cardiac surgery in the elderly. Psychosomatic Medicine, 57: 5–15. Strawbridge, W. J., Cohen, R. D., Shema, S. J., and Kaplan, G. A. (1997). Frequent attendance at religious services and mortality over 28 years. American Journal of Public Health, 87: 957–61.

Pollner, M. (1989). Divine relations, social relations, and well-being. Journal of Health and Social Behavior, 30: 92–104.

Koenig, H. G., George, L. K., and Siegler, I. C. (1988). The use of religion and other emotion-regulating coping strategies among older adults. Gerontologist, 28: 303–10.

Jenkins, R. A., and Pargament, K. I. (1988). Cognitive appraisals in cancer patients. Social Science and Medicine, 26: 625–33.

Baumeister, R. F. (1991). Meanings of Life. New York: Guilford.

McCullough, M. E., and Worthington, E. L. (1999). Religion and the forgiving personality. Journal of Personality, 67: 1141–64.

Vaillant, G. E. (2008). Spiritual Evolution: A Scientific Defense of Faith. New York, Broadway Books.

Saucier, G. and Skrzypiñska, K. (2006). Spiritual but not religious? Evidence for two independent dispositions. Journal of Personality, 74: 1257–92.

Pargament, K. I. (1999). The psychology of religion and spirituality?: Yes and no. International Journal for the Psychology of Religion, 9: 3–16.

Pollner, M. (1989). Divine relations, social relations, and well-being. Journal of Health and Social Behavior, 30: 92–104.

Poloma, M. M., and Gallup, G. H., Jr. (1991). Varieties of Prayer: A Survey Report. Philadelphia: Trinity Press International.

For a review of this research, see Compton, W. C. (2004). Religion, spirituality, and well-being. In An Introduction to Positive Psychology (pp. 196–216). Belmont, CA: Wadsworth.

Freud, S. (1964). The Future of an Illusion. Garden City, NY: Doubleday, p. 71. (Original work published in 1928). 【『幻想の未来／文化への不満』ジークムント・フロイト著、中山元訳、光文社、2007年】

Klonoff, E. A., and Landrine, H. (1996). Belief in the healing power of prayer: Prevalence and health correlates for African-Americans. Western Journal of Black Studies, 20: 207–10.

Koenig, H. G., Pargament, K. I., and Nielsen, J. (1998). Religious coping and health status in medically ill hospitalized older adults. Journal of Mental and Nervous Disease, 186: 513–21.

Glock, C. Y., and Stark, R. (1966). Christian Beliefs and Anti-Semitism. New York: Harper & Row.

Altemeyer, B., and Hunsberger, B. (1992). Authoritarianism, religious fundamentalism, quest, and prejudice. International Journal for the Psychology of Religion, 2: 113–33.

Hoge, D. R. (1996). Religion in America: The demographics of belief and affiliation. In Shafranske, E. P., (ed.). Religion and the Clinical Practice of Psychology (pp. 21–42). Washington, DC: American Psychological Association. Johnson, B., Bader, C., Dougherty, K., Froese, P., Stark, R., Mencken, C., and Park, J. (2006, September 11).

Kabat-Zinn, J. (1990). Full Catastrophe Living. New York: Delacorte Press. 【『マインドフルネスストレス低減法』ジョン・カバットジン著、春木豊訳、北大路書房、2007年】

Davidson, R. J., Kabat-Zinn, J., Schumacher, J., Rosenkranz, M., Muller, D., Santorelli, S. F., Urbanowski, F., Harrington, A., Bonus, K., and Sheridan, J. F. (2003). Alterations in brain and immune function produced by mindfulness meditation. Psychosomatic Medicine, 65: 564–70.

Smith, W. P., Compton, W. C., and West, W. B. (1995). Meditation as an adjunct to a happiness enhancement program. Journal of Clinical Psychology, 51: 269–73.

Paul-Labrador, M., Polk, D., Dwyer, J. H., Velasquez, I., Nidich, S., Rainforth, M., Schneider, R., and Merz, N. B. (2006). Effects of a randomized controlled trial of transcendental meditation on components of the metabolic syndrome in subjects with coronary heart disease. Archives of Internal Medicine, 166: 1218–24.

Blumenthal, J. A., Babyak, M. A., Moore, K. A., Craighead, E., Herman, S., Khatri, P., Waugh, R., Napolitano, M. A., Forman, L. M., Appelbaum, M., Doraiswamy, P. M., and Krishnan, K. R. (1999). Effects of exercise training on older patients with major depression. Archives of Internal Medicine, 159: 2349–56.

Babyak, M. A., Blumenthal, J. A., Herman, S., Khatri, P., Doraiswamy, M., Moore, K., Craighead, W. E., Baldewicz, T. T., and Krishnan, K. R. (2000). Exercise treatment for major depression: Maintenance of therapeutic benefit at 10 months. Psychosomatic Medicine, 62: 633–38. 40. Biddle, S. J. H., Fox, K. R., and Boutcher, S. H. (eds.). (2000). Physical Activity and Psychological Well-being. London: Routledge. Kahn, E. B., Ramsey, L. T., Brownson, R. C., Heath, G. W., Howze, E. H., and Powell, K. E., Stone, E. J., Rajab, M. W., Corso, P., and the Task Force on Community Preventive Services (2002). The effectiveness of interventions to increase physical activity: A systematic review. American Journal of Preventive Medicine, 22: 73–107. Centers for Disease Control and Prevention. (1999, November 17).

Motl, R. W., Konopack, J. F., McAuley, E., Elavsky, S. Jerome, G. J., and Marquez, D. X. (2005). Depressive symptoms among older adults: Longterm reduction after a physical activity intervention. Journal of Behavioral Medicine, 28: 385–94.

Thayer, R. E., Newman, J. R., and McClain, T. M. (1994). Self-regulation of mood: Strategies for changing a bad mood, raising energy, and reducing tension. Journal of Personality and Social Psychology, 67: 910–25. Biddle, S. J. H. (2000). Emotion, mood, and physical activity. In Biddle, S. J. H., Fox, K. R., and Boutcher, S. H. (eds.). Physical Activity and Psychological Well-being (pp. 63–87). London: Routledge.

Bahrke, M. S., and Morgan, W. P. (1978). Anxiety reduction following exercise and meditation. Cognitive Therapy and Research, 2: 323–33. Harte, J. L., Eifert, G. H., and Smith, R. (1995). The effects of running and meditation on betaendorphin, corticotrophin-releasing hormone, and cortisol in plasma, and on mood. Biological Psychology, 40: 251–56.

Carter-Morris, P., and Faulkner, G. (2003). A football project for service users: The role of football in reducing social exclusion. Journal of Mental Health Promotion, 2: 24–30. (Quote on p. 27.)

Meeusen, R., and De Meirleir, K. (1995). Exercise and brain neurotransmission. Sports Medicine, 20: 160–88.

Biddle, S. J. H., and Ekkekakis, P. (2006). Physically active lifestyles and wellbeing. In Huppert, F. A.,

Baylis, N., and Keverne, B. (eds.). The Science of Well-being (pp. 141–68). New York: Oxford University Press.
Mutrie, N., and Faulkner, G. (2004). Physical activity: Positive psychology in motion. In Linley, A., and Joseph, S. (eds.). Positive Psychology in Practice (pp. 146–64). Hoboken, NJ: John Wiley. Quotation on p. 146.
Bailey, C. (1994). Smart Exercise. New York: Houghton Mifflin.
Stanford University School of Medicine professor William Dement: Dement, W. C., and Vaughan, C. (2000).The Promise of Sleep. New York: Dell.
Darwin, C. R. (1896). The Expression of Emotions in Man and Animals. New York: Appleton. Quotation on p. 365.【『人及び動物の表情について』ダーウィン著、浜中浜太郎訳、NextPublishing Authors Press、2018 年】
Strack, F., Martin, L. L., and Stepper, S. (1988). Inhibiting and facilitating conditions of the human smile: A nonobtrusive test of the facial feedback hypothesis. Journal of Personality and Social Psychology, 54: 768–77.
Levenson, R. W., Ekman, P., and Friesen, W. V. (1990). Voluntary facial action generates emotion-specific autonomic nervous system activity. Psychophysiology, 27: 363–84.
Cole, J. (1998). About Face. Cambridge, MA: MIT Press. Quotation on p. 127.【『顔の科学——自己と他者をつなぐもの』ジョナサン・コール著、茂木健一郎監訳、恩蔵絢子訳、PHP研究所、2011 年】
Finzi, E., and Wasserman, E. (2006). Treatment of depression with botulinum toxin A: A case series. Dermatologic Surgery, 32: 645–50.
Fromm, E. (1956). The Art of Loving. New York: Harper & Row. Quotation on p. 49.【『愛するということ』エーリッヒ・フロム訳、鈴木晶訳、紀伊國屋書店、2020 年】
Keltner, D., and Bonanno, G. A. (1997). A study of laughter and dissociation: Distinct correlates of laughter and smiling during bereavement. Journal of Personality and Social Psychology, 73: 687–702.

PART 3

第 10 章 : The Five Hows Behind Sustainable Happiness

Diener, E., Sandvik, E., and Pavot, W. (1991). Happiness is the frequency, not the intensity, of positive versus negative affect. In Strack, F., Argyle, M., and Schwarz, N. (eds.). Subjective Well-being: An Interdisciplinary Perspective (pp. 119–39). Elmsford, NY: Pergamon. Urry, H. L., Nitschke, J. B., Dolski, I., Jackson, D. C., Dalton, K. M., Mueller, C. J., Rosenkranz, M. A., Ryff, C
D., Singer, B. H., and Davidson, R. J. (2004). Making a life worth living: Neural correlates of well-being. Psychological Science, 15: 367–72.
Proust, M. (1982). Remembrance of Things Past, Vol. 1: Swann's Way and Within a Budding Grove, trans. C. K. S. Moncrieff and T. Kilmartin. New York: First Vintage. (Original work published 1913–1918.)【『失われた時を求めて (1)——スワン家のほうへ 1』プルースト著、吉川一義訳、岩波書店、2010 年】
Davidson, R. J. (1993). The neuropsychology of emotion and affective style. In Lewis, M., and Haviland, J. M. (eds.). Handbook of Emotion (pp.143–54). New York: Guilford. Watson, D., Clark, L. A., and Carey, G. (1988). Positive and negative affectivity and their relations to anxiety and depressive disorders. Journal of Abnormal Psychology, 97: 346–53.
MacLeod, A. K., Tata, P., Kentish, J., and Jacobsen, H. (1997). Retrospective and prospective cognitions in anxiety and depression. Cognition and Emotion, 11: 467–79. MacLeod, A. K., Pankhania, B., Lee, M., and Mitchell, D. (1997). Depression, hopelessness and future-directed thinking in parasuicide. Psychological Medicine, 27: 973–77. MacLeod, A. K., and Byrne, A. (1996). Anxiety, depression and the anticipation of future positive and negative experiences. Journal of Abnormal Psychology, 105: 286–89. For a review, see MacLeod, A. K., and Moore, R. (2000). Positive thinking revisited: Positive cognitions, well-being, and mental health. Clinical Psychology and Psychotherapy, 7: 1–10.
Brown, G. W., Lemyre, L., and Bifulco, A. (1992). Social factors and recovery from anxiety and depressive disorders: A test of specificity. British Journal of Psychiatry, 161: 44–54. See also Taylor et al. (2006), see chapter 2, note 57.
Fredrickson, B. L., and Levenson, R. W. (1998). Positive emotions speed recovery from the cardiovascular sequelae of negative emotions. Cognition and Emotion, 12: 191–220. Fredrickson, B.

L., Mancuso, R. A., Branigan, C., and Tugade, M. M. (2000). The undoing effect of positive emotions. Motivation and Emotion, 24: 237–58.

Fredrickson (2001), see chapter 4, note 48. See also Ong, A. D., Bergeman, C. S., Bisconti, T. L., and Wallace, K. A. (2006). Psychological resilience, positive emotions, and successful adaptation to stress in later life. Journal of Personality and Social Psychology, 91: 730–49.

King, L. A., Hicks, J. A., Krull, J. L., and Del Gaiso, A. K. (2006). Positive affect and the experience of meaning in life. Journal of Personality and Social Psychology, 90: 179–96.

It's relevant here to consider the work of Leaf Van Boven at the University of Colorado, who has found that people are happier if they invest their money and resources in experiences (which of course include a wide variety of activities) rather than possessions. He posits three reasons for this: (1) Experiences, relative to material things, are more likely to improve with time; (2) people are less likely to compare unfavorably their experiences (as opposed to their possessions) with those of more fortunate others; and (3) experiences have more social value and are more likely to promote relationships. I would add a fourth benefit: Experiences (including activities) are relatively less prone to hedonic adaptation. For a review, see Van Boven, L. (2005). Experientialism, materialism, and the pursuit of happiness. Review of General Psychology, 9: 132–42.

Berlyne, D. (1970). Novelty, complexity, and hedonic value. Perception and Psychophysics, 8: 279–86. McAlister, L. (1982). A dynamic attribute satiation model of variety-seeking behavior. Journal of Consumer Research, 9: 141–50. Ratner, R. K., Kahn, B. E., and Kahneman, D. (1999). Choosing less-preferred experiences for the sake of variety. Journal of Consumer Research, 26: 1–15. Berns, G. (2005). Satisfaction: The Science of Finding True Fulfillment. New York: Henry Holt.【『脳が「生きがい」を感じるとき』グレゴリー・バーンズ著、野中香方子訳、日本放送出版協会、2006 年】

Eugenides, J. (2003). Middlesex. New York: Picador. Quotation is on p. 69.【『ミドルセックス』ジェフリー・ユージェニデス著、佐々田雅子訳、早川書房、2004 年】

Brown, G. W., and Harris, T. (1978). Social Origins of Depression: A Study of Psychiatric Disorder in Women. New York: Free Press.

Gladwell, M. (2005, September 12). The cellular church: How Rick Warren's congregation grew. New Yorker.

Friedman, H. S. (2002). Health Psychology, 2nd ed. Upper Saddle River, NJ: Prentice Hall.

Caplan, R. D., Robinson, E. A. R., French, J. R. P., Jr., Caldwell, J. R., and Shinn, M. (1976). Adhering to Medical Regimens: Pilot Experiments in Patient Education and Social Support. Ann Arbor: Research Center for Group Dynamics, Institute for Social Research, University of Michigan. 30. Wing, R. R., and Jeffery, R. W. (1999). Benefits of recruiting participants with friends and increasing social support for weight loss and maintenance. Journal of Consulting and Clinical Psychology, 67: 132–38.

Oishi, S., Diener, E., and Lucas, R. E. (2007). Optimum level of well-being: Can people be too happy? Perspectives in Psychological Science, 2: 346–60.

Wood, W., Tam, L., and Witt, M. G. (2005). Changing circumstances, disrupting habits. Journal of Personality and Social Psychology, 88: 918–33. For a review of the psychological literature on habits, see Neal, D. T., Wood, W., and Quinn, J. M. (2006). Habits: A repeat performance. Current Directions in Psychological Science, 15: 198–202.

Shiffrin, R. M., and Schneider, W. (1977). Controlled and automatic human information processing: II. Perceptual learning, automatic attending and a general theory. Psychological Review, 84: 127–90.

Centers for Disease Control. (1993). Smoking cessation during previous year among adults—United States, 1990 and 1991. MMWR, 42: 504–7. McGuire, M., Wing, R., and Hill, J. (1999). The prevalence of weight loss maintenance among American adults. International Journal of Obesity, 23: 1314–19. Kassirer, J., and Angell, M. (1998). Losing weight: An ill-fated New Year's resolution. New England Journal of Medicine, 338: 52–54.

Schachter, S. (1982). Recidivism and self-cure of smoking and obesity. American Psychologist, 37: 436–44.

監修者　渡辺　誠 Max Watanabe（わたなべ　まこと）
富士ゼロックス、富士ゼロックス総合教育研究所にて営業教育・人事教育プログラムの企画・開発。社内研修制度で米国サウスキャロライナ州立大学大学院へ留学。その後、テレロジック（現・IBM）を経て、2006年にサクセスポイント株式会社を設立し代表取締役に就任。2008年から継続してポジティブ心理学に関するさまざまな研究結果を活用した企業コンサルティングを実施。「組織行動学の知見」×「ポジティブ心理学の実証」×「変革の対話手法」の３つをベースに人材開発と組織開発に取り組み、多くのWell-beingな組織づくりに携わっている。著著に『ポジティブ・リーダーシップ　やる気を引き出すAI（アプリシエイティブ・インクワイアリー）』（秀和システム）、訳書に『フィンランド式ファシリテーション ～主体性を引き出す対話型リーダーシップ』（サクセスポイント）などがある。

サクセスポイント株式会社
https://successpoint.co.jp

著者　ソニア・リュボミアスキー
米国カリフォルニア大学リバーサイド校の心理学教授。社会心理学とポジティブ心理学のコースで教鞭をとっている。ロシア生まれ、アメリカ育ち。ハーバード大学を最優等位で卒業し、スタンフォード大学で社会心理学の博士号を取得。米国国立精神衛生研究所から数年にわたって助成金を受けて、感謝・やさしさ・つながりの介入プログラムを通じて持続的に幸福感を高める可能性に関する研究を進め、多くの研究奨励賞や表彰を受ける。その主なものに、バーゼル大学名誉博士号、ディーナー賞、クリストファー・J・ピーターソン金賞、テンプルトン・ポジティブ心理学賞がある。

訳者　金井真弓（かない　まゆみ）
翻訳家。『わたしの体に呪いをかけるな』（双葉社）、『欲望の錬金術』（東洋経済新報社）、『＃MeToo時代の新しい働き方　女性がオフィスで輝くための12カ条』（文藝春秋）、『人生を「幸せ」に変える10の科学的な方法』（日本実業出版社）など訳書多数。

新装版《しんそうばん》　幸《しあわ》せがずっと続《つづ》く12の行動習慣《こうどうしゅうかん》

2012年2月20日　初版発行
2023年12月20日　最新2版発行

著　者　ソニア・リュボミアスキー
訳　者　金井真弓
監修者　渡辺　誠
発行者　杉本淳一

発行所　株式会社日本実業出版社　東京都新宿区市谷本村町3−29 〒162-0845
編集部　☎03-3268-5651
営業部　☎03-3268-5161　振　替　00170-1-25349
https://www.njg.co.jp/

印刷・製本／中央精版印刷

ISBN 978-4-534-06068-6　Printed in JAPAN